AF252222

॥ संस्कृतभाषाव्याकरणं ॥

GRAMMAIRE SANSCRITE

PAR

JULES OPPERT,

MEMBRE DU CONSEIL DE LA SOCIÉTÉ ASIATIQUE, CHARGÉ DU COURS DE
SANSCRIT PRÈS LA BIBLIOTHÈQUE IMPÉRIALE.

PARIS.
MAISONNEUVE & CIE
ANCIENNE MAISON TH. BARROIS
ÉDITEURS-LIBRAIRES POUR LES LANGUES
ORIENTALES ET EUROPÉENNES.
15 QUAI VOLTAIRE.

BERLIN.
J. SPRINGER
LIBRAIRE-ÉDITEUR.
3 PLACE MONBIJOU.

1859.

PRÉFACE.

Chargé par M. le Ministre de l'instruction publique et des cultes, d'enseigner à la Bibliothèque impériale les éléments de la langue sanscrite, je compris, dès mon entrée en fonction, la nécessité d'une grammaire, conforme aux habitudes de l'enseignement universitaire. Jusqu'ici, il n'existe pas de grammaire sanscrite, rédigée en français, à l'exception de celle de DESGRANGES qui, à cause de son volume, est difficilement accessible et peu répandue. M'étant mis à l'oeuvre, et n'ayant pu vaincre les obstacles qui s'opposaient en France à la prompte publication de mon travail, j'ai été assez heureux pour trouver, parmi les éditeurs de renom en Allemagne, un homme aussi intelligent que bienveillant qui a bien voulu se charger de l'édition de cette grammaire.

Ce travail est destiné aux commençants et calculé pour les besoins de ceux qui veulent apprendre ce qu'ils ne savent pas encore; raison de plus, pour ne pas compliquer les difficultés déjà grandes par une érudition qui peut être très-respectable en elle-même, mais qui décourage le commençant sous le poids de choses inusitées et indifférentes. J'ai voulu être aussi complet que possible, et je crois que, même parmi les anomalies, je n'ai pas omis les faits importants. J'ai cru que, dans l'intérêt de la philologie comparée, je ne devais pas négliger les principales formes de la langue védique, et que, dans la conjugaison surtout, l'admission des formes antiques était indispensable pour montrer la conformité des flexions grecques et sanscrites. On peut s'en convaincre par l'arrangement nouveau que j'ai introduit dans l'exposition de la grammaire.

J'ai abandonné l'enseignement de la déclinaison tel qu'on l'a présenté jusqu'ici, pour le remplacer par un autre, fondé sur des bases que je crois plus conforme à la vérité scientifique. J'ai cru devoir remanier également les règles euphoniques, en les divisant en trois grandes classes, qui comprennent les changements subis dans la flexion, dans la composition et dans la phrase, classes pour lesquelles je proposerais volontiers les noms de combinaison *étymologique*, *synthétique* et *syntactique*. J'aurais même mieux aimé, dans l'intérêt de la clarté, faire une innovation en renvoyant à la syntaxe les changements euphoniques que subissent les mots dans la phrase, si je n'avais pas craint de froisser les traditions, toujours plus autorisées que les novateurs n'en voudraient convenir: quoique, en réalité, ces changements appartiennent moins à la partie étymologique de la grammaire, qu'à la syntaxe que je compte faire suivre. Je demande pardon d'avoir introduit ou accepté des termes qui pourraient sembler insolites et même barbares, tels que *vriddhifier*, *gunifier*, *vriddhification*, *cérébralisation*, *atone*: les idées manquaient d'une expression qu'il fallait créer.

Mais si j'ai exposé, sous quelques points de vue, des idées nouvelles, je ne pourrai pas passer sous silence ceux de mes devanciers auxquels je suis spécialement redevable pour la grande majorité des données. Je ne parle pas ici des grammairiens indigènes qu'il faut consulter, ne fût-ce que pour le contrôle des auteurs européens, mais surtout des travaux de MM. Bopp et Benfey. Je me plais à reconnaître l'exposition, d'une lucidité encore sans égale, de la grammaire de M. Bopp et la richesse de la grammaire de M. Benfey. Ce dernier ouvrage est un répertoire, dans le sens romain, *ubi omnia reperiri possunt*, et qui récompense largement, surtout pour le langage des Védas, le labeur courageux que nécessite l'étude de cette oeuvre. C'est également au sujet des Védas que j'ai pu apprendre et employer beaucoup de ce qui contient le beau travail de M. Regnier sur le *prâtiçâkhya* du Rig-Véda.

Dans l'arrangement de la matière, j'ai suivi les traditions de la philologie classique qui a pour elle les avantages d'une expérience séculaire. Je n'ai pas cru devoir adopter, pour une grammaire européenne, le système des grammairiens hindous: ceux d'entre mes devanciers qui l'ont fait, ont, par cela même, considérablement nui à la clarté et à l'unité de leur exposition. Les oeuvres indiennes, quel que soit d'ailleurs leur incontestable mérite, s'adressent à un public pour lequel la langue sanscrite n'est pas une langue complètement étrangère, puisqu'elles sont rédigées dans l'idiome même qu'elles enseignent; mais appliquer le même système au public européen, c'est pécher contre le sens pratique, indispensable à tout enseignement qu'on veut faire fructifier.

Dans l'état actuel de la science qui s'occupe surtout des Védas, je n'ai pas cru devoir négliger la question de l'accent, intéressante à plus d'un titre. En réservant à la syntaxe l'exposition du changement de l'accent dans la phrase, je me suis borné à faire connaître les règles principales de l'accentuation dans la déclinaison et la conjugaison, et j'ai marqué de leur accent les formes transcrites, sans insister toujours sur les anomalies qu'on observe dans tel ou tel cas rare. Je me suis refusé de m'étendre sur la nature même de l'accent sanscrit dont on connaît les règles par les travaux de MM. Bœthlingk et Bopp. M. Benlœw a proposé comme principe de l'accentuation celui du *dernier déterminant*, principe acceptable, si l'on le considère comme point de départ, modifié par les applications plus recentes.

Pour obtempérer à une remarque, réitérée souvent et de toute part, à savoir que l'étude du sanscrit en France était fréquemment, dès le début, entravée par la difficulté de la lecture, j'ai toujours accompagné les mots sanscrits d'une transcription, presqu'en tout point conforme aux meilleurs systèmes adoptés jusqu'ici. Les exceptions et les points moins essentiels ont été exprimés en lettres latines seulement, de sorte que le commençant devra toujours étudier de préférence les paragraphes où se trouvent des caractères sanscrits.

Malgré les soins de l'imprimerie, il a été impossible d'éviter toutes les erreurs typographiques à cause de l'éloignement où l'auteur se trouve de l'endroit de la publication. Quelques fautes ont échappé à la révision minutieuse de l'auteur, surtout dans les premières feuilles du livre; le lecteur voudra bien excuser ces inconvénients, peu nombreux du reste, mais que le système de la transcription accentuée rend presqu'inévitables.

Comme toute oeuvre humaine, celle que j'offre aujourd'hui, aura ses défauts que je serai toujours heureux de pouvoir faire disparaître, pourvu que la critique soit exercée avec l'urbanité du véritable savant qui couronne sa science par son équité.

JULES OPPERT.

TABLE DES MATIÈRES.

LIVRE PREMIER.

INTRODUCTION.

CHAPITRE PREMIER.

I. ÉCRITURE ET LECTURE.

1. On appelle *Sanscrit* la langue sacrée de l'Inde ancienne. Ce nom *(sañskṛta)* veut dire parfait.

2. La langue sanscrite fait partie de la grande famille des idiomes indo-européens ou ariens. Elle est étrangère, quant à l'origine, aux langues aborigènes de l'Inde que nous désignons par le nom de *langues dravidiques* et parmi lesquelles il faut compter le *tamoul*, le *telinga*, le *karnataka*, le *singhalais* et d'autres.

3. Le sanscrit se rattache étroitement aux langues de la Perse, aux idiomes éteints de la Phrygie, à une grande partie des langues du Caucase, au grec et au latin, aux langues germaniques, slaves, baltiques et celtiques. Il a conservé avec une grande fidélité les formes antiques de la mère commune [1] de tous ces groupes linguistiques; c'est par ce fait que son étude est indispensable à la *philologie comparée des langues indo-européennes*.

4. Nous connaissons l'idiome sacré de l'Inde sous deux *formes*, l'une plus antique, l'autre plus moderne, formes que l'on a, à tort, appelées *dialectes*. La première est la langue dans laquelle sont rédigés les Védas, l'autre est l'idiome de la grande majorité

---

[1] Nous proposons de désigner cette langue antique par le nom de l'idiome *ariaque*.

des livres sanscrits.   On appelle ces différentes nuances le *sanscrit védique*, et *sanscrit brahmanique* ou *classique*.

Nous nous occuperons principalement du sanscrit classique.

5. La langue sanscrite s'écrit ordinairement par un alphabet nommé *dêvanâgarî*. L'origine sémitique de cette écriture est, selon nous, un fait très-probable.[1]

6. L'écriture sanscrite est disposée ainsi qu'il suit:[2]

VOYELLES (*Svarâs*).

Voyelles simples : अ *a*, आ *â*, इ *i*, ई *î*, उ *u* (*ou*), ऊ *û* (*oû*), ऋ *r*, ॠ *r̂*, ऌ *l*, ॡ *l̂*.

Diphthongues : ए *ê*, ऐ *âi*, ओ *ô*, औ *âu* (*aou*).

CONSONNES (*Vyangânâni*).

I. Les cinq classes organiques. (*Sparçâḥ pańcavargâs*)

Gutturales : क *ka*, ख *kha*, ग *ga*, घ *gha*, ङ *ṅa*. (*Kanṭhyâs*)

Palatales : च *ca* (*tcha*), छ *cha* (*tchha*), ज *ǵa* (*dja*), झ *ǵha* (*djha*), ञ *ńa*. (*Tâlavyâs*)

Cérébrales : ट *ṭa*, ठ *ṭha*, ड *ḍa*, ढ *ḍha*, ण *ṇa*. (*Mûrdhanyâs*)

Dentales : त *ta*, थ *tha*, द *da*, ध *dha*, न *na*. (*Dantyâs*)

Labiales : प *pa*, फ *pha*, ब *ba*, भ *bha*, म *ma*. (*Ôshṭhyâs*)

II. Sémivoyelles (*Antaḥsthâs*) : य *ya*, र *ra*, ल *la*, व *va*.

III. Souffles (*Ûshmânas*) : श *ça*, ष *sha* (*cha*), स *sa*, ह *ha*.

ळ *la* (védique) appartient aux cérébrales.

Note. Les grammairiens indiens répartissent également les voyelles, les sémivoyelles et les souffles parmi les cinq classes

---

[1] Voy. A. WEBER, *Zeitschrift der deutschen morgenländischen Gesellschaft* Vol. X, p. 389.

[2] Les lettres mises en parenthèse indiquent la prononciation de la transcription qui est toujours employée dans l'ouvrage.

organiques. Cette repartition n'a une valeur pour la grammaire que pour les sifflantes, parmi lesquelles श *ça* est palatal, ष *sha* cérébral et स *sa* dental.

7. En dehors des lettres, il y a les signes suivants qui en tiennent place:

Nasales: ं *Anusvâra* remplaçant un nasale,

ँ *Anunâsika* ayant la même signification.

Aspirations finales: { : ou ः *Visarga, ḥ,*

+ *Arddhavisarga ǵihvâmûlîya* devant *ka* et *kha,*

✕ „ *upâdhmânîya* „ *pa* et *pha.*

8. Au milieu et à la fin des mots on n'écrit pas les voyelles par les lettres figurées ci-dessus, mais par des signes spéciaux que voici:

a. La consonne seule est toujours prononcée avec la voyelle *a*, p. e. क *ka,* ग *ga.*

b. Les autres voyelles sont représentées par les signes suivants dont nous donnons immédiatement l'application:

क का कि की कु कू कृ कॄ कॢ कॣ के कै को कौ

ka kâ ki kî ku kû kṛ kṝ kḷ kḹ kê kâi kô kâu.

Le trait vertical dans la désignation de l'*i* bref est toujours placé devant la consonne.

9. Pour désigner qu'une consonne quelconque n'est pas prononcée avec l'*a* inhérent on met

ou un signe spécial, nommé *Virâma* „repos“, ्, p. e. क् *k;*

ou l'on omet, si c'est possible, le trait horizontal à droite, p. e. ग्ग *gga,* ब्ध *bdha,* ण्ड *ṇḍa,* en estropiant souvent la première consonne, p. e. क्प *kpa;* ou l'on met la seconde lettre au-dessous, p. e. ष्व *shva;* ou l'on joint la consonne avec celle qui suit en formant une *ligature,* p. e. *kta* pourra être écrit क्त ou क्त.

Nous donnons une liste des ligatures les plus usitées dans les textes sanscrits:

क्क क्त क्त्य क्त्व क्न क्म क्म्य क्य क्र क्र्य क्ल क्ल्य
kka kta ktya ktva kna kma kmya kya kra krya kla klya

क्व क्व्य क्ष क्ष्म क्ष्य क्ष्व क्स ख्य ग्ध ग्न ग्य
kva kvya ksha kshma kshya kshva ksa khya gdha gna gya

ग्र ग्र्य ग्ल ग्व घ्न घ्म घ्य घ्र ङ्क ङ्क्त ङ्क्त्य ङ्क्य
gra grya gla gva ghna ghma ghya ghra ṅka ṅkta ṅktya ṅkya

ङ्क्र ङ्क्ष ङ्क्ष्व ङ्ख ङ्ख्य ङ्ग ङ्ग्य ङ्ग्र ङ्घ ङ्घ्य ङ्घ्र
ṅkra ṅksha ṅkshva ṅkha ṅkhya ṅga ṅgya ṅgra ṅgha ṅghya ṅghra

ङ्न ङ्म ङ्स च्च च्छ च्छ्र च्छ्व च्ञ च्म च्य छ्र च्य
ṅna ṅma ṅsa cca ccha cchra cchva cña cma cya chra chya

छ्र्य ञ्ञ ञ्झ ञ्ज ञ्ज्व ञ्म ञ्य ञ्र ञ्व ञ्च ञ्च्म ञ्च्य
chrya ñña ñjha ñja ñjva ñma ñya ñra ñva ñca ñcma ñcya

ञ्छ ञ्छ्र ञ्ग ञ्ग्म ञ्ग्य ट्क ट्ट ट्ट्य ट्य ट्स ठ्य ठ्र ड्ग
ñcha ñchra ñga ñgma ñgya ṭka ṭṭa ṭṭya ṭya ṭsa ṭhya ṭhra ḍga

ड्ग ड्ड ड्य ढ्य ढ्र ण्ट ण्ठ ण्ड ण्ड्र ण्ड्र्य ण्ढ ण्ण ण्य
ḍga ḍḍa ḍya ḍhya ḍhra ṇṭa ṇṭha ṇḍa ṇḍra ṇḍrya ṇḍha ṇṇa nya

ण्व त्क त्त त्त्य त्त्र त्त्व त्थ त्न त्प त्प्र त्फ त्म त्म्य
ṇva tka tta ttya ttra ttva ttha tna tpa tpra tpha tma tmya

त्य त्र त्र्य त्व त्स त्स्न त्स्य थ्य द्ग द्ग्र द्घ द्द द्द्ब
tya tra trya tva tsa tsna tsya thya dga dgra dgha dda ddba

द्द्र द्द्य द्द्र द्द्व द्द्व्र द्ध द्ध्य द्ध्व द्न द्ब द्ब्र
ddbra ddya ddra ddva ddvra ddha ddhya ddhva dna dba dbra

द्भ द्भ्य द्म द्य द्र द्र्य द्व द्व्य द्व्र ध्न ध्म ध्य
dbha dbhya dma dya dra drya dva dvya dvra dhna dhma dhya

ध्र ध्व ङ्घ्य न्त न्त्य न्त्र न्थ न्द न्द्र न्ध न्ध्य न्ध्र
dhra dhva nghya nta ntya ntra ntha nda ndra ndha ndhya ndhra

न्न न्न्य न्प्र न्म न्य न्व न्स न्र प्त प्त्य प्त्र्य प्न प्प
nna nnya npra nma nya nva nsa nra pta ptya ptrya pña ppa

प्म प्य प्र प्ल प्व प्स फ्य ब्घ ब्ज ब्द ब्ध ब्ब ब्भ
pma pya pra pla pva psa phya bgha bja bda bdha bba bbha

ब्य ब्र भ्ब भ्य भ्र भ्व म्न म्प म्प्र म्ब म्भ म्भ्र
bya bra bhba bhya bhra bhva mna mpa mpra mba mbha mbhra

मय म्र म्ल म्व म्स य्य य्व ल्क ल्ग ल्प ल्म ल्य ल्ल ल्व
mya mra mla mva msa yya yva lka lga lpa lma lya lla lva

व्य व्र व्व श्य श्च श्व श्च्य ष्ण ष्र श्ल श्व ष्क ष्क्र ष्ट
vya vra vva çya çça çca ççya çna çra çla çva shka shkra shṭa

ष्ट्य ष्ट्र ष्ट्र्य ष्ट्व ष्ठ ष्ठ्य ष्ठ्र्य ष्ण ष्प ष्प्र
shṭya shṭra shṭrya shṭva shṭha shṭhya shṭhrya shṇa shpa shpra

ष्म ष्य ष्व स्क स्ख स्त स्त्र स्थ स्न स्प स्फ स्म स्म्य
shma shya shva ska skha sta stra stha sna spa spha sma smya

स्य स्र स्व स्स ह्ण ह्न ह्म ह्य ह्र ह्ल ह्व
sya sra sva ssa hṇa hna hma hya hra hla hva.

10. La lettre र् *r*, précédant une consonne, est exprimée par
un petit crochet superposé à cette dernière, p. e. अर्क *arka*, soleil.
Ce crochet est toujours mis après le trait vocalique et l'*anusvâra*,
p. e. अर्कॆ *arkê*, अर्कैस् *arkâis*, अर्कौ *arkâu*.

Ce signe s'appelle *rêpha* (lettre *r*).

11. Toute lettre composée, formée soit par le *virâma*, soit
par la suppression du trait de droite, soit par une ligature, soit
par le *rêpha*, est regardée dans l'écriture comme lettre simple, et
le trait de l'*i* bref se met devant le complexe entier, p. e. गीर्भिस्
girbhis, अमुष्मिन् *amushmin*. La manière de séparer ainsi les
différentes syllabes, est essentiellement indienne: on écrit p. e.
कुर्वन्त्योर्द्वयो: *ku rva ntyô rdva yôḥ* pour *kurvantyôr dvayôḥ*, des
deux femmes qui font, duarum facientium.

12. Quelques lettres simples subissent jointes aux signes vocaliques, de légères modifications de forme: ainsi *du* s'écrit दु,
dû दू, *dṛ* दृ, *dṝ* दॄ, *ru* रु, *rû* रू, *hu* हु, *hû* हू, *hṛ* हृ. La lettre
श devient avec le virâma श् et avec les signes vocaliques श्.

II. RÈGLES DE PRONONCIATION.

12. La prononciation aujourd'hui en usage chez les Pandits
ou Ṣavants, n'est très-probablement pas celle dont se servait le

peuple antique. On a introduit dans le système des lettres sanscrites des signes qui, originairement, semblent y avoir été étrangers. Les Grammairiens ont, pour les cinq classes organiques, partout admis deux *sourdes* ou dures *(aghôshâs)* et deux *sonores* ou douces *(ghôshinas)*, et les deux *sourdes* et *sonores* sont chacune ou simple ou aspirée. A ces quatre lettres se joint la nasale de l'organe. Dans le principe, il existait probablement de chaque classe seulement la *sourde*, et les deux *sonores*: cela devient vraisemblable par le fait que l'immense majorité des racines sanscrites, et communes aux idiomes indo-européens, ne se composent que de ces lettres. Nous donnons la correspondance avec le grec:

Gutturales:	क	ग	घ
	K	*Γ*	*X*
Dentales:	त	द	ध
	T	*Δ*	*Θ*
Labiales:	प	ब	भ
	Π	*B*	*Φ*

14. Les aspirées ख, थ et फ se trouvent plus rarement représentées dans les langues européennes. Les Grammairiens indiens nous disent que toute aspirée doit être prononcée comme sa correspondante sourde ou sonore, suivie d'un *h* séparée; ainsi ख, घ, &c. ont le son de *k'ha*, *g'ha*, &c. Cette prononciation se fonde sur l'histoire de la langue elle-même. Les lettres ख, थ, फ, छ et ठ se trouvant surtout après une sifflante, et quelquefois pour la remplacer, il semble évident, qu'elles se sont formées d'une ancienne combinaison *sk*, *st*, *sp*, &c., parce que le groupe d'un *s* suivi d'une lettre se change dans les idiomes modernes en celui composé de cette lettre et *h*; p. e. *asmi* devient en prakrit *amhi*, &c.

15. Les palatales proviennent de gutturales originaires: च se prononce *tch*, छ *tch'h*, ज *dj*, झ *dj'h*. Nous les désignerons par *c*, *ch*, *ǵ*, *ǵh*. *C* et *ǵ* correspondent aux lettres *k(c)* et *g*, qui, en Europe même, ont parfois cette prononciation. छ remplace

presque toujours le grec σϰ, le latin *sc*, le germanique *sch* ou *sk*, p. e. *châyâ*, σϰιὰ, *chid*, *scid*, &c. झ ne se rencontre presque jamais dans les mots ariens et indique une origine dravidique.

16. La présence d'une muette cérébrale dans une racine sanscrite est également, dans la grande majorité des cas, une marque certaine d'une origine dravidique, à moins qu'elle ne soit l'effet de la *cérébralisation* régulière d'une dentale, et motivée par les lois euphoniques. Les sons cérébraux, essentiellement dekhaniques, se forment par la pression de la langue contre le haut du palais. Le *ḍ* cérébral se prononce presque comme un *r* et il change souvent en *l* et *r*. Le *ṭ* se rapproche du ط arabe. Les Hindous modernes qui se servent de l'alphabet arabe, désignent cette classe par quatre points, ﺕ, ﺚ, ﺪ, ﺬ, et ils y ajoutent un *r* spécial ﺭ. Nous la distinguons de la dentale par un point supposé.

17. La lettre védique ळ, un *l* cérébral, est produite par un ड *ḍ* entre deux voyelles, ainsi sa ligature avec *h* ळ्ह remplace le signe ढ *ḍh*, placé dans la même position. [1]

18. Chaque classe organique a sa nasale correspondante, ainsi ङ *(ng, nk)* se trouve devant des nasales, ञ *(ntch)* devant les palatales : très-rarement, et quant à la seconde, jamais ces lettres ne se voient isolément. ण figure une nasale, précédant une cérébrale ; sa présence indépendante nous occupera plus tard. न *n* et म *m* correspondent à nos *n* et *m*.

19. Les sémivoyelles *(antaḥsthâs*, littéralement *interstites)* य *ya*, र *ra*, ल *la* et व *va* correspondent aux voyelles *i*, *r*, *l* et *u* (prononcez *ou*), dont elles se développent.

20. Les lettres ऋ *r* et sa prolongation, ऌ *l* et sa prolongation sont les voyelles correspondantes aux sémivoyelles *r* et *l*. Elles se prononcent comme les lettres liquides non suivies de voyelles et frolées. Ainsi अमृत se prononce *amrta* (non *amrita*), संस्कृत *sañskrta* (non *sañskrïta*), &c. La longue ॠ *r̂*, qui ne se trouve

<hr>

[1] V. A. Regnier, Prâtiçâkhya p. 14, 54.

que dans les accusatifs et génitifs d'une certaine classe de mots, n'est pas identique à *ri*, mais se forme par un frolement prolongé. ऌ ne se trouve que dans une seule racine कॢप *klp* et se prononce de la même façon: comme un *l* sans voyelle. Sa prolongation est une pure fiction grammaticale.

Nous ne verrions pas d'inconvenient à transcrire ces voyelles par leurs consonnes respectives, sans point même, p. e. *kr, amrta, sañskrta, pitr̂nâm, klp.*

21. La lettre *a*, et sa prolongation *â*, se joignant aux voyelles correspondant aux quatre sémivoyelles, *i, r, l, u*, produisent huit sons, dont les quatre premiers s'appellent *guna*, les quatre derniers *vrddhi* des voyelles respectives. Ce sont:

Guna:	ए	अर्	अल्	ओ
	ê	ar	al	ô
Vrddhi:	ऐ	आर्	आल्	औ
	âi	âr	âl	âu

22. *Ê, ô, âi* et *âu* se prononcent *ê, ô, âï* et *âou*: ils sont nommés *diphthongues (sandhyaksharâni)*.

23. Il y a trois *sifflantes* en sanscrit, le *s* ordinaire, le *sh* (*ch* français) et le *ç* palatal. La langue indienne ne connaît ni le *z*, ni son aspiration, le *ź* (*j* français). स *sa* appartient à la classe des lettres dentales, ष *sha* aux cérébrales.

24. La sifflante palatale श *ça* est une des lettres les plus difficiles à déterminer. C'est un *s*, produit par les dents supérieures. M. Lepsius croit, et non sans raison, qu'elle se rapprochait du *ch* allemand en *ich*. L'hindoustani la rend, comme le स dental, par un س arabe. Le श *ça* sanscrit correspond toujours à un grec *κ* et un latin *c* (p. e. *çiras κάρα, çvâ(n)*, gén. *çunas*, grec *κύων*, gén. *κυνὸς*, &c.).

25. Le *h* qui permute avec les lettres gutturales et cérébrales, a la prononciation de l'allemand *h*. Devant des consonnes, elle est émise avec plus de force, et ressemble au ح arabe. Ce fait

est évident déjà par la transcription grecque des anciens noms de l'Inde, ainsi de *Hiraṇyabâhus* on forma Ἐραννοβόας, mais de *Brahmâṇas* Βραχμᾶνες.

26. Les lettres sont dénommées en sanscrit par le mot *kâra*, p. e. *akâra* la lettre *a*, *hakâra* la lettre *h*. Au lieu *rakâra* on dit *rêpha*.

27. L'*anusvâra* ं remplace dans l'écriture souvent les signes ङ, ञ, ण, न, म; il est le signe propre pour indiquer une nasale devant les semivoyelles et sifflantes. Nous le désignerons par un *ñ* ou *ṁ*, selon la consonne suivante. Dans les Védas, il est souvent, ~~excepté devant य, ल et व~~, remplacé par l'*anunâsika* ँ.

28. L'*anunâsika* semble être une nasale plus douce, elle se met surtout devant des liquides et sémivoyelles redoublées.

29. Le *visarga* ः, : est une aspiration assez forte à la fin des syllabes; nous la désignons par *ḥ*. Sa présence indique toujours la chûte d'un *s* ou d'un *r*.

30. Les Grammairiens indiens admettent, en dehors des voyelles brèves *(hrasva)* et longues *(dîrgha)*, encore une troisième espèce, les voyelles tendues *(pluta)*, qui durent pendant trois unités de temps, tandis que deux premières classes n'ont qu'une durée d'une ou de deux unités. On indique cette tension *(pluti)* par le chiffre ३ ou trois lignes supposées; p. e. आ३ ou आ≡.

Cette prolongation n'est guères en usage dans le sanscrit classique.

31. D'autres signes de lecture sont:

ऽ *(abhinidhâna)* indique dans les livres ordinaires l'absorption d'un *a* après *ê* et *ô*: dans les Védas il sert à désigner l'hiatus et à séparer des mots composés dans leurs éléments. Il indique aussi la longueur d'une voyelle.

॰ est une signe d'abréviation.

।, ॥ divisent les çlôkas ou vers.

III. ACCENT.

32. Les accents ne sont exprimés que dans les Védas et la nature de ces intonations est on ne peut plus obscure. Les Grammairiens en connaissent quatre:

 Udâtta, l'accent haut, produit par la tension de la voix *(âyâma)*;

 Anudâtta, l'accent bas, par le relâchement *(viçrambha)*,

 Svarita, l'accent sonnant, par la vibration *(âkshêpa)*,

 Pracita, l'accent d'une syllabe *anudâtta*, suivante un *svarita*.

33. Dans le système du Rigvêda, l'accent haut ne s'exprime pas, l'*anudâtta* se rend par un trait horizontal en bas, le *svarita* par un trait perpendiculaire en haut. Le *svarita* est ordinairement mis après un syllabe *udâtta*, et semble indiquer seulement le commencement de l'abaissement de la voix, l'*anudâtta* précède la syllabe qui a le haut accent.

L'*anudâtta* suivant un *svarita* n'est pas écrit, à moins qu'il ne précède une syllabe accentuée.

Nous transcrivons l'*udâtta* par un accent aigu, et nous indiquerons le *svarita* par un accent grave seulement là où il a absorbé ce premier; p. e. भूत est transcrit *bhûtá*, le génitif भूतस्य ne sera pas écrit *bhûtásyà*, mais *bhûtásya*: mais nous écrirons उपांगमत् *upàgamat*, parce que dans ce cas le *svarita* suivant un *anudâtta*, prend la place de l'*udâtta*. Nous distinguons ainsi आस *ása*, fui, de आस *âsá*, fuistis.

Exemple: भूतस्य जातः पतिरेक आसीत् ।
   bhûtásya ǵâtáh pátir éka âsît

34. En dehors des mots accentués, il y a des mots *atones*.

Nous ne devons pas, dans ce travail, insister sur l'accentuation, mais nous en ferons connaître quelques particularités, comme nous marquerons les syllabes accentuées dans la transtiption latine, qui accompagne les paradigmes de la déclinaison et de la conjugaison.

Dans la transcription nous marquerons l'*udâtta* ainsi:

á, ā́, í, í̄, ú, ū́, ŕ̥, é, ó, ái, áu,

et le *svarita* ainsi:

à, ā̀, ì, ì̄, ù, ū̀, r̥̀, è, ò, aì, aù.

L'*anudâtta* et le *pracita* ne seront pas exprimés dans la transcription.

CHAPITRE SECOND.

COMBINAISON EUPHONIQUE DES LETTRES.
(Sandhi ou Sañhitâ.)

35. On appelle *sandhi* ou *sañhitâ* la doctrine de la combinaison des lettres sanscrites. Cette combinaison est de trois espèces:

1°. La combinaison de la racine et de la syllabe formative;

2°. La combinaison de deux mots formant un mot composé;

3°. La combinaison de deux mots séparés dans une phrase.

Nous appellons ces trois espèces: combinaison *(sandhi)* de flexion, de composition, de phrase.

36. Dans ces *sandhis* on fait ou respecter les lettres primitives, ou on leur fait subir une certaine modification *(vikâra, vaçaṅgama).* C'est cette modification que désigne spécialement le mot *sandhi.*

I. CRASE DES VOYELLES.

37. Deux voyelles *semblables* (telles que les deux *a,* &c.) forment ensemble une voyelle longue.

38. Les deux *a* forment avec *i* et *î:* ê, avec *u* et *û:* ô, avec *ê* et *âi:* âi, avec *ô* et *âu:* âu, avec *r̥* et *r̥̄:* ar.

39. Toute autre voyelle simple, suivie d'une voyelle dissemblable, se change en sa sémivoyelle respective: ainsi *i* et *î* deviennent *y, u* et *û: v, r̥* et *r̥̄: r.*

Exemples du *praçlêsha* (v. §§ 37 et 38) et du *khsaiprasandhi*
(§ 39):

हिम + आलय *hima + âlaya* forment हिमालय *himâlaya*, मुनि *muni*, sage, et इन्द्र *indra*, prince, forme मुनीन्द्र *munîndra*, विष्णु *Vishṇu* et उत्सव *utsava*, fête, forme विष्णूत्सव *vishṇûtsava*, fête de Vishnu; mais on dira: *Çivôtsava* de *Çiva* et *utsava*, et *Lakshmyutsava* de *Lakshmî* et *utsava*. Ainsi de धातृ *dhâtṛ* et ऋद्धि *ṛddhi* on fera धातृद्धि *dhâtṛddhi;* mais de महा *mahâ* et ऋद्धि *ṛddhi*, महर्द्धि *maharddhi*, et de धातृ et उत्सव, धातुत्सव *dhâtrutsava*. Les mêmes règles sont en vigueur au sujet des mots d'une phrase; ainsi au lieu de: *amalâ asti abalâ iyam*, sine macula est mulier ista, on dira: *amalâstyabalêyam*, ou en changeant la suite: *amalâbalâstiyam*.

40.   La diphthongue ए *ê* finale devant *a* bref commençant un autre mot, absorbe ce dernier dont la chûte est indiquée par le signe ऽ; devant *â* long et les autres consonnes le *ê* change en *a*. Dans la formation des mots *ê* se résout en *ay*.

Ex. देवेऽमृते *dêvê 'mṛtê* pour देवे अमृते *dêvê amṛtê*, in deo immortali, mais देव इन्द्रे *dêva Indrê* pour *dêvê Indrê*, &c. Mais *nê* (de *nî*) et *ana* donne *nayana*, l'oeil.

41.   La diphthongue ओ *ô* [quand elle est radicale et non formée de la syllabe *as* (v. § 85)] se change on *av* devant les voyelles.

Ex. गो *gô* et ईश *îça* forme गवीश *gavîça*.

42.   Les diphthongues ऐ *âi* et औ *âu* devant une voyelle se changent en *ây* et *âv;* p. e. pour *dvâu êtau*, duo hi, ont écrit द्वावेतौ *dvâvêtau*, pour *tasmâi adadât*, illi dedit, on écrit तस्मायददात् *tasmâyadadât*.

43.   Les combinaisons des voyelles dans la flexion sont sujettes à quelques règles spéciales qui devront être prises en considération. Il suffit d'indiquer ici, que dans la conjugaison et la déclinaison la voyelle qui termine un thème tend toujours à se transformer en sémivoyelle; p. e. on ne dit pas *cicîma*, formé de *ci-ci-ima*, mais *cicyima*, ainsi l'on forme de *yu-yu-us: yuyuvus* et pas *yuyûs*.

En outre, souvent l'euphonie substitue un *iy* ou *uv* à la sémi-voyelle simple, p. e. *çaknuvanti* pour *çaknvanti*, formé de *çak-nu-anti*.

44. Sont invariables *(pragṛhya)* et non sujettes à la contraction les voyelles finales dans les cas suivants:

1°. Les interjections et les vocatifs en *a*.

2°. Les duel en *î, û, ê* (sauf quelques formes en *î* devant *iva*, comme: *ǵampatî, dampatî, maṇî, rôdasî*), les formes védiques du locatif en *î* et *û*, et *asmê, tvê, yushmê*.

45. Sont élidées les voyelles finales dans les cas suivants:

1°. Quand elles précèdent le mot mystique ओम् *ôm*.

2°. En composition devant *ishâ*, anse (p. e. *halîshâ*), et quelquefois devant *ôtu*, chat, *ôshṭha*, lèvre, et *ôkas*, demeure.

3°. Dans les prépositions finissant en *a* et *â*, qui se joignent à des verbes *non dérivés*, commençant par *ê* et *ô*; p. e. *pra* et *ôkh* forment *prôkh*, mais *upa* et *êmi* (de *i*) font *upâimi*.

4°. La lettre *a* souvent devant *êva*, et en védique devant quelques autres mots, commençant par *ê* et *ô*.

5°. La lettre *â* dans le langage épique devant *ê* et *ô*.

D'autres exceptions isolées seront prises en considération à la place qui les concerne.

II. COMBINAISON DES CONSONNES.

46. Le principe dominant du sandhi des consonnes en sanscrit est la réunion des consonnes de la même espèce et du même organe. Il peut s'énoncer ainsi:

Sourde devant sourde, sonore devant sonore, nasale devant nasale, palatale devant palatale, cérébrale devant cérébrale.

Dans la grande majorité des cas, la seconde lettre détermine la modification de la première.

47. Sont considérées comme lettres *sourdes*:

Les deux premières lettres des cinq classes organiques, les sifflantes.

48. Sont considérées comme lettres *sonores*:

Les trois dernières lettres des cinq classes organiques, la lettre ह, les sémivoyelles et les voyelles.

Les sémivoyelles et les voyelles sont sans influence dans la combinaison de flexion.

49. Nul mot ne finit en aspirée ou moyenne, à moins que le mot suivant, commençant par une sonore, n'ait changé en sonore la lettre sourde finale.

50. Nul mot ne finit en palatale organique, qui est changé en क् *k* ou ट् *ṭ*. Ces articulations subissent à leur tour les changements indiqués en §§ 46, 49.

51. Ne peuvent être considérées comme finissant en palatale les mots dont la dernière lettre, originairement différente, a subi une modification euphonique. V. §§ 57, 58.

52. Nul mot ne finit en deux consonnes, à moins que l'avant-dernier ne soit un *r*. La dernière consonne est rejetée.

53. Dans le sanscrit classique, aucune aspirée ne se trouve devant une autre muette. Elle est changée dans la non-aspirée correspondante, sujette aux changements indiqués dans les §§ 46, 49.

54. Un म् *m* final devient la nasale qui correspond à la lettre suivante, ordinairement écrit par l'anusvâra. Devant les sémivoyelles et les sifflantes cette nasale est l'anusvâra, ou l'anunâsika (dans les Védas). Les sémivoyelles य् *y*, व् *v*, ल् sont doublées après l'anunâsika.

Les seules exceptions à cette règle sont le mot सम्राज् *samraǵ*, et les mots formés par la terminaison *ra*, p. e. *namra, tamra,* &c.

55. Une aspirée sonore, changée en tenuis ou moyenne, peut rejeter l'aspiration perdue sur la première lettre de la racine, si cette dernier est ग, ड, द ou ब, p. e. बुध् *budh* devient भुत् *bhut*, दुघ् *dugh* devient धुक् *dhuk*, &c.

Exemples aux règles précédentes générales:

Le mot वाच् *vâc* devient वाक् *vâk* devant les lettres sourdes et à la fin de la phrase, वाग् *vâg* devant les lettres sonores, वाङ् *van* devant les nasales. राज् *râǵ* devient dans les cas analogues राट् *râṭ*, राड् *râḍ*, राण् *râṇ*. Ainsi *vâc*, *vâǵ* auront au nominatif *vâk* au lieu de *vâks*, *râṭ* au lieu de *râṭs* (§ 52), au locatif du pluriel *vâkshu* et *râṭsu*, mais à l'instrumental *vâgbhis* et *râḍbhis*. Ainsi धर्मबुध् *dharmabudh*, juris peritus (acc. धर्मबुधम् *dharmabudham*), formera avec les trois mots तपस्वी *tapasvî*, योगी *yôgî*, मुनिः *muniḥ*, ऋषिः *ṛshiḥ*:

धर्मभुत् तपस्वी, धर्मभुड् योगी, धर्मभुन् मुनिः, धर्मभुद्ऋषिः.

Ainsi p. e. तम् *tam*, illum, avec कालम् *kâlam*, tempus, चन्द्रम् *candram*, lunam, टङ्कम् *ṭankam*, pondus, देवम् *dêvam*, deum, पुष्पम् *pushpam*, florem, वनम् *vanam*, silvam; सिंहम् *siñham*, leonem:

तङ्कालम्, तञ्चन्द्रम्, तण्टङ्कम्, तन्देवम्, तंपुष्पम्, तंवनम्, तंसिंहम्.

Tous ces sons nasaux peuvent être remplacés dans l'écriture, et le sont le plus souvent, par l'anusvâra.

56. Les règles précédentes sont presque sans exceptions dans les combinaisons de composition et de phrase: dans les sandhi de flexion au contraire, les nasales, les sémivoyelles et les voyelles des désinences n'entraînent ordinairement pas le changement de la dernière lettre radicale.

En dehors de ces règles générales, il y a les normes spéciales pour les lettres suivantes:

57. Les dentales त्, थ्, द्, ध्, suivant en général les règles 46—48, s'assimilent, mais selon ces règles, aux palatales, cérébrales et à ल् suivants. Ainsi p. e. तद् *tad*, illud, devient ainsi:

tac carma, ce bouclier, *tac chadma*, cette fraude, *taǵ ǵalam*, cette eau, *taǵ ghallakam*, cette timbale, *taṭ ṭalanam*, cette anxiété, *taḍ ḍôram*, ce fil, *taḍ ḍhâlam*, ce bouclier, *tal lôcanam*, cet oeil.

58. Les mêmes dentales sont changées en *c* devant le *ç* palatal, qui est ou respecté ou altéré en *ch*: ainsi p. e. au lieu de *tad*

çâstram, cette loi, on dit ou *tac çâstram* ou beaucoup souvent तच्छास्त्रम् *tac châstram.*

59. *Dans les combinaisons de cérébrales et de dentales, ce sont les cérébrales qui l'emportent dans toutes les flexions; là où *t, th, d, dh* suivent une lettre cérébrale, ils deviennent *ṭ, ṭh, ḍ, ḍh.* Dans la composition et la phrase, la cérébrale précédente n'affecte pas la dentale suivante.

Ainsi *sh* étant considéré comme cérébral, *dvish* et *ta, tha, dhi, dhvê* deviennent *dvishṭa, dvishṭha, dviḍḍhi, dviḍḍhvê.* Quand le *s* des racines commençant par *st* et *sth* devra devenir *sh*, la dentale se change en cérébrale; p. e. de *ni* et *sthâ* se forme *nishṭhâ.*

60. *Ch, çc* et *ç* (excepté dans les *noms diç, dṛç, mṛç, spṛç* et en *naç*, et dans les mots védiques *naç*, nuit, et *viç*, quand ils ne prennent pas de syllabe formative) étant assimilés aux cérébrales, les dentales suivantes subissent le même changement.

61. Quand les lettres *t* et *th* suivent une aspirée sonore terminant une racine, la combinaison devient sonore, et l'aspiration est rejetée toujours sur le dernier élément; p. e. *gh* avec *t* ou *th* forment *gdh*, *ḍh* avec *t* ou *th* forment *ḍḍh* (ou *ḍh* avec allongement de la voyelle), *dh* avec *t* ou *th*: *ddha*, *bh* avec *t* ou *th*: *bdha.* Alors de *budh* et *ta* se fait *buddha*, de *labh* et *ta*: *labdha*, de *duh* (pour *dugh*): *dugdha.*

62. La lettre *h* est dans ce cas considérée, tantôt comme *ḍh* cérébral, tantôt (surtout dans les racines commençant par *d*) comme *gh*, tantôt (en *nah*, nectere) comme *dh*; ainsi *ta* forme avec *ruh*: *rûḍha*, *lih*: *liḍha*, *gâh*: *gâḍha*, *sah*: *sôḍha*, *nah*: *naddha*, &c.

63. La combinaison d'une dentale suivie de *h* produit le groupe *ddh*; ainsi *tad* et *hita* fait *taddhita.*

64. Une dentale devant *sh* forme *tsh*, contre la règle 59,

Changement des nasales, surtout du *n* dental.

65. Les lettres *ṅ* guttural, *ṇ, n*, après une voyelle brève et finissant le mot, sont redoublées. P. e. *tasmin* et *arâu* donne

tasminn arâu, dans cet ennemi, *pratyaṅ* et *âstê*: *pratyaṅṅ âstê*, il est assis vers l'ouest, *sugaṇ* et *asti*: *sugaṇṇ asti*.

66. La lettre *n* devant *l* s'assimile à ce dernier, dans le sanscrit classique, en faisant ressentir le son nasal par l'anunâsika; p. e. तस्मिन् लोके *tasmin lôkê*, dans ce monde, donne तस्मिँल्लोके.

67. La lettre *n* devant les sourdes palatales et cérébrales, traîne après elle la sifflante correspondante, et est changée en anusvâra; p. e. *tân* avec *côrân* devient *tâñçcôrân*, ces voleurs, avec *chêdân*: *tâñçchêdân*, ces coupures, avec *ṭaṅkân*: *tânshṭaṅkân*, ces poids.

68. Le *n* est invariable devant *t* dans la flexion. Dans la combinaison de phrase, un *s* est inséré entre *n* et *t*, et la nasale devient anusvâra, p. e. *tâñstâpasân*, ces ascètes, *abhavañstatra*, ils furent là. — Le même changement de *n* en *ñs* s'observe à la fin de quelques accusatifs de pluriel, qui autrefois finissaient tous en *ns*: p. e. *kâñskân* pour *kân kân*, नॄँ ⋉ *nṝñḥ* (védique).

69. La lettre *n* devant les sonores et nasales des cérébrales et palatales, comme devant un *ç* palatal, se change dans la nasale correspondante, ou peut être remplacée par l'anusvâra, et même quelquefois elle est conservée. Ainsi *tân* avec *ǵalaǵân* devient *tâṅǵalaǵân*, ces poissons, devant *ḍimbân*: *tâṇḍimbân*, ces oeufs, avec *çunas*: *tâñçunas*, ses chiens; où *tàñçunas*, *tâñçunas*, &c.

70. Devant les lettres gutturales, labiales et *h*, la lettre *n* reste généralement invariable.

71. La plupart des règles précédentes ne s'appliquent pas à la flexion, mais aux combinaisons de composition et de phrase. Dans la déclinaison, un *n* thématique (v. §§ 130, 132) est élidé devant les terminaisons consonantiques, tandis que le *n* radical y est généralement respecté: dans la conjugaison ce dernier est conservé, surtout dans les formes qui réclament un guna.

P. e. *nâman* (*n* thématique) forme *nâmabhis*, *nâmasu*, mais *praçân* (§ 127): *praçânbhis*, *praçânsu* (non *praçâñsu*); de même le verbe *han* forme *hata* au participe, et *hantum* à l'infinitif.

72. Dans la composition et la phrase, le *n* reste invariable après la plupart des lettres, sauf quelques exceptions du dialecte védique (voyez pourtant § 68).

73. Le *n* dental se change, dans la formation, en *ń* palatal après *c* et *ǵ*; p. e. न *na* avec याच् et यज् devient याञ्च *yâcńa*, demande, यज्ञ *yaǵńa*, sacrifice.

74. Est changé en *ṇ* cérébral l'*n* dental formatif, suivi ou d'une voyelle ou de *m, y, v, n* et précédé de *r, ŕ, r, sh*, si entre ces lettres et la lettre *n* ne se place pas une lettre palatale, dentale, ou cérébrale, ou *l, ç* et *s*.

Les gutturales, labiales et *h*, même accumulées, n'empêchent pas l'altération du *n* originaire.

Ainsi l'on écrira: कृणोमि *kṛṇômi*, je fais, कृण्वन्ति *kṛṇvanti*, ils font, पितॄणाम् *pitŕṇâm*, des pères, कर्ण *karṇa*, l'oreille, पूर्ण *pûrṇa*, plein, कृष्ण *kṛshṇa*, noir, कारण *kâraṇa*, la cause, भाषा-णाम् *bhâshâṇâm*, des langues, क्षिपाणि *kshipâṇi*, que je jette, रेफेण *réphéṇa*, par la lettre *r*, आरम्भेण *ârambhêṇâ*, par le commencement, रोहिणी *Rôhini* (4me nakshatra), मूर्खाणाम् *mûrkhâ-ṇâm*, des stupides, तर्कण *tarkaṇa*, pensée, मार्गेण *mârgêṇa*, par le chemin, ब्राह्मण्यास् *brâhmaṇyâs*, de la Brahmane, &c.; mais on conservera le न en दुष्टानाम् *dushṭânâm*, des méchants, अर्चन *arcana*, louange, अर्थिना *arthinâ*, par le demandeur, विर-लानाम् *viralânâm*, rarorum, वर्धन *vardhana*, incrementum, कृश्रेन *kṛçêna*, par le maigre, रसानाम् *rasânâm*, succorum.

75. Le *n* suivi d'un autre *n* forme, en cas de cérébralisation, *ṇṇ*; p. e. सन्न *sanna* avec नि devient निषण्ण *nishaṇṇa*.

76. Les prépositions *antar, nir, parâ, pari, pra*, la particule *dur* peuvent altérer un *n* du second élément, surtout quand la nasale est initiale; p. e. *pari* et *nîtâ* donne *pariṇîtâ*, sponsa; ainsi *dur* et *manas* donne *durmaṇas* (δυσμένης) ou *durmanas*.

77. Ces mêmes prépositions altèrent le *n* dans quelques déri-vations, le *n* des cinquième et neuvième conjugaisons, de la ter-

minaison impérative *âni*, des suffixes nominaux *ana*, *ani*, *anîya*, *ni*, *mâna*, et *na* précédé d'une voyelle, p. e. *prahinvanti*, *pra-bhavâni*, *nirvâna*, &c.

78. La préposition *ni* peut devenir *ṇi* devant quelques racines, quand elle est précédée d'une des prépositions citées § 76, p. e. *praṇyadadâm* de *pra + ni + adadâm* (πϱο-εν-εδίδων).

79. L'altération du *n* dental se rencontre en sanscrit classique encore dans quelques mots composés, surtout là où le composé a acquis un sens nouveau, p. e. *vardhrîṇasa*, rhinocéros, de *vardhrî*, ceinture de cuir, et *nasa*, nez, &c.; ensuite quelques mots subissent le même changement, tels que souvent *vana*, forêt, *hayana*, an, *ahna*, jour, *vâhana*, porteur, *nî*, conducteur, et encore d'autres, au sujet desquels, du reste, les règles sont très-peu fixées. Quant au sanscrit classique, la norme générale est la conservation de la dentale dans la composition.

80. Dans les Védas, la cérébralisation peut être propagée d'un mot à l'autre, quoique l'altération forme la minorité des cas: le sanscrit classique ignore ce changement dans la combinaison de phrase.

81. Parmi les rares exceptions, notons les verbes *tṛp* et *khsubh*, qui forment contrairement à §§ 74 et 77 *tṛpnômi*, *khsubhnâmi*.

Changement des sifflantes.

82. Le *s* final n'est conservé, dans la composition et la phrase, que devant *t* et *th*, non suivis d'un *s*.

83. Devant les sourdes palatales le *s* se change en *ç*, devant les cérébrales en *sh*; devant les sourdes labiales et gutturales, comme à la fin de la phrase, il devient visarga.

84. Devant toutes les sonores, y comprises les voyelles, *s* dans la flexion, la phrase et la composition, devient *r*, s'il est précédé d'une voyelle autre que *a* bref ou *â* long.

85. La syllabe *as*, quand elle n'est pas radicale, se change, devant les consonnes sonores et *a*, en *ô* (l'*a* suivant étant élidé); devant les voyelles, le *s* tombe. *Âs* final perd le *s* devant toute sonore.

86. *S* devant une autre sifflante devient ou visarga ou s'assimile à la lettre suivante. Ces changements peuvent aussi entrer, quand la sifflante initiale est suivie d'une autre sourde; ou bien, dans ce cas, *s* peut être rejeté.

Au sujet de la flexion du *as* thématique v. §. 128.

Ainsi l'on dira (§§ 82–86):

Dêvas tataḥ, deus tunc, *dêvaçca*, deusque, *dêvash ṭikatê*, deus it, *dêvaḥ karôti*, deus facit, *dêvâḥ praṇamâmi*, deas adoro, *dêvaḥ tsarati*, deus festinat.

देवो ऽग्नि: *Dêvô 'gniḥ*, deus Agnis, देव उवाच *dêva uvâca*, deus dixit, देवो ददाति *dêvô dadâti*, deus dat, &c.

अग्निर्देव: *Agnir dêvaḥ*, Agnis deus, अग्निरसम: *agnir asamaḥ*, agnis incomparabilis, &c.

87. Les deux pronoms *sas* et *êshas* rejettent le *s* devant toutes les consonnes.

88. Le *s*, première lettre d'une désinence, est changé en *sh*, quand il est immédiatement précédé d'une voyelle ou diphthongue (exceptées *a* et *â*), de *k*, *kh*, *ṅ*, *r*, *l*, et suivi ou d'une voyelle quelconque ou de *t*, *th*, *n*, *m*, *y*, *v*, *k*.

La cérébralisation du *s* n'est pas empêchée par l'intervention d'un anusvâra, d'une sifflante ou d'un visarga, entre la voyelle précédente et le *s*.

L'altération de la sifflante emporte toujours la cérébralisation d'une dentale suivante.

Exemples: *vak* et *su* devient *vakshu*, *gir* et *su* devient *gîrshu*.

De मनस् *manas*, esprit, se forment les cas मनसा *manasâ*, मनसे *manasê*, मनांसि *manâñsi*, mais de वपुस् *vapus*, corps, se forment वपुषा *vapushâ*, वपुषे *vapushê*, वपूंषि *vapûñshi*, वपु:षु *vapuḥshu*; on dit तासाम् *tâsâm*, earum, mais तेषाम् *têshâm*, eorum; de भृ *bhṛ*, porter, se forment भरसि *bharasi*, mais बिभर्षि *bibharshi*, tu portes, भरस्व *bharasva*, mais बिभृष्व *bibhṛshva*; कृत्स्न *kṛtsna*, tout, mais कृष्ण *kṛshṇa*, noir; तस्य *tasya*, mais अमुष्य

amushya, istius; अधस्तात् *adhastât*, au-dessous, mais उपरिष्टात्
uparishțât, au-dessus; de स्कृ *skŗ* (pour *kŗ*) se forme l'intentif
चेष्क्रीष् *céshkrîsh*.

89. Parmi les exceptions nous signalons:

Le *s* radical des désidératifs, quand le *s* caractéristique
du désidératif s'est déjà changé en *sh*; p. e. on dira *susu-
pish*, vouloir dormir, de *svap*, *susmûrsh* de *smŗ*, se souvenir.

Le *s* de suffixes *sara* et *sât*.

L'usage des Védas tend à la cérébralisation de la sifflante.

90. Dans la composition et dans la phrase, l'altération est
moins fréquente dans le sanscrit classique que dans la langue
antique, où elle semble être assez arbitraire. V. Prâtiçâkhya de
M. REGNIER (I, v, 1–19). La règle est la conservation de la
sifflante dentale: les exceptions ne manquent pas elles-mêmes de
rentrer quelquefois dans la règle.

Nous citons en thèse générale la cérébralisation d'un *s* initial
après les prépositions *ati*, *anu*, *api*, *abhi*, *ni*, *nis*, *pari*, *prati*, *vi*
et ordinairement après les particules *su* et *dus*, comme ayant lieu
dans les verbes *sic*, arroser, *sańǵ*, aller, *svańǵ*, embrasser, *sad*,
être assis, *sidh*, ordonner, *sthâ*, être debout, *stambh*, fortifier,
stubh, célébrer, *styâi*, se joindre, *stuc*, être transparent, *stu*, célébrer, *su*, presser le jus, *sû* (véd.) exciter, *sô*, détruire, *skŗ* (pour
kŗ) faire, et d'autres encore.

91. Dans les compositions autres que celles des prépositions
et des verbes, l'altération du *s* n'est que l'exception. Nous
citons

1°. *Stha* devient *shțha* dans les cas données § 88.

2°. Les mots *pitŗshvasŗ*, soeur du père, *mâtŗshvasŗ*, soeur de la
mère, *agnishțôma*, louange d'Agni, *trishțubh*, une espèce de
mesure, *prashțha*, devancier, *dushkha* au lieu de *duḥkha*,
malheur, *dhanushkara*, archer, et quelques autres compositions dont le premier élément finit en *is* et *us* thématiques.

92. L'altération d'un *s* initial dans la phrase ne se voit que dans les Védas, où elle est assez fréquente.

93. Le *r* final dans la composition et la phrase est sujet aux changements du *s*, et se change en visarga et en *sh* dans les mêmes cas.

Deux *r* ne peuvent pas se suivre en sanscrit. Le premier *r* est élidé, et la voyelle précédente allongée.

Ex.: De *antar* et *stha* on forme *antaḥstha* (interstes), de *antar* et *gata*: *antargata*, de *balir râǵnas*, le sacrifice du roi, *balî râǵnas*.

As devant *r* change en *ô*, selon la règle générale.

94. Dans le langage des Védas *ar* se trouve souvent là où le sanscrit brahmanique mettrait *aḥ*.

95. Nul mot ne finit en ह *h*, qui se change alors dans une gutturale ou cérébrale. Dans la flexion le *h* se conserve dans les terminaisons commençant par une voyelle, une nasale ou sémi-voyelle: devant *s* il se change en क्ष *ksh*, devant les autres consonnes il devient ou gutturale ou cérébrale.

Souvent dans ce dernier cas, le *h* tombe, la consonne suivante devient aspirée, et la voyelle précédente est allongée.

Ex.: De *lih* devient *liṭ*, de *duh*: *dhuk* (v. § 55); on formera alors *lêhmi*, *lêkshi*, *lêṭhi* de *lêh* et *ti*, *lîḍhi* de *lih* et *hi*.

96. La lettre ह *h* étant formée d'une originaire aspirée *gh*, *dh*, *bh*, se change au commencement des mots après une muette en aspirée sonore correspondante, ainsi *vac* et *hîna* se formera *vagghîna*, sans parole, de *ṭad* et *hita*: *taddhita*.

97. Le changement de *h* en *dh* qui a lieu dans la formation de l'impératif, n'est pas euphonique, mais repose sur la forme ancienne de la terminaison *dhi* (grec ϑι): ainsi de *yunǵ* et *hi* se fait *yunǵdhi*.

98. Le ष *sh* cérébral est changé à la fin des mots en gutturale ou en muette cérébrale, et est traité comme ces lettres.

Ex.: *Shash* et *karṇa* deviennent *shaṭkarṇa*, avec six oreilles, *shash* et *hasta*: *shaḍḍhasta* (exceptionnellement: *shash* et *daça* forme *shôḍaça* षोडश). *Mṛsh* et *su* forme *mṛkshu*, &c.

99. Nous devons encore parler de quelques élisions et intercalations euphoniques. Les élisions les plus fréquentes sont:

1°. celle de la lettre *s* entre deux consonnes, surtout devant *t*; p. e. au lieu de *utsthâya* on dit *utthâya*, au lieu de *akshâipstam* on dit *akshâiptam*;

2°. celle d'autres consonnes combinées devant des terminaisons consonantiques; p. e. *suvalk* avec *bhyas* et *su* donne *suvalbhyas, suvalshu,* &c.

100. Quelques intercalations sont facultatives; nous citons les cas suivants, assez rares de leur nature:

1°. Entre un ङ *ṅ* et ण *ṇ* d'un côté, et une sifflante de l'autre, peuvent être insérés un क *k* et ट *ṭ*; p. e. on dira अवाङ् सागरः *avâṅ sâgaraḥ*, la mer méridionale, ou: अवाङ्क्सागर *avâṅkshâgara*, सुगण् षट् *sugaṇ shaṭ*, ou: सगण्ट्षट् *sugaṇṭshaṭ*, comptant six.

2°. Un त *t* peut être placé entre un ट *ṭ* ou न *n* et un स, p. e. राट् सन् *râṭ san*, étant roi, बलवान् सन् *balavân san*, étant fort; ou l'on peut dire: राट्त्सन् *râṭtsan*, बलवान्त्सन् *balavântsan*.

3°. Entre न *n* et श *ç* on peut placer un च *c*, en changeant le *n* en ञ *ñ* palatal, p. e. सन् श्रीमान् *san çrîmân*, étant heureux; on peut dire: सञ्च्श्रीमान् *sañççrîmân*.

Sur quelques autres insertions, voyez §§. 65 – 69.

101. La *correption* d'une racine commençant par une sémivoyelle, et la substitution d'une voyelle à cette dernière (*samprasâraṇa*), sera traitée en temps et lieux opportuns.

CHAPITRE TROISIÈME.

DES RACINES.

102. Nous appelons *racine (dhâtu)* une abstraction fictive, à laquelle peuvent être réduites, comme à leur origine commune, toutes les formations dérivant évidemment d'une même source.

103. La racine ne paraît pas dans la langue, de même qu'une notion simple n'est pas possible sans catégorie aucune.

104. Ces catégories sont indiquées par les différents changements (flexions) que subit la racine, et dont l'ensemble forme l'organisme grammatical.

105. Le caractère distinctif du sanscrit et des langues indo-européennes primitives, consiste en ce que les flexions s'y opèrent exclusivement par des terminaisons ajoutées à la racine qui, toujours identique à elle-même, malgré les changements qu'elle subit, forme avec les désinences un ensemble indivisible.

106. Les modifications ultérieures de ces mots fléchis sont exprimées par des *préfixes* qui sont ou des augments, des redoublements, des prépositions jointes au terme, des particules préposées, ou quelquefois des terminaisons suffixes, ajoutées à des thèmes déjà existants.

107. Nulle racine n'est fléchie dans les langues indo-européennes, sans s'être transformée en *thème radical (aṅga)*, qui peut quelquefois être identique à la racine fictive. Ce dernier cas a souvent lieu dans la conjugaison des verbes, plus rarement dans la déclinaison des noms.

108. La transformation de la racine en thème s'opère, dans les langues ariennes, par des suffixes spéciaux.

109. Le thème ainsi formé subit l'adjonction des désinences de la déclinaison et de la conjugaison.

Exemples: De अद् *ad*, lat. *ED*, grec *EΔ*, goth. *AT*, tudesque *ASZ*, se forme अद्मस् *admas*, lat. *edimus*, grec ἔδομες, goth. *itum*, tud. *iszumês;* puis le thème दन्त् *DANT* (ou दन्त *DANTA*) pour *ADANT*, lat. *DENT*, grec *OΔONT*, goth. *TUNTHU*, tud. *ZAND*, à l'accusatif दन्तम् *dantam*, lat. *dentem*, grec ὄδοντα, goth. *tunthu*, tud. *zand*. Ces derniers mots seuls se trouvent dans la langue parlée. De *DANTA* se forme le thème *DANTIN*, dentu, d'où le nominatif *dantî*, le dentu, l'éléphant, et de ce thème, déjà dérivé, un autre **dantitva**, nom. *danditvam*, l'état d'éléphant.

110. En sanscrit, comme généralement dans les langues alliées, les racines sont toutes monosyllabiques. Parce qu'on s'est habitué à regarder comme racine tout ce qui se conjugue, on a pris quelquefois des thèmes verbaux pour des racines verbales.

111. Les racines les plus anciennes sont les plus simples, et se distinguent presque toujours par une voyelle ou initiale, ou finale, p. e. *as*, être, *ad*, manger, *an*, respirer, *âs*, être assis, *i*, aller, *yu*, joindre, *hu*, sacrifier, *dâ*, donner, *brû*, parler, *dhâ*, poser, *mâ*, mesurer, *pâ*, boire, *bhû*, être, &c. D'autres racines, évidemment très-anciennes, commencent et finissent par de simples consonnes entourant une voyelle brève, p. e. *vac*, parler, *vad*, parler, *budh*, savoir, *mar (mṛ)*, mourir, &c. Les racines qui contiennent une cérébrale, une voyelle longue ou une diphthongue, entourée de deux ou de plusieurs consonnes, telles que *sthûl*, *mlêc*, sont plus modernes, si elles ne sont pas de pures fictions des grammairiens, imaginées pour expliquer l'existence dans le dictionnaire de certaines expressions.

112. Beaucoup de racines des langues dravidiques se sont introduites dans le sanscrit plus moderne; quelques autres, au contraire, ne se trouvent que dans les listes de racines *(dhâtupâṭhas)*, quoiqu'elles appartiennent, en réalité, à la période la plus ancienne du sanscrit, et qu'elles se soient perpétuées dans les langues d'Europe. Il faut, du reste, remarquer, que toutes les racines ne

se rencontrent pas dans les listes, parce que les Hindous, comparables à nos grammairiens, ne semblent admettre aucune racine autre que verbale. Cela est faux en principe, car l'idée du verbe n'est fréquemment venue qu'après celle d'un objet concret qu'on a exprimé en premier lieu, et dont s'est développée l'abstraction du verbe. Il est contraire au bon sens d'admettre, comme le font les grammairiens indiens, des racines verbales qui auraient donné naissance aux pronoms et même aux mots les plus anciens de l'humanité.

LIVRE SECOND.

DÉCLINAISON.

CHAPITRE PREMIER.

DÉCLINAISON DES SUBSTANTIFS ET ADJECTIFS.

113. Les grammairiens de l'Inde désignent les mots déclinables par le mot de *nâma* (nom).

114. La déclinaison des noms se divise en deux grandes classes, en sanscrit comme dans les autres langues ariennes:

1°. Déclinaison des thèmes finissant en consonne (*halanta*),

2°. Déclinaison des thèmes finissant en voyelle (*aĝanta*).

115. La langue sanscrite connaît trois nombres:

1°. Le singulier (*êkavacanam*),

2°. Le duel (*dvivacanam*),

3°. Le pluriel (*bahuvacanam*).

116. Il y a trois genres (*liṅgâni*):

1°. Le genre masculin (*puṅliṅgam*),

2°. Le genre féminin (*strîliṅgam*),

3°. Le genre neutre (*napuṅsakaliṅgam, dvihînaliṅgam, klîvaliṅgam*).

117. Il y a huit cas. Les grammairiens n'en comptent que sept, le vocatif étant considéré par eux comme une forme spéciale du nominatif. Les voici:

Le nominatif (*kartâ* factor, ou *prathamâ* première),

Le vocatif (*sambôdhanam* admonition),

L'accusatif (*karma* factum, ou *dvitîyâ* seconde),

L'instrumental (*karaṇam* cause, ou *tṛtîyâ* troisième),

Le datif (*sampradânam* donation, ou *caturthî* quatrième),

L'ablatif *(apâdânam* ablation, ou *pańcamî* cinquième),

Le génitif *(sambandhas* rélation, ou *çêshas* accessoire (littéralement reste), ou *shashṭî* sixième),

Le locatif *(adhikaraṇam* situation, ou *saptamî* septième).

I. DÉCLINAISON DES THÈMES CONSONANTIQUES. *(Halanta.)*

118.　Nous commençons, contre l'habitude ordinaire, l'exposé par les thèmes finissant en consonnes, parce que leur flexion fera mieux saisir la déclinaison des mots vocaliques. Cette dernière ne diffère pas, dans le principe, de celle que nous exposons en premier lieu, sauf les modifications nécessitées par l'euphonie.

119.　Voici les terminaisons du masculin et du féminin d'abord, puis celles du neutre, dans les trois nombres:

	SINGULIER.	DUEL.	PLURIEL.
N.	*s* (ς grec, *s* latin)	*âu* (grec ε, ω)	*as* (grec ες, lat. *es*)
V.	—	*âu*	*as*　(id.)
A.	*am* (grec α(ν), lat. *em*)	*âu*	*as* (grec ας, lat. *es*)
I.	*â* (lith. *u*)	*bhyâm* (οιν)	*bhis*
D.	*ê* (lat. *î*)	*bhyâm*	*bhyas* (lat. *bus*)
Abl.	*as* (pour *at*, lat. *ed*)	*bhyâm*	*bhyas*　(id.)
G.	*as* (grec ος, lat. *is*, germ. *is*)	*ôs*	*âm* (grec ων, lat. *um*)
L.	*i* (dat. grec ι)	*ôs*	*su* (grec σι)
		NEUTRE.	
N.	—	*î*	*i* [1]
V.	—	*î*	*i*
A.	—	*î*	*i*
I.	*â*	*bhyâm*	*bhis*
D.	*ê*	*bhyâm*	*bhyas*
Abl.	*as*	*bhyâm*	*bhyas*
G.	*as*	*ôs*	*âm*
L.	*i*	*ôs*	*su*

[1] Ces cas insèrent une nasale devant la consonne finale (excepté devant les sémivoyelles et nasales), et allongent la voyelle des thèmes en *s* et *n*. Les neutres finissant en consonne double peuvent insérer la nasale.

120. Ces terminaisons s'ajoutent au thème, qui peut n'être pas le même pour tous les cas: le mot, dans la grande majorité, n'a qu'un thème, il est *monothématique,* mais souvent il a deux, il est *dithématique;* les *trithématiques* (§ 135) sont plus rares.

121. Quand il y a trois thèmes, le plus long se lie avec les *cas forts,* les nominatifs et vocatifs des trois nombres, et l'accusatif du singulier et du duel; le *moyen* avec les terminaisons commençant par une consonne *(cas moyens),* et le moins développé avec les autres cas *(cas faibles).*

P. e. thèmes forts: *rurudvâñs, vidvâñs, pratyañc;* thèmes moyens: *rurudvat, vidvat, pratyac;* thèmes faibles: *rurudush, vidush, pratîc.*

122. Dans les mots dithématiques, les désinences des cas moyens et faibles se rattachent au second thème, comme le font celles de tous les cas du singulier (et souvent du duel) des neutres.

P. e. thèmes forts: *tudant, râǵân, yavîyâñs,* &c.; thèmes faibles: *tudat, râǵan (râǵń), yavîyas,* &c.

123. Les lois d'euphonie sont toujours appliquées.

124. Voici des exemples: मरुत् *marut* m., vent, वाच् *vâc* f., discours, हृद् *hṛd* n., coeur: [1]

SINGULIER.

N.	मरुत् [2] *marút*	वाक् [2] *vâk*		हृत् *hṛt*
V.	मरुत् *márut*	वाक् *vâk*		हृत् *hṛt*
A.	मरुतम् *marútam*	वाचम् *vâcam*		हृत् *hṛt*
I	मरुता *marútâ*	वाचा *vâcâ*		हृदा *hṛdâ*
D.	मरुते *marúté*	वाचे *vâcé*		हृदे *hṛdé*
Abl.	मरुतस् *marútas*	वाचस् *vâcás*		हृदस् *hṛdás*
Gen.	मरुतस् *marútas*	वाचस् *vâcás*		हृदस् *hṛdás*
L.	मरुति *marúti*	वाचि *vâci*		हृदि *hṛdí*

[1] V. §§ 49, 50, 53. *Marut* est pour *maruts, vâk* pour *vâks* (lat. *vox*), la palatale se changeant en gutturale; *hṛt* est pour *hṛd,* § 49.

[2] Nous accentuons la transcription des mots.

DUEL.

N.V.A.	मरुतौ *marútâu*	वाचौ *vâcâu*	हृदी *hŕdi*
I.D.Abl.	मरुद्भ्याम् *marúdbhyâm*	वाग्भ्याम् *vâgbhyâm*	हृद्भ्याम् *hŕdbhyâm*
G.L.	मरुतोस् *marútôs*	वाचोस् *vâcós*	हृदोस् *hŕdós*

PLURIEL.

N.V.	मरुतस् *marútas*	वाचस् *vâcas*	हृन्दि *hŕndi* [1]
A.	मरुतस् *marútas*	वाचस् *vâcás*	हृन्दि *hŕndi*
I.	मरुद्भिस् *marúdbhis*	वाग्भिस् *vâgbhis*	हृद्भिस् *hŕdbhís*
D.Abl.	मरुद्भ्यस् *marúdbhyas*	वाग्भ्यस् *vâgbhyás*	हृद्भ्यस् *hŕdbhyás*
G.	मरुताम् *marútâm*	वाचाम् *vâcâm*	हृदाम् *hŕdâm*
L.	मरुत्सु *marútsu*	वाक्षु *vâkshú*	हृत्सु *hŕtsú*

125. Les mots réguliers suivent exactement les lois d'euphonie; p. e. वणिज् *baṇíǵ*, marchand, forme au N. S. वणिक् *baṇík*, A. S. (§ 50) वणिजम् *baṇíǵam*, I. P. वणिग्भिस् *baṇígbhis*, L. P. वणिक्षु *baṇíkshu*. Des thèmes धर्मबुध् *dharmabhúd*, गोदुह् *gôduh* se forment le N. S. *dharmabhút*, *gôdhúk*, I. P. *dharmabhudbhis*, *gôdhugbhís*, L. P. *dharmabhutsú*, *gôdhukshú* (§ 55). Ainsi les thèmes मृष् *mrsh*, द्विष् *dvish*, दिश् *diç*, विश् *viç*, कस् *kas*, &c. forment N. S. *mrk*, *dviṭ*, *dik*, *viṭ*, *kas*, A. S. *mrsham*, *dvisham*, *diçam*, *viçam*, *kasam*, I. P. *mrgbhis*, *dviḍbhis*, *digbhis*, *viḍbhis*, *kôbhis* (contre § 85), L. P. *mrkshu*, *dviṭsu*, *dikshu*, *viṭsu*, *kaḥsu*, &c.

126. Des thèmes monosyllabiques finissant en *is* et *us*, *ir* et *ur* allongent la voyelle au N. S. et devant les terminaisons consonantiques, p. e. *gir*, *pis* forment N. S. *gîr*, *pîs*, I. P. *gírbhis*, *pírbhis*.

127. Un *m* radical se change en *n* dans les mêmes cas; p. e. de *praçâm* vient N. S. *praçân*, I. P. *praçânbhis*, &c.

128. Les mots finissant en *as*, *is*, *us* servils suivent exactement les règles euphoniques des §§ 86 et 88. Donc on déclinera les mots neutres शिरस् *çíras*, tête (grec καρα), ज्योतिस् *ǵyótis*, splendeur, यजुस् *yáǵus*, sacrifice:

---

[1] Mais on fera de *pur*: *puri*, de *kamal*: *kamali*, de *ambhôruh* (lotus): *ambhôruhi*.

SINGULIER.

N. V. A.	भिरस्	çíras
I.	भिरसा	çírasâ
D.	भिरसे	çírasê
Abl. G.	भिरसस्	çírasas
L.	भिरसि	çírasi

N. V. A.	ज्योतिस्	ǵyótis	यजुस् yáǵus
I.	ज्योतिषा	ǵyótishâ	यजुषा yáǵushâ
D.	ज्योतिषे	ǵyótishê	यजुषे yáǵushê
Abl. G.	ज्योतिषस्	ǵyótishas	यजुषस् yáǵushas
L.	ज्योतिषि	ǵyótishi	यजुषि yáǵushi

DUEL.

N. V. A.	भिरसी	çírasî
I. D. A.	भिरोभ्याम्	çírôbhyâm
G. L.	भिरसोस्	çírasôs

N. V. A.	ज्योतिषी	ǵyótishî	यजुषी yáǵushî
I. D. A.	ज्योतिर्भ्याम्	ǵyótirbhyâm	यजुर्भ्याम् yáǵurbhyâm
G. L.	ज्योतिषोस्	ǵyótishôs	यजुषोस् yáǵushôs

PLURIEL.

N. V. A.	भिरांसि	çírânsi
I.	भिरोभिस्	çírôbhis
D. A.	भिरोभ्यस्	çírôbhyas
G.	भिरसाम्	çírasâm
L.	भिरःसु	çírahsu

N. V. A.	ज्योतींषि	ǵyótiñshi	यजूंषि yáǵûñshi
I.	ज्योतिर्भिस्	ǵyótirbhis	यजुर्भिस् yáǵurbhis
D. A.	ज्योतिर्भ्यस्	ǵyótirbhyas	यजुर्भ्यस् yáǵurbhyas
G.	ज्योतिषाम्	ǵyótishâm	यजुषाम् yáǵushâm
L.	ज्योतिःषु	ǵyótihshu	यजुःषु yáǵuhshu

129. Les masculins et féminins en *as* allongent la voyelle au
nominatif: ainsi de *sumanas* (εὐμένης), bienveillant, on formera
masc. et fém. *sumanâs*, n. *sumanâs*, de *apsaras* f., la nymphe: *apsarâs*.

130. Les adjectifs formés par la syllabe *in* rejettent au nominatif du singulier le *n*, comme dans les terminaisons consonantiques (I. D. Abl. Duel, I. D. Abl. L. Pluriel): le vocatif conserve le *n*, excepté dans les neutres, où l'élision est facultative. Les masculins allongent la voyelle uniquement au nominatif; ainsi धनिन् *dhanín*, riche, forme au masculin N. S. *dhaní*, au neutre *dhani*, I. D. Abl. Duel *dhanibhyâm*, L. P. *dhanishu*.

131. Les formations en *an* suivent la même règle d'élision, et l'on formera de यज्वन् *yaǵván*, sacrificateur: *yaǵvá*, n. *yaǵvá*. *yaǵvábhis*, ब्रह्मन् *bráhman*: *bráhmá*, n. *bráhma*.

132. Les mots en *an*, précédés d'une seule consonne, rejettent le *a* dans les terminaisons vocaliques, excepté au locatif, où l'élision est facultative. [1]

Les mots en *an* sont en outre dithématiques, et font dériver les cas forts de thèmes en *ân*: donc on déclinera ainsi les thèmes *râǵan* m., roi, et *nâman* n., nom:

SINGULIER.

N.	राजा *râǵâ*	नाम *nâma*	
V.	राजन् *râǵan*	नामन (नाम) *nâman (nâma)*	
A.	राजानम् *râǵânam*	नाम *nâma*	
I.	राज्ञा *râǵñâ*	नाम्ना *nâmnâ*	
D.	राज्ञे *râǵñê*	नाम्ने *nâmnê*	
Abl. G.	राज्ञस् *râǵñas*	नाम्नस् *nâmnas*	
L.	राज्ञि *râǵñi* ou	नाम्नि *nâmni* ou	
	राजनि *râǵani*	नामनि *nâmani*	

DUEL.

N. V. A.	राजानौ *râǵânâu*	नामनी (नाम्नी) *nâmanî (nâmnî)*
I. D. Abl.	राजभ्याम् *râǵabhyâm*	नामभ्याम् *nâmabhyâm*
G. L.	राज्ञोस् *râǵñôs*	नाम्नोस् *nâmnôs*

---

[1] Ces élisions et allongements rappellent la formation des mots latins: *homin, carbon, Agamemnon*, nom. *homo, carbo, Agamemno*, acc. *hominem, carbōnem, Agamemnŏnem;* les doriens également rejettent le *ν* du nominatif Πυθώ pour Πυθών.

PLURIEL.

N. V.	राजानस् *rấǵânas*	नामानि *nấmâni*
A.	राज्ञस् *rấǵńas*	नामानि *nấmâni*
I.	राजभिस् *rấǵabhis*	नामभिस् *nấmabhis*
D. Abl.	राजभ्यस् *rấǵabhyas*	नामभ्यस् *nấmabhyas*
G.	राज्ञाम् *rấǵńâm*	नाम्नाम् *nấmnâm*
L.	राजसु *rấǵasu*	नामसु *nấmasu*

133. Sont dithématiques les adjectifs masculins et neutres en
vat (vant),[1] *mat (mant),* et les participes en *at (ant).* Le N. S.
des mots masculins en *vat* est *vân,* de ceux en *mat: mân* (pour
vants et *mants*), celui des participes: *an.*[2]

Les participes des verbes redoublés, conformément à une règle
générale, ne changent pas le thème *at* en *ant.*

Voici la déclinaison de *sarpat (sarpant),* lat. *serpent,* au masculin:

	SINGULIER.		DUEL.
N. V.	सर्पन् *sárpan*	सर्पन्तौ *sárpantâu*
A.	सर्पन्तम् *sárpantam*	id.
I.	सर्पता *sárpatâ*	सर्पद्भ्याम् *sárpadbhyâm*
D.	सर्पते *sárpatê*	id.
Abl.	सर्पतस् *sárpatas*	id.
G.	id.	सर्पतोस् *sárpatôs*
L.	सर्पति *sárpati*	id.

PLURIEL.

N. V.	सर्पन्तस् *sárpantas*
A.	सर्पतस् *sárpatas*
I.	सर्पद्भिस् *sárpadbhis*
D.	सर्पद्भ्यस् *sárpadbhyas*
Abl.	id.
G.	सर्पताम् *sárpatâm*
L.	सर्पत्सु *sárpatsu*

---

[1] Grec εντ pour Fεντ, lat. *lent.* La forme pleine du sanscrit est la
forme originaire.

[2] Grec ων (dorien ους pour ονς), neutre ον.

NEUTRE.

SINGULIER.	DUEL.	PLURIEL.
N. V. A. सर्पत् *sárpat*	सर्पन्ती *sárpantî* ou सर्पती *sárpatî*	सर्पन्ति *sárpanti*

Les mots en *mat* et *vat* se déclinent de la même manière, sauf le nominatif et vocatif du masculin, qui ont *ân* et *an*; p. e. मतिमत् *matimát*, sage, forme au N. मतिमान् *matimân*, V. मतिमन् *mátiman*; रूपवत् *rúpávat* forme N. रूपवान् *rúpávân*, V. रूपवन् *rúpavan*, &c.

Les participes tels que *bíbhrat*, *dádat* sont monothématiques.

134. Sont dithématiques les comparatifs en *îyas* (*iyâns*),[1] qui se déclinent ainsi, p. e. *yávîyas*, plus jeune:

MASCULIN.

SINGULIER.	DUEL.
N. V. यवीयान् *yávîyân*	यवीयांसौ *yávîyânsâu*
A. यवीयांसम् *yávîyânsam*	id.
I. यवीयसा *yávîyasâ*	यवीयोभ्याम् *yávîyôbhyâm*
D. यवीयसे *yávîyasê*	id.
Abl. यवीयसस् *yávîyasas*	id.
G. id.	यवीयसोस् *yávîyasôs*
L. यवीयसि *yávîyasi*	id.

PLURIEL.

N. V.	यवीयांसस् *yávîyânsas*	
A.	यवीयसस् *yávîyasas*	
I.	यवीयोभिस् *yávîyôbhis*	
D.	यवीयोभ्यस् *yávîyôbhyas*	
Abl.	id.	
G.	यवीयसाम् *yávîyasâm*	
L.	यवीयःसु *yávîyahsu*	

NEUTRE.

SINGULIER.	DUEL.	PLURIEL.
N. V. A. यवीयस् *yávîyas*	यवीयसी *yávîyasî*	यवीयांसि *yavîyânsi*

Le reste comme le masculin.

---

[1] Grec *ιων*, lat. *ior* (pour *iôs*), goth. *iza*, all. *er*.

135. Les mots trithématiques sont très rares et restreints aux participes du prétérit redoublé du verbe, et à quelques formations de *anc*, comme *pratyanc*. Le thème moyen semble être le plus ancien, et les deux autres n'en sont que des altérations. De *rurudvát*, *vidvát*, *têpivát* [1] p. e. se forment les deux *rurudvâñs*, *vidvâñs*, *têpivâñs* et *rurudús*, *vidús*, *têpús*, de sorte que la déclinaison entière de ces mots est, ainsi qu'il suit. Nous l'accompagnons du mot *pratyac*, *pratyanc*, *pratic*.

MASCULIN.

SINGULIER.

N.	रुरुद्वान्	*rurudván*, ayant pleuré	प्रत्यङ्	*pratyáñ*, occidental
V.	रुरुद्वन्	*rúrudvan*	प्रत्यङ्	*prátyañ*
A.	रुरुद्वांसम्	*rurudvâñsam*	प्रत्यञ्चम्	*pratyáñcam*
I.	रुरुदुषा	*rurudúshá*	प्रतीचा	*pratícá*
D.	रुरुदुषे	*rurudúshê*	प्रतीचे	*pratícê*
Abl. G.	रुरुदुषस्	*rurudúshas*	प्रतीचस्	*praticas*
L.	रुरुदुषि	*rurudúshi*	प्रतीचि	*pratíci*

DUEL.

N. V. A.	रुरुद्वांसौ	*rurudvâñsâu*	प्रत्यञ्चौ	*pratyáñcâu*
I. D. Abl.	रुरुद्व्याम्	*rurudvádbhyâm*	प्रत्यग्भ्याम्	*pratyagbhyâm*
G. L.	रुरुदुषोस्	*rurudúshôs*	प्रतीचोस्	*praticôs*

PLURIÈL.

N. V.	रुरुद्वांसस्	*rurudvâñsas*	प्रत्यञ्चस्	*pratyáñcas*
A.	रुरुदुषस्	*rurudúshas*	प्रतीचस्	*pratícas*
I.	रुरुद्व्भिस्	*rurudvádbhis*	प्रत्यग्भिस्	*pratyagbhís*
D. Abl.	रुरुद्व्यस्	*rurudvádbhyas*	प्रत्यग्भ्यस्	*pratyabhyás*
G.	रुरुदुषाम्	*rurudúshâm*	प्रतीचाम्	*pratícâm*
L.	रुरुद्त्सु	*rurudvátsu*	प्रत्यक्षु	*pratyakshú*

NEUTRE.

Sing. N. A. V.	रुरुद्वत्	*rurudvát*	प्रत्यक्	*pratyák*
Du. N. A. V.	रुरुदुषी	*rurudúshî*	प्रतीची	*pratícî*
Pl. N. A. V.	रुरुद्वांसि	*rurudvâñsi*	प्रत्यञ्चि	*pratyáñci*

---

[1] Comparez le grec ότ en τετυφότ, n. m. τετυφώς, n. τετυφός.

Ainsi se déclinent *prâṅc (prâc)*, oriental, *avâṅc (avâc)*, méridional, *udaṅc (udac, udîc)*, septentrional, *samyâṅc (samyac, samîc)*, accompagnant, *sadhryâṅc (sadhryac, sadhrîc)*, id, *viçvadryâṅc (viçvadryâc, viçvadrîc)*, allant partout, *dêvadryâṅc (dêvadryâc, dêvadrîc)*, adorant les dieux, *tiryâṅc (tiryâc, tirâçc)*, allant en courbe, *dadhyâṅc (dadhyac, dadhîc)*, *madhvâṅc (madhvac, madhûc)*, *vishvaṅc (vishvac, vishûc)*, *gavâṅc (gavâc, gôc)*, &c.

Contrairement à la règle générale, le duel du neutre prend le thème le plus faible.

136. Les mots *path*, chemin, *math*, barattoir, *ṛbhuksh*, Indra, ont deux autres thèmes: *panthân*, *manthân*, *ṛbhukshân*, et *pathin*, *mathin*, *ṛbhukshin*. Voici la déclinaison de *path*:

Sing. N. *pánthâs*, A. *pánthânam*, I. *pathâ*, D. *pathé*, Abl. G. *pathás*, L. *pathí*. Duel N. V. A. *pánthânau*, I. D. Abl. *pathíbhyam*, G. L. *pathós*. Pl. N. V. *pánthânas*, A. *pathâs*, I. *pathíbhís*, D. Abl. *pathíbhyas*, G. *pathâm*, L. *pathíshu*.

137. Le mot *puñs*, homme, se décline ainsi: Sing. N. *púmân*, V. *púman*, A. *púmâṅsam*, I. *puñsâ*, D. *puñsé*, Abl. G. *puñsás*, L. *puñsí*. Duel N. V. A. *púmâṅsâu*, I. D. Abl. *pumbhyâm*, G. L. *puñsós*. Pl. N. V. *púmâṅsas*, A. *puñsás*, I. *pumbhís*, D. Abl. *pumbhyás*, G. *puñsâm*, L. *puñsú* ou *punkshú*.

138. *Ap*, eau, se décline ainsi: Sing. N. *âp*, A. *âpam*, I. *apâ*, D. *apé*, Abl. G. *apás*, L. *apí*. Duel N. V. A. *âpâu*, I. D. Abl. *adbhyâm*, G. L. *após*. Pl. N. V. *âpas*, A. *apás*, I. *adbhís*, D. Abl. *adbhyás*, G. *apâm*, L. *apsú*. (L'ancienne forme ariaque semble avoir été *AP*, *AK* (lat. *aqua*) et *ADP* [germ. *alb* (*Elbe*), scand. *elf*]).

139. *Pad*, pied, substitue dans les cas forts et moyens des composés *pâd*, p. e. *apâd* (grec ἄποδ), sans pied. Sing. N. V. *apâd* (ou *ápâd*), A. *apâdam*, I. *apâdâ*, &c. Duel N. V. A. *apâdau*, I. D. Abl. *apâdbhyâm*, G. L. *apâdós*. Pl. N. V. *apâdas*, A. *apâdas*, &c.

140. Les mots composés avec *váh*, vehens, contractent ce thème en *úh* dans les cas faibles; p. e. *bhâravâh* N. *bhâravât̤*, D. *bharâuhê*; *bhúvâh* N. *bhúvât̤*, D. *bhúhê*; *çvêtaváh* forme N. *çvêtavâs*, V. *çvêtavas*, les cas forts de *svêtaváh*, les autres de *svêtavas*.

141. Le mot *anaḍúh*, boeuf, se décline ainsi: Sing. N. *anaḍvân*, V. *ánaḍvan*, I. *anaḍúhâ*, &c. Duel N.V. A. *anaḍvâhâu*, I. D. Abl. *anaḍúdbhyâm*. Pl. L. *anaḍútsu*.

142. Le mot *upânáh*, soulier, a au S. N. *upânát*, et substitue ce thème dans les terminaisons consonantiques; et ainsi se fléchissent les autres mots composés avec *nah*.

143. Le mot *áhar* n., jour, substitue *ahan* dans les cas faibles: S. N. V. A. *áhar*, I. *áhnâ*, &c. Duel I. D. Abl. *áhôbhyâm*, &c. Pl. N. V. A. *áhâñsi*, G. *áhnâm*, L. *áhassu*. Dans les compositions (voir § 79) au masculin le N. se forme *-ahâs*, A. *ahânam*.

144. Nous faisons suivre une liste de quelques autres substitutions exceptionnelles; les mots marqués d'un astérisque peuvent aussi se décliner régulièrement:

Thème.	Cas forts.	Cas moyens.	Cas faibles.	Nominatif.
prâch, demandeur	**prâç*	*prât̤*	**prâç*	*prâk*
**asṛg* n., sang	*asṛg*	*asṛg*	*as(a)n*	*asṛk*
**yakṛt* n., foie	*yakṛt*	*yaká(n)*	*yak(á)n*	*yakṛt*
**çákṛt* n., fæces	*çákṛt*	*çáka(n)*	*çák(a)n*	*çákṛt*
avayâg, adorant	*avayâg*	*avayas*	*avayâg*	*avayâs*, voc. *-as*
ushṇíh f., un rhythme	*ushṇíh*	*ushník*	*usníh*	*ushník*
**púshán* m., soleil	*púshán*	*púshá(n)*	*púsh*	*púshâ*
akshán n., oeil	*ákshi* [1]	*ákshi*	*akshṇ*	
asthán n., os	*ásthi*	*ásthi*	*asthn*	
dadhán n., lait caillé	*dádhi*	*dádhi*	*dadhn*	
çakthán n., cuisse	*çákthi*	*çákthi*	*çakthn*	
çván [2] m., chien	*çván*	*çvá(n)*	*çún*	*çvâ*, voc. *çvan*

[1] Voy. pour ces mots la déclinaison des neutres en *i* (§ 151).

[2] Les cas moyens et faibles, sans accent, des *thèmes* accentués, le transportent sur la terminaison.

Thème.	Cas forts.	Cas moyens.	Cas faibles.	Nominatif.
maghavát, Indra	*maghaván*	*maghavá(n)*	*maghón*	*maghavấ*, voc. *mághavan*
yúvan m., jeune	*yúvâ*	*yúva(n)*	*yûn*	*yúvâ* m., *yúva* n.
dós m., bras	*dós*	*dôshá(n)(dôs)*	*dôsh(á)n*	*dôs*
dívan m., jour	*dívân*	*díva(n)*	*dívn*	*dívâ*
aghavát m., pécheur	*aghavánt*	*aghavát*	*aghavát*	v.**ághôs* (ou rég.)
bhagavát a., vénérable	*bhagavánt*	*bhagavát*	*bhagavát*	v.**bhágôs*(ou rég.)
bhávat a., id. [1]	*bhávánt*	*bhávat*	*bhávat*	v.**bhôs* (ou rég.)
mahát a., grand	*mahấnt*	*mahat*	*mahat*	*mahấn*
arvan m., cheval	*arvant*	*arvat*	*arvat*	*arvâ*, voc. *árvan*
anarvan a.,sans cheval	*anarvâṇ*	*anarva(n)*	*anarvan*	*anarvâ*
çatahán, tuant cent	*çatahán*	*çataha*	*çataghn*	*çatahấ* [2]
vṛtrahán, Indra	*vṛtraháṇ*	*vṛtraha*	*vṛtraghn*	*vṛtrahấ*
víviksh, [3] voulant entrer	*víviksh*	*víviç(ṭ)*	*víviksh*	*víviṭ*

145. D'autres anomalies sont:

uçánas, planète Vénus, forme le N. S. *uçáná*, V. *úçanas* et *úçanan*

anêhás, temps   »   »   *anêhâ*

puradañçás, Indra   »   »   *puradañçâ*.

Les désidératifs en *is* (§ 624, 1°), *áçis* f., bénédiction, *saǵus*, compagnon, allongent la voyelle au N. S. et dans les cas moyens.

II. Déclinaison des thèmes vocaliques.

146. Les terminaisons sont, quant à leur origine, les mêmes que celles de la déclinaison des thèmes consonantiques. Cette classe de noms seule a conservé les restes d'une ancienne déclinaison féminine: elle seule a, dans quelques cas, maintenu l'antique terminaison de l'ablatif.

---

[1] Le participe *bhávat* de *bhû*, être, est régulier.

[2] Ces deux mots sont les composés de *han*: au locatif on dit *hani* (*haṇi*) et *ghni*.

[3] Dans tous les désidératifs en *ksh* (v. § 624, 1°) le nominatif et les cas moyens reprennent la consonne originaire du verbe, ainsi *dúdhuksh* de *duh*, N. *dúdhuk*.

	MASCULIN.	FÉMININ.	NEUTRE.
		SINGULIER.	
N.	−s	−s, −, comme les masculins.	−, −m
V.	−, guna de la voyelle thématique	−, −i ″ ″	−, −
A.	−m	−m ″ ″	−, −m
I.	−â, −nâ, −ina	−â ″ ″	−nâ, −ina
D.	−ê, −aya	−ê, −âi, −yâi ″ ″	−nê, −aya
Abl.	−as, −at, −s	−âs, −yâs ″ ″	−nas, −at
G.	−as, −s (guna), −sya	−âs, −yâs ″ ″	−nas, −sya
L.	−i (ou âu)	−âm, −yâm ″ ″	−ni, −i
		DUEL.	
N. V. A.	−âu, allongement de la voyelle	−âu, −î, comme les masculins.	−nî, −î
I. D. Abl.	−bhyâm	−bhyâm ″ ″	−bhyâm
G. L.	−ôs, −yôs	−ôs, −yôs ″ ″	−nôs, −ôs, −yôs
		PLURIEL.	
N. V.	−as (guna)	−as (guna)	−ni (voyelle longue)
A.	−n (voyelle longue)	−s (voyelle longue)	id.
I.	−bhis	−bhis	−bhis
D. Abl.	−bhyas	−bhyas	−bhyas
G.	−nâm (voyelle longue)	−nâm (voyelle longue)	−nâm (voyelle longue)
L.	−su, −ishu	−su	−su, −ishu

La dental *n* se change en *ṇ* cérébral d'après les regles du § 74.

A. Thèmes en *a*.

147. Voici les terminaisons:

	SINGULIER.			DUEL.			PLURIEL.		
	M.	F.	N.	M.	F.	N.	M.	F.	N.
N.	−as [1]	−â	−am	−âu	−ê	−ê	−âs	−âs	−âni
V.	−a [2]	−ê	−a		id.		−âs	−âs	−âni
A.	−am [3]	−âm	−am		id.		−ân	−âs	−âni
I.	−êna	−ayâ	−êna		−âbhyâm		−âis	−âbhis	−âis
D.	−âya [4]	−âyâi	−âya		id.		−êbhyas	−âbhyas	−êbhyas
Abl.	−ât [5]	−âyâs	−ât		id.			id.	
G.	−asya [6]	−âyâs	−asya		−ayôs			−ânâm	
L.	−ê [7]	−âyâm	−ê		id.		−êshu	−âsu	−êshu

[1] Lat. *us, a, um;* grec oς, α, oν. Duel grec ω, α. Plur. lat. *i (eis), ae, a;* grec oι, αι, α.

[2] Lat. *e.*

[3] Lat. *um, am, um;* grec oν, αν, oν. Plur. lat. *ôs, âs, a;* grec oυς (de oνς), ας, α.

[4] Lat. *o, ai (ae), o.*

[5] Lat. *ô(d), â, ô(d).*

[6] Perse *ahyâ, âyâ, ahyâ;* grec oιo (oo, oυ), ας, oιo; lat. *i, ai, i.* Plur. lat. *orum, arum, orum* (de *osum*); grec ων, άων, ων.

[7] Grec ῳ, ᾳ, ῳ; plur. oισ(ι), αισ(ι), oισ(ι).

Exemple: *dattás, dattá, dattám, datus, data, datum, donné.*

MASCULIN.	FÉMININ.	NEUTRE.

SINGULIER.

N.	दत्तस् *dattás*	दत्ता *dáttá*	दत्तम् *dattám*
V.	दत्त *dátta*	दत्ते *dátté*	दत्त *dátta*
A.	दत्तम् *dattám*	दत्ताम् *dattám*	दत्तम् *dattám*
I.	दत्तेन *datténa*	दत्तया *dattáyá*	दत्तेन *datténa*
D.	दत्ताय *dattáya*	दत्ताचै *dattáyâi*	दत्ताय *dattáya*
Abl.	दत्तात् *dattát*	दत्तायास् *dattáyás*	दत्तात् *dattát*
G.	दत्तस्य *dattásya*	दत्तायास् *dattáyás*	दत्तस्य *dattásya*
L.	दत्ते *datté*	दत्तायाम् *dattáyâm*	दत्ते *datté*

DUEL.

N. V. A.	दत्तौ *dattáu*	दत्ते *datté*	दत्ते *datté*
I. D. Abl.		दत्ताभ्याम् *dattábhyâm*	
G. L.		दत्तयोस् *dattáyôs*	

PLURIEL.

N. V.	दत्तास् *dattás*	दत्तास् *dattás*	दत्तानि *dattáni*
A.	दत्तान् *dattán*	दत्तास् *dattás*	दत्तानि *dattáni*
I.	दत्तैस् *dattáis*	दत्ताभिस् *dattábhis*	दत्तैस् *dattáis*
D. Abl.	दत्तेभ्यस् *dattébhyas*	दत्ताभ्यस् *dattábhyas*	दत्तेभ्यस् *dattébhyas*
G.		दत्तानाम् *dattánâm*	
L.	दत्तेषु *dattéshu*	दत्तासु *dattásu*	दत्तेषु *dattéshu*

148. Dans le langage védique qui présente quelques irrégularités dans cette déclinaison, nous remarquons souvent ces changements facultatifs:

Au singulier, l'instrumental peut être formé en *â* long: *dattâ,* fém. *dattyâ;* le *a* du gén. et voc. est allongé: *dattâsyâ;* le locatif peut finir en *â,* p. e. *dattâ.* Au duel le *âu* se change souvent en *â,* p. e. *dattâ.* Le nominatif du pluriel est fréquemment *âsas,* p. e. *dêvâsas* pour *dêvâs;* ainsi le langage antique a le vieil instrumental en *êbhis,* p. e. *dêvébhis* pour *dêváis.* Le génitif, semblable au grec *άων,* n'offre quelquefois que la terminaison *âm,* p. e. *dêvâm* pour *dêvánâm* (comme *divûm* pour *divorum*).

149.   Il n'y a pas d'irrégularités dans cette classe, si ce n'est la substitution d'un thème consonantique dans quelques cas; p. e. *ĝará* f. ne se montre que dans les cas moyens, partout ailleurs il y a *ĝarás.* C'est ainsi que dans les cas moyens et faibles:

> *dánta* m., dent, peut substituer *dat,*
> *mấsá* m., mois   „   „   *mấs,*
> *pấda* m., pied   „   „   *pad,*
> *niçấ* f., nuit   „   „   *niç,*
> *nấsikấ* f., nez   „   „   *nas,* &c.

Voir plus bas (§ 174) la flexion des monosyllabes finissant en *á.*

150.   L'accent reste sur la même syllabe, excepté au vocatif dont la première syllabe est toujours accentuée (§ 178).

B. Déclinaison des thèmes en *i* et *u.*

151.   La déclinaison des thèmes en *i* et *u* brefs est la même. Dans le tableau suivant, le guna des deux voyelles est indiqué par G, et l'allongement par L. Le trait remplace la voyelle. Le locatif des masculins et des féminins finit en *áu.*

Nous indiquons par des astérisques les cas qui, dans les déclinaisons féminine et neutre, peuvent adopter les terminaisons masculines.

Voici le schème général:

	SINGULIER			PLURIEL		
	MASC.	FÉM.	NEUTRE.	MASC.	FÉM.	NEUTRE.
N.	–*s*	–*s*	———	G+*as*	G+*as*	L+*ni*
V.	G	G	–, G	G+*as*	G+*as*	L+*ni*
A.	–*m*	–*m*	———	L+*n*	L+*s*	L+*ni*
I.	–*nâ*	–*â*	–*nâ*	–*bhis*	–*bhis*	–*bhis*
D.	G+*ê*	*–*âi*	–*nê*		–*bhyas*	
Abl. G.	G+*s*	*–*âs*	–*nas*		–*bhyas*	
G.	id.	* id.	id.		L+*nâm*	
L.	*âu*	*–*âm*	–*ni*		–*shu*	

DUEL.

N. V. A. masc., fém. L   neut. —*nî*
I. D. Abl.   —*bhyâm*
G. L.   „ „   —*ôs*   —*nôs*

Les neutres des adjectifs peuvent suivre, au singulier, la déclinaison des masculins partout là où un *n* ou *ṇ* est inséré.

Nous choisissons les thèmes:

agni m. (lat. *ignis*), feu, *çrôṇi* f. (lat. *clunis*), hanche, *vâri* n. (lat. *marĕ*), eau, *paraçu* m. (gr. πελεκύς), hache, *síndhu* m. f., fleuve, *páçu* n. (lat. *pecu*, goth. *faíhu*, all. *Vieh*), animal.

SINGULIER.

N.	अग्निस् *agnís*	श्रोणिस् *çrôṇis*	वारि *vâri*
V.	अग्ने *ágnê*	श्रोणे *çrôṇê*	*वारि *vâri*
A.	अग्निम् *agním*	श्रोणिम् *çrôṇim*	वारि *vâri*
I.	अग्निना *agnínâ*	श्रोण्या *çrôṇyâ*	वारिणा *vâriṇâ*
D.	अग्नये *agnáyê*	*श्रोण्यै *çrôṇyâi*	वारिणे *vâriṇê*
Abl. G.	अग्नेस् *agnés*	*श्रोण्यास् *çrôṇyâs*	वारिणस् *vâriṇas*
L.	अग्नौ *agnáu*	*श्रोण्याम् *çrôṇyâm*	वारिणि *vâriṇi*

DUEL.

N. V. A.   अग्नी *agnî*
I. D. Abl.   अग्निभ्याम् *agnibhyâm*
G. L.   अग्न्योस् *agnyôs*

N. V. A.	श्रोणी *çrôṇî*		वारिणी *vâriṇî*
I. D. Abl.	श्रोणिभ्याम् *çrôṇibhyâm*		वारिभ्याम् *vâribhyâm*
G. L.	श्रोण्योस् *çrôṇyôs*		वारिणोस् *vâriṇôs*

PLURIEL.

N. V.   अग्नयस् *agnáyas*
A.   अग्नीन् *agnín*
I.   अग्निभिस् *agnibhis*
D. Abl.   अग्निभ्यस् *agnibhyas*
G.   अग्नीनाम् *agnínâm*
L.   अग्निषु *agnishu*

PLURIEL.

N. V.	श्रोणयस् *çróṇayas*	वारीणि *váríṇi*
A.	श्रोणीस् *çróṇis*	वारीणि *váríṇi*
I.	श्रोणिभिस् *çróṇibhis*	वारिभिस् *váribhis*
D. Abl.	श्रोणिभ्यस् *çróṇibhyas*	वारिभ्यस् *váribhyas*
G.	श्रोणीनाम् *çróṇînâm*	वारीणाम् *váríṇâm*
L.	श्रोणिषु *çróṇishu*	वारिषु *várishu*

SINGULIER.

N.	परशुस् *paraçús*	सिन्धुस् *síndhus*	पशु *páçu* (védiq.)
V.	परशो *páraçô*	सिन्धो *síndhô*	*पशु *páçu*
A.	परशुम् *paraçúm*	सिन्धुम् *síndhum*	पशु *páçu*
I.	परशुना *paraçúnâ*	सिन्ध्वा *síndhvâ*	पशुना *páçunâ*
D.	परशवे *paraçávê*	*सिन्ध्वै *síndhvâi*	पशुने *páçunê*
Abl. G.	परशोस् *paraçós*	*सिन्ध्वास् *síndhvâs*	पशुनस् *páçunas*
L.	परशौ *paraçâu*	*सिन्ध्वाम् *síndhvâm*	पशुनि *páçuni*

DUEL.

N. V. A.	परशू *paraçú*
I. D. Abl.	परशुभ्याम् *paraçúbhyâm*
G. L.	परश्वोस् *paraçvós*

N. V. A.	सिन्धू *síndhû*	पशुनी *páçunî*
I. D. Abl.	सिन्धुभ्याम् *síndhubhyâm*	पशुभ्याम् *páçubhyâm*
G. L.	सिन्ध्वोस् *síndhvôs*	पशुनोस् *páçunôs*

PLURIEL.

N. V.	परशवस् *paraçávas*
A.	परशून् *paraçún*
I.	परशुभिस् *paraçúbhis*
D. Abl.	परशुभ्यस् *paraçúbhyas*
G.	परशूनाम् *paraçúnâm*
L.	परशुषु *paraçúshu*

PLURIEL.

N. V.	सिन्धवस् *sindhavas*	पशूनि *páçûni*
V.	सिन्धूस् *síndhûs*	पशूनि *páçûni*
I.	सिन्धुभिस् *sindhubhis*	पशुभिस् *páçubhis*
D. Abl.	सिन्धुभ्यस् *sindhubhyas*	पशुभ्यस् *páçubhyas*
G.	सिन्धूनाम् *sindhûnâm*	पशूनाम् *páçûnâm*
L.	सिन्धुषु *síndhushu*	पशुषु *páçushu*

152. Dans le langage des Védas, l'instrumental peut être en *î* et *iyâ*, *û* et *uyâ*; le génitif ajoute quelquefois *as*, p. e. *paçvás* (de *paçú* m.). Le locatif se forme quelquefois en *i* seul, avec guna précédent: *vishnâvi*, ou en *â* au lieu de *âu*: *vishnâ*. Le nominatif du duel se lit aussi en *â* ajouté au thème, p. e. *agnyâ*. Le N, P. ajoute *as* sans guna, p. e. *aryàs* pour *arâyas*.

153. Les deux masculins *páti*, maître, et *sákhi*, ami, se déclinent irrégulièrement: Sing. N. *patis*, *sákhâ*, V. *pátê*, *sákhê*, A. *pátim*, *sákhâyam*, I. *pátyâ*, *sákhyâ*, D. *pátyê*, *sákhyê*, Abl. G. *pátyus*, *sákhyus*, L. *pátyâu*, *sákhyâu*. Au duel et pluriel *páti* est régulier, mais *sákhi* forme au duel *sákhâyâu* et au pl. N. V. *sákhâyas*.

Comme second élément d'un mot composé, *páti* est régulier.

154. Au sujet des quatre mots: *ákshi*, *ásthi*, *dádhi*, *çákthi*, voy. §. 144.

155. Le mot तितउ *titaú*, tamis (seul mot sanscrit où se trouve un hiatus), se décline ainsi: *titaús*, *titaô*, *titaúm*, *titavà*, *titavè*, &c.

156. Quant à l'accent, même règle que celle du § 150.

Thèmes polysyllabiques en *î* et *û*.

157. Les thèmes polysyllabiques finissant en *î* et *û* ont une déclinaison spéciale. Les mots de cette classe sont presque tous des féminins. Les terminaisons s'ajoutent au thème, et font changer, s'il y a lieu, la voyelle en sémivoyelle.

Les mots, même féminins, en *û* sont très rares: ceux en *î* extrêmement fréquents: ce sont les féminins régulièrement formés des masculins en *a, i, u* et *ṛ*, et ils se terminent en *î, î, vî, rî.*

Les mots monosyllabiques en *î* et *û*, ainsi que les racines formant des adjectifs composés, seront examinés §§. 167—177.

Voici la déclinaison de *dêvî* f., déesse, de *vadhû* f., femme, et *papî* m., lune.

SINGULIER.

N.	देवी *dêvî*	वधूस् *vadhûs*	पपीस् *papîs*
V.	देवि *dêvi*	वधु *vádhu*	पपीस् *pápîs*
A.	देवीम् *dêvîm*	वधूम् *vadhûm*	पपीम् *papîm*
I.	देव्या *dêvyâ*	वध्वा *vadhvâ*	पप्या *papyâ*
D.	देव्यै *dêvyái*	वध्वे *vadhvé*	पप्ये *papyé*
Abl. G.	देव्यास् *dêvyás*	वध्वास् *vadhvás*	पप्यस् *papyás*
L.	देव्याम् *dêvyâm*	वध्वाम् *vadhvâm*	पपी *papî*

DUEL.

N. V. A.	देव्यौ *dêvyaù*	
I. D. Abl.	देवीभ्याम् *dêvîbhyâm*	
G. L.	देव्योस् *dêvyós*	

N. V. A.	वध्वौ *vadhvaù*	पप्यौ *papyaù*	
I. D. Abl.	वधूभ्याम् *vadhûbhyâm*	पपीभ्यास् *papîbhyâm*	
G. L.	वध्वोस् *vadhvós*	पप्योस् *pápyós*	

PLURIEL.

N. V.	देव्यस् *dêvyàs*	
A.	देवीस् *dêvîs*	
I.	देवीभिस् *dêvîbhis*	
D. Abl.	देवीभ्यस् *dêvîbhyas*	
G.	देवीनाम् *dêvînâm*	
L.	देवीषु *dêvîshu*	

N. V.	वध्वस् *vadhvàs*	पप्यस् *papyàs*	
A.	वधूस् *vadhûs*	पपीन् *papîn*	
I.	वधूभिस् *vadhûbhis*	पपीभिस् *papîbhis*	
D. Abl.	वधूभ्यस् *vadhûbhyas*	पपीभ्यस् *papîbhyas*	
G.	वधूनाम् *vadhûnâm*	पपीनाम् *papînâm*	
L.	वधूषु *vadhûshu*	पपीषु *papîshu*	

Les masculins polysyllabiques non composés en *û*, qui sont d'ailleurs fort rares, suivent la déclinaison de *papî* sauf au locatif; conformément à la règle *nṛtû*, danseur, fait *nṛtvî*.

158. Les féminins en *î* (sauf les monosyllabes) perdent au nominatif le *s*; à l'exception de *Lakshmî* n. p., *tantrî*, corde, et *tarî*, vaisseau.

159. Les adjectifs de genre commun en *î* et *û*, provenant d'un verbe dénominatif en *iya* ou *ûya*, tels que *sutî*, désirant un fils, peuvent former le gén. et le loc. en *us* et *âu* (comme *pati* et *sakhi*), *sutyus*, loc. *sutyâu*. L'accusatif de ces mots est en *am*, p. e. *sutyam*, *çushkîyam* (§ 43) de *çushkî*, desséchant.

160. Le langage védique offre peu d'anomalies dans cette déclinaison.

C. Déclinaison des thèmes en *ṛ*.

161. Cette classe se compose:

1° Des noms d'agent formés en *tṛ*, p. e. *ǵanitṛ́* (lat. *genitor*, gr. γενετήρ), *dâtṛ́* (lat. *dator*, gr. δοτήρ), &c.

2° Des noms de parenté qui suivent: *pitṛ́*, père, *mâtṛ́*, mère, *bhrâtṛ*, frère, *svásṛ*, soeur, *duhitṛ*, fille, *naptṛ́*, neveu, *nánandṛ*, soeur du mari, *ǵâmâtṛ*, gendre, *yâtṛ*, femme du beau-frère, *dêvṛ́*, beau-frère (δαήρ, *levir*), comme de *nṛ* (pour *anṛ*), homme.

162. La déclinaison des masculins et des féminins se rapproche de la déclinaison consonantique des mots en *an*; celle des neutres est identique à la flexion des mots en *i* et *u* en ce qui concerne l'insertion du *ṇ*.

Voici les exemples: *pitṛ́* m., père, *mâtṛ* f., mère, et *dâtṛ* n., ce qui donne.

SINGULIER.

N.	पिता *pitâ*	माता *mâtâ*	दातृ *dâtṛ́*
V.	पितर् *pitar*	मातर् *mâtar*	*दातृ *dâtṛ*
A.	पितरम् *pitáram*	मातरम् *mâtáram*	दातृ *dâtṛ́*
I.	पित्रा *pitrấ*	मात्रा *mâtrấ*	*दातृणा *dâtṛ́nâ*
D.	पित्रे *pitré*	मात्रे *mâtré*	*दातृणे *dâtṛ́nê*
Abl. G.	पितुस् *pitús* [1]	मातुस् *mâtús*	*दातृणस् *dâtṛ́nas*
L.	पितरि *pitári*	मातरि *mâtári*	*दातृणि *dâtṛ́ni*

DUEL.

N. V. A.	पितरौ *pitárâu*
I. D. Abl.	पितृभ्याम् *pitṛ́bhyâm*
G. L.	पित्रोस् *pitrós*

N. V. A.	मातरौ *mâtárâu*	दातृणी *dâtṛ́ni*
I. D. Abl.	मातृभ्याम् *mâtṛ́bhyâm*	दातृभ्याम् *dâtṛ́bhyâm*
G. L.	मात्रोस् *mâtrós*	*दातृणोस् *dâtṛ́nôs*

PLURIEL.

N. V.	पितरस् *pitáras*
A.	पितॄन् *pitṛ́n*
I.	पितृभिस् *pitṛ́bhis*
D. Abl.	पितृभ्यस् *pitṛ́bhyas*
G.	पितॄणाम् *pitṛ́nâm*
L.	पितृषु *pitṛ́shu*

N. V.	मातरस् *mâtáras*	दातृणि *dâtṛ́ni*
A.	मातॄस् *mâtṛ́s*	दातृणि *dâtṛ́ni*
I.	मातृभिस् *mâtṛ́bhis*	दातृभिस् *dâtṛ́bhis*
D. Abl.	मातृभ्यस् *mâtṛ́bhyas*	दातृभ्यस् *dâtṛ́bhyas*
G.	मातॄणाम् *mâtṛ́nâm*	दातॄणाम् *dâtṛ́nâm*
L.	मातृषु *mâtṛ́shu*	दातृषु *dâtṛ́shu*

---

[1] La forme *pitus* est remplacée dans les Védas par *pitrás*, conf. πατρός, *patris*, zend *pithras*, goth. *môthars*.

163. Les noms d'agent en *tṛ*, comme les deux mots *svásṛ*, soeur, et *naptṛ́*, neveu, allongent dans les cas forts le *a*; ainsi on dit S. A.: *dâtâram* (lat. *datorem*), *svâsâram* (lat. *sororem* pour *sosorem*), &c.

On trouve aussi *duhitâram* au lieu de *duhitáram*, et *çañstâram*, le flatteur, au lieu de *çañstáram*.

164. Le thème *nṛ* se décline ainsi: Sing. N. *nâ* (pour *anâr*, grec ἀνήϱ), A. *náram*, I. *nrâ*, D. *nrê* (véd. *nárê*), G. *nus* (véd. *náras*, gr. ἀνέϱος), L. *nári*. Duel N. V. A. *nárâu*, I. D. Abl. *nṛbhyâm*, G. L. *nrôs*. Plur. N. V. *náras*, A. *nṝ́n* (véd. *nṝ́ñs*), I. *nṛbhís*, D. Abl. *nṛbhyás*, G. *nṝ́nâm* ou *nṝ́nâm* (véd. *nárâm*), L. *nṛshú*.

165. Le mot *króshṭṛ* m., chacal (littéralement crieur), peut, dans les cas faibles, substituer le thème *króshṭu*, et doit le faire dans les cas moyens.

166. La déclinaison des thèmes en *ṛ* donne la seule occasion où la lettre ऋ *ṛ́* se montre réellement dans la langue. Mais même là l'usage n'en est nullement incontesté. Une école indienne remplace par la brève la voyelle longue (*dâtṛ́nâm*), les Védas montrent des formes comme *bhrâtrâm*, lat. *fratrum*, et dans le langage épique l'accusatif du pluriel est quelquefois semblable au nominatif. Ces faits confirment l'opinion que la voyelle *ṛ́* n'ait jamais existé dans la langue réelle, et quelle ne doive son origine qu'à l'esprit systématique des grammairiens.

III. Déclinaison des monosyllabes vocaliques.

167. Cette classe, qui tient à la fois des flexions consonantiques et vocaliques, comprend les thèmes monosyllabiques finissant en voyelles longues ou brèves, soit employés isolément, soit qu'ils se montrent comme dernier élément d'un composé. Nous aurions pu la joindre aux thèmes de la première classe dont elle a le critérium principal, l'identité des déclinaisons

masculines et féminines; mais tant à cause des mots importants qu'elle renferme, qu'en considération de ses anomalies, nous avons préféré d'en faire une classe à part.

I. 168. Il y a des substantifs féminins en *î, û, ô, âi, âu.* Nous choisissons pour exemples भी *bhî*, peur, भू *bhû*, terre, नौ *nâu (ναῦς, navis)*, vaisseau.

SINGULIER.

N. V.	भीस् *bhîs*	भूस् *bhûs*	नौस् *nâus*
A.	भियम् *bhíyam*	भुवम् *bhúvam*	नावम् *nâvam*
I.	भिया *bhiyá*	भुवा *bhuvá*	नावा *nâvá*
D.	भिये *bhiyé*	भुवे *bhuvé*	नावे *nâvé*
Abl. G.	भियस् *bhiyás*	भुवस् *bhuvás*	नावस् *nâvás*
L.	भियि *bhiyí*	भुवि *bhuvi*	नावि *nâví*

DUEL.

N. V. A.	भियौ *bhíyâu*	भुवौ *bhúvâu*	नावौ *nâvâu*
I. D. Abl.	भीभ्याम् *bhîbhyâm*	भूभ्याम् *bhûbhyâm*	नौभ्याम् *naûbhyâm*
G. L.	भियोस् *bhiyós*	भुवोस् *bhuvós*	नावोस् *nâvós*

PLURIEL.

N. V.	भियस् *bhíyas*	भुवस् *bhúvas*	नावस् *nâvas*
A.	भियस् *bhíyas*	भुवस् *bhúvas*	नावस् *nâvas*
I.	भीभिस् *bhîbhís*	भूभिस् *bhûbhís*	नौभिस् *nâubhís*
D. Abl.	भीभ्यस् *bhîbhyás*	भूभ्यस् *bhûbhyás*	नौभ्यस् *nâubhyás*
G.	भियाम् *bhiyấm*	भुवाम् *bhuvấm*	नावाम् *nâvấm*
L.	भीषु *bhîshú*	भूषु *bhûshú*	नौषु *nâushú*

Les thèmes en *î* et *û* peuvent employer les terminaisons féminines aux D. Abl. G. L. et faire *bhiyái, bhuvái, bhiyás, bhuvás*, &c. Le G. Pl. peut être aussi *bhînấm, bhûnấm.*

169. Les mots गो *gô (βοῦς,* lat. *bos,* all. *Kŭh)*, vache, et रै (lat. *res)*, chose, se déclinent de la manière suivante:

Sing. N. V. *gâus, râs,* A. *gâm, râyam,* I. *gává, râyá,* D. *gávé, râyé,* G. *gávas, râyás,* L. *gávi, râyí.* Duel N. V. A. *gâvâu, râyau,* I. D. Abl. *gôbhyâm, râbhyâm,* G. L. *gávôs, râyós.* Plur. N. *gávas, râyas*, A. *gâs*, *râyâs*, I. *góbhis*, *râbhis*, D. Abl. *góbhyas*, *râbhyâs*, G. *gávâm*, *râyấm*, L. *góshu*, *râsú*.

Ainsi *smṛtô* (de *smṛta* et *ú*): N. *smṛtáus*, Acc. *smṛtấm*.

170. Le mot *dyâus* (de *div*), jour, ciel (*διό*, germ. *tio*), se décline ainsi: Sing. N. V. *dyâus*, A. *dyâm*, I. *divâ*, D. *divé*, G. Abl. *divás*, L. *diví*. Duel N. A. V. *dívâu*, I. D. Abl. *dyúbhyâm*, G. L. *divós*. Plur. N. V. *dívas*, A. *divás*, I. *dyúbhis*, D. Abl. *dyú-bhyas*, G. *divâm*, L. *dyúshu*.

171. *Strî*, femme, provenant de *sôtrî*, generatrix, est regardé comme un polysyllabe, et décliné ainsi:

Sing. N. *strî*, V. *stri*, A. *strîm* (*strîyam*), I. *striyấ*, D. *striyâi*, Abl. G. *striyãs*, L. *striyấm*. Duel N. V. A. *striyâu*, I. D. Abl. *strîbhyãm*, G. L. *striyós*. Plur. N. V. *strîyas*, A. *strîs* (*strîyas*), I. *strîbhis*, D. Abl. *strîbhyás*, G. *strîṇấm*, L. *strîshú*.

172. Tous ces mots monosyllabiques, en formant des adjectifs composés, fléchissent les masculins et féminins, comme les mots eux-mêmes, les neutres pourtant se raccourcissent, et deviennent *i* et *u*; p. e. *su* et *bhrû* forment *subhrûs*, n. *subhrú*, *dvi* et *gâus* forment N. *dvigâus*, n. *dvigú*, *bahu* et *nâus*: *bahundus*, n. *bahunú*, *bahu* et *râi*: *bahurâs*, n. *bahurí*. Ces neutres se déclinent ou comme *vâri* et *paçu*, ou peuvent adopter dans les cas obliques la formation des autres genres.

173. Le vocatif des féminins peut être quelquefois raccourci, p. e. *súbhru* et *súbhrû*, &c.

II. 174. Les composés des racines finissant en voyelle (allongée au N. V. m. f.) ajoutent la terminaison à la racine. Par analogie avec § 168, la longue voyelle est conservée dans les nominatif et vocatif du singulier, et devant les terminaisons commençant en consonnes, tandis que les *i* et *u* se changent partout ailleurs en *y* et *v*, et que le *â* s'élide. On pourrait nommer cette flexion la déclinaison sémivocalique. Voici celle des composés de *pâ*, dominer, *pî*, boire, *pû*, purifier: les neutres sont ou réguliers ou peuvent suivre dans les cas obliques la déclinaison des autres genres.

SINGULIER.

	M. F.	N.	M. F.	N.	M. F.	N.
N. V.	*pâs*	*pam*	*pîs*	*pi*	*pûs*	*pu*
A.	*pâm*	*pam*	*pyam*	*pi*	*pvam*	*pu*
I.	*pâ*	*pêna*	*pyâ*	*pinâ*	*pvâ*	*punâ*
D.	*pê*	*pâya*	*pyê*	*pinê*	*pvê*	*punê*
Abl. G.	*pas*	*pasya*	*pyas*	*pinas*	*pvas*	*punas*
L.	*pi*	*pê*	*pyi*	*pini*	*pvi*	*puni*

DUEL.

	M. F.	N.	M. F.	N.	M. F.	N.
N. V. A.	*pâu*	*pê*	*pyâu*	*pinî*	*pvâu*	*punî*
I. D. Abl.	*pâbhyâm*	*pâbhyam*	*pibhyam*	*pibhyam*	*pûbhyâm*	*pubhyâm*
G. L.	*pôs*	*payôs*	*pyôs*	*pinôs*	*pvôs*	*punôs*

PLURIEL.

	M. F.	N.	M. F.	N.	M. F.	N.
N. V.	*pâs*	*pâni*	*pyas*	*pîni*	*pvas*	*pûni*
A.	*pas*	*pâni*	*pyas*	*pîni*	*pvas*	*pûni*
I.	*pâbhis*	*pêbhis*	*pîbhis*	*pibhis*	*pûbhis*	*pubhis*
D.	*pâbhyas*	*pêbhyas*	*pîbhyas*	*pibhyas*	*pûbhyas*	*pubhyas*
G.	*pâm*	*pânâm*	*pyâm*	*pînâm*	*pvâm*	*pûnâm*
L.	*pâsu*	*pêshu*	*pîshu*	*pishu*	*pûshu*	*pushu*

175. Les racines commençant par deux consonnes, changent le *î* et *û* en *iy* et *uv*, p. e. *kriyâ*, *druvâ* (§ 43).

Le mot *Svayambhû*, Brahma, suit la même règle, comme plusieurs composés du verbe *bhû*, être, p. e. A. *Svayambhuvam*.

176. Un mot rare et d'une déclinaison spéciale est *hâhâ*, un Gandharve, qui n'élide pas le *â*, mais le fond avec la terminaison. Il se décline selon §§ 37, 38: Sing. *hâhâs*, *hâhâm*, *hâhâ*, *hâhâi*, *hâhâs*, *hâhê*. Duel *hâhâu*, *hâhâbhyâm*, *hâhâus*. Plur. *hâhâs*, *hâhân*, *hâhâbhis*, *hâhâbhyas*, *hâhâm*, *hâhâsu*.

On voit que ce mot n'a rien de commun avec les thèmes de la déclinaison vocalique en *a* et *â*.

177. Nous citons, à titre d'anomalie, la déclinaison des féminins provenant directement d'un verbe et d'une préposition (p. e. *pradhî*) et qui adoptent les terminaisons féminines (§ 168), ainsi que les dérivés de *nî*, conduire, qui au loc. du sing. masc. forment *nyâm*.

ACCENT.

178. L'accentuation de la déclinaison se résume dans les règles suivantes:

1°. L'accent reste sur la syllabe accentuée du thème.

2°. Si le mot est polythématique, l'accentuation du cas suit celle du thème dont il est formé.

3°. Les monosyllabes, et simples et employés dans la composition, accentuent la terminaison dans les cas moyens et faibles, sauf dans l'accusatif du pluriel.

4°. Les terminaisons ont l'accent, quand elles sont formées par une crase du thème oxyton et de la flexion.

Cet accent est dans les cas forts le *svarita*, quand il y a eu changement de voyelle en sémivoyelle.

5°. Le vocatif accentue *toujours* la première syllabe du mot.

CHAPITRE SECOND.
ADJECTIFS.

I. FORMATION ET FLEXION DES TROIS GENRES.

179. Le féminin des adjectifs en *a* se forme généralement en *â*, le neutre en *am*.

Beaucoup d'adjectifs de cette classe peuvent avoir le féminin en *î*, surtout quand ils sont employés comme substantifs. Les composés surtout ont de prédilection *î*, p. e. *bhayakârani*, „celle qui fait peur". La terminaison *î*, ajoutée au thème faible, suit la déclinaison de *dêvî* (§ 157).

180. Quelques thèmes adjectifs en *i* et en *u* ont le féminin identique au masculin; la plupart pourtant, surtout ceux en *u*, le forme en *î*. Souvent les deux féminins existent, p. e. N. *bahús* et *bahvî*, beaucoup.

Le féminin des thèmes en *u* est quelquefois distingué par un *u* allongé, p. e. *bhîrû* de *bhîru*, timide.

181. Les adjectifs et participes, formés par les suffixes consonantiques, forment le féminin en *i* qu'ils ajoutent au thème faible; p. e. *rurudvân* (thème faible *rurudúsh*) forme *rurudúshî*, *çrímat*: *çrímatí*, *dhanin*: *dhaninî*, *ǵanitṛ́*: *ǵánitrî* (genitri-c), &c.

Les participes en *at* ont *atî* et *antî*, p. e. *tudatî* et *tudántî*; ceux des verbes *redoublés* ont toujours, ceux des autres verbes de la conjugaison ancienne généralement *atî*, p. e. *dádatî*, mais *rudatî*, *kurvatî* ou rarement *rudántî*, *kurvántî*.

Les mots en *van* forment *varî*.

182. Sont de genre commun:

1°. Les adjectifs composés formés par des monosyllabes.

2°. Les adjectifs composés formés par des mots substantifs finissant en *an, as, is, us*.

183. Les substantifs finissant en *an* forment les thèmes féminins, comme les cas faibles; p. e. du thème *rấǵan* se forment m. N. *rấǵâ*, f. N. *rấǵnî* (regina).

184. Nous faisons suivre une table indiquant la formation des trois genres:

Thème.	Nom. masc.	Nom. fém.	Nom. neutre.
dattá, donné	*dattás*	*dattâ*	*dattam*
sundará, beau	*sundarás*	*sundarî*	*sundarám*
çúci, pur	*çúcis*	*çúcis*	*çúci*
çmáçru, obscur	*çmáçrus*	*çmáçrus*	*çmáçru*
páṭu, habile	*páṭus*	*paṭví* ou *páṭus*	*páṭu*
bhîrú, timide	*bhîrús*	*bhîrús* ou *bhîrús*	*bhîrú*
tanú (tenuis),[1] mince	*tanús*	*tanví, tanús, tanús*	*tanú*

Thème.	Nom. masc.	Nom. fém.	Nom. neutre.
dâtŕ, donateur	*dâtâ*	*dâtrí*	*dâtŕ*
syat, futur	*syan*	*syántî*	*syat*
sat,[1] étant, bon	*san*	*satí*	*sat*
dandín, armé d'un bâton	*dandí*	*dandínî*	*dandi*
dhívan, intelligent	*dhívâ*	*dhívarî*	*dhíva*
maghávan (-aván), puissant	*maghávâ*	*maghónî*	*magháva*
yúvan, jeune	*yúvâ*	*yuvatí* ou *yúnî*	*yúva*
vidvás,[2] connaissant	*vidvân*	*vidúshî*	*vidvás*
gárîyas, plus lourd	*gárîyân*	*gárîyasî*	*gárîyas*
pratyác, occidental	*pratyáṅ*	*pratícî*	*pratyắk*
purvác, riche	*purváṅ*	*purûcî*	*purvák*
tiryác, allant en courbe	*tiryáṅ*	*tiráccî*	*tiryák*
dityaváh, munificent	*dityavât*	*dityauhí*	*dityavát*
viçvapâ, dominant tout	*viçvapâs*	*viçvapâs*	*viçvapám*
mrtyubhî, craignant la mort	*mrtyubhís*	*mrtyubhís*	*mrtyubhi*
âtmapû, purifiant l'âme	*âtmapûs*	*âtmapûs*	*âtmapú*
sudív, serein	*sudyáus*	*sudyáus*	*sudyú*
vêdavíd, connaissant les Védas	*vêdavít*	*vêdavít*	*vêdavít*
sumanás, bienveillant	*sumanâs*	*sumanâs*	*sumanás*
mahâtman, magnanime	*mahâtmâ*	*mahâtmâ*	*mahâtma*

La formation des féminins des mots composés en *an* est un peu arbitraire, quelquefois on les forme en *nî*.

II. Comparatif et superlatif.

185. Le comparatif se forme en *tara* et *íyas* (τερος et ιων, lat. *ior*), le superlatif en *tama* et *ishtha* (τατος et ιστος, lat. *timus*, germ. *ista*).

186. Régulièrement les adjectifs prennent *tara* et *tama* qu'ils

---

[1] Ainsi *svâdús*, *svâdvî*, *svâdú*, gr. ἁδύς, ἁδεῖα, ἁδύ, l. *suāvis* (pour *suadvis*), goth. *sulu*. — Grec ὤν, οὖσα, ὄν.

[2] Grec εἰδώς, εἰδυῖα, εἰδός.

ajoutent au thème moyen, p. e. *çúcitara, çúcitama, maháttara, maháttama, dhanítara, dhanítama, vidváttara, vidváttama,* &c.

Rarement on ajoute ces suffixes aux terminaisons féminines, p. e. *satítama* ou *satitama* pour *sáttama,* le meilleur.

187. Les adjectifs finissant en *a, i, u, at, mat, vat, in, vin* et *tṛ* forment régulièrement leurs degrés de comparaison, ou bien ils retranchent la terminaison qu'ils remplacent par *íyas* et *ishṭha,* p. e. *dhármavat, dhármíyas, dhármishṭha.* La consonne radicale reparaît alors; p. e. *sragvín* (de *sraǵ* et *vin*), couronné, forme *sráǵíyas, sráǵishṭha, ǵêtṛ,* vainqueur, *ǵáyíyas, ǵáyishṭha, dôgdhṛ* (de *duh* et *tṛ*) qui trait: *dóhíyas, dóhishṭha.*

188. Au surplus, les superlatifs en *ishṭha* sont quelquefois renforcés par *tara* et *tama,* p. e. *pápishṭhatara, pápishṭhatama* de *pápishṭha* (grec *κάκιστος*), très méchant.

189. Nous faisons suivre maintenant une liste des principaux comparatifs irréguliers:

Positif.	Comparatif.	Superlatif.
ántika, proche	*nédíyas*	*nédishṭha*
alpá, peu (aussi régulier)	*káníyas (álpíyas)*	*kánishṭha (álpishṭha)*
urú, large *(εὐρύς)*	*váríyas*	*várishṭha*
ṛǵú, droit	*ráǵíyas*	*ráǵishṭha*
kṛçá, maigre	*kráçíyas*	*kráçishṭha*
kshiprá, rapide	*kshépíyas*	*kshépishṭha*
kshudrá, bas	*kshódíyas*	*kshódishṭha*
gurú, lourd *(βαρύς)*	*gáríyas*	*gárishṭha*
tṛpú, rassasié	*trápíyas*	*trápishṭha*
dírghá, long	*drághíyas*	*drághishṭha*
dúrá, lointain	*dávíyas*	*dávishṭha*
dṛḍhá, ferme	*dráḍhíyas*	*dráḍhishṭha*
páṭu, habile	*páṭíyas*	*páṭishṭha*
párivṛḍha, grand	*párivraḍhíyas*	*párivraḍhishṭha*
pṛthú, large	*práthíyas*	*práthishṭha*

Positif.	Comparatif.	Superlatif.
praçasyá, bon	*çréyas (ġyâyas)*	*çréshṭha (ġyéshṭha)*
priyá, ami	*préyas*	*préshṭha*
bahú, beaucoup	*bhúyas* (véd. *bhâvíyas*)	*bhúyishṭha*
bahulá, beaucoup	*báñhíyas*	*bañhishṭhá*
bhṛçá, beaucoup	*bhráçiyas*	*bhráçishṭha*
mṛdú, mou	*mrádíyas*	*mrádishṭha*
yúvan, jeune	*yávíyas (kánîyas)*	*yávishṭha (kanishṭhá)*
váḍhá, solide	*sádhíyas*	*sádhishṭha*
laghú, léger	*lághíyas*	*lághishṭha*
vṛddhá, âgé	*várshíyas (ġyấyas)*	*várshishṭha (ġyéshṭhá)*
vṛndâraka, vénérable	*vṛndíyas*	*vṛndishṭha*
sthirá, ferme	*sthéyas*	*sthéshṭha*
sthúla (sthûra), épais	*sthávíyas*	*sthávishṭha*
sphirá, fort	*sphéyas*	*spéshṭha*
hrásva, bref	*hrásíyas*	*hrásishṭha*

190. Dans le langage védique le *î* du comparatif est souvent élidé, p. e. *vásyas* pour *vásíyas*, *távyas* pour *távíyas*.

191. Le féminin des comparatifs en *íyas* (§ 134) se forme en *íyasî*, celui des superlatifs en *ishṭhâ*.

192. Voici comme exemple des comparatifs et superlatifs, ceux de मह्त् *mahat*, grand:

Comp. मह्त्तरस् *maháttaras* मह्त्तरा *maháttarâ* मह्त्तरम् *maháttaram*
महीयान् *máhîyân* महीयसी *máhîyasî* महीयस् *máhîyas*

Sup. मह्त्तमस् *mahattámas* मह्त्तमा *maháttamâ* मह्त्तमम् *maháttamam*
महिष्ठस् *máhishṭhas* महिष्ठा *máhishṭhâ* महिष्ठम् *máhishṭham*

193. En sanscrit, comme dans toutes les langues indo-euro-péennes, les prépositions forment des adjectifs comparatifs et superlatifs par les terminaisons *tara* et *tama*, p. e. *úttara, uttamá*, (gr. ὕστερός, ὕστατος), &c.

CHAPITRE TROISIÈME.

PRONOMS.

194. Comme toutes les langues ariennes, le sanscrit distingue dans la déclinaison les pronoms personnels des deux premières personnes des autres pronoms, déterminatifs, relatifs et interrogatifs.

Voici la déclinaison de deux premières personnes:

PREMIÈRE PERSONNE.	SECONDE PERSONNE.
	SINGULIER.
N. अहम् *ahám (ego, ἐγών)*	त्वम् *tvám (tu, τούν)*
A. माम् *mâm*, मा *mâ*[1]	त्वाम् *tvâm*, त्वा *tvâ*
I. मया *máyâ*	त्वया *tváyâ*
D. मह्यम् *máhyam*, मे *mê*	तुभ्यम् *túbhyam*, ते *tê*
Abl. मत् *mát*	त्वत् *tvát*
G. मम *máma*, मे *mê*	तव *táva*, ते *tê*
L. मयि *máyi*	त्वयि *tváyi*
	DUEL.
N. A. आवाम् *âvâm* (A. नौ *nâu*)	युवाम् *yuvâm* (A. वाम् *vâm*)
I. D. Abl. आवाभ्याम् *âvâbhyâm* (D. id.)	युवाभ्याम् *yuvâbhyâm* (D. id.)
G. L. आवयोस् *âváyos* (G. id.)	युवयोस् *yuvâyôs* (G. id.)
	PLURIEL.
N. वयम् *vayám*	यूयम् *yûyám*
A. अस्मान् *asmân*, नस् *nas*	युष्मान् *yushmân*, वस् *vas*
I. अस्माभिस् *asmâbhis*	युष्माभिस् *yushmâbhis*
D. अस्मभ्यम् *asmábhyam*, नस् *nas*	युष्मभ्यम् *yushmábhyam*, वस् *vas*
Abl. अस्मत् *asmát*	युष्मत् *yushmát*
G. अस्माकम् *asmâkam*, नस् *nas*	युष्माकम् *yushmâkam*, वस् *vas*
L. अस्मासु *asmâsu*	युष्मासु *yushmâsu*

Cfr. A. lat. *me, te*, D. lat. *mihi, tibi*, G. lat. *mei*, goth. *meina,*

---

[1] Ces formes subsidiaires et atones ne peuvent pas partout remplacer la forme principale. Je marque, contre l'habitude, l'accent des monosyllabes.

theina. Du. gr. *νῶϊ*, *σφῶϊ*. Pl. goth. *veis*, gr. *ἄμμες* de *ἄσμες*, goth. *yus*, gr. *ΰμμες* de *ΰσμες* (*ΰμεῖς*).

195. Le langage védique peut employer les formes suivantes: Sing. I. *tvâ*, D. *máhya*, *túbhya*, Abl. *mámat*, L. *tvê*. Duel N. A. *yuvâm*, I. D. A. *yuvábhyam*, G. L. *yuvós*. Pl. *asmé*, *yushmé*, pour tous les cas. A. *yushmâs* fémin., Abl. *yuvát*, G. *asmâka*, *yushmâka*.

196. Une forme de politesse pour *tvam* est भवत् *bhávat*, décliné suivant § 144: N. m. *bhávân*, f. *bhávatî*, &c.

197. Le sanscrit remplace la troisième personne par les pronoms स *sa*, सा *sâ*, तद् *tad* (zend *hô*, *hâ*, *tad*, grec *ὁ*, *ἡ*, *τὸ*, pour *τοδ́* (en *τοδί*, scr. *tadíd*), lat. *is-te*, *is-ta*, *is-tud*, goth. *sa*, *sô*, *thata*), स्य *sya*, स्या *syâ*, त्यद् *tyad* (perse *hya*, *hyâ*, *tya*, all. *der*, *die*, *das*), एष *éshá*, एषा *éshâ*, एतद् *étád*.

En voici la déclinaison:

	MASCULIN.	FÉMININ.	NEUTRE.	VÉDIQUE.
		SINGULIER.		
N.	सस् *sás* (§ 87)	सा *sâ*	तद् *tád*	
A.	तम् *tám*	ताम् *tâm*	तद् *tád*	f. सीम् *sîm*
I.	तेन *téna*	तया *táyâ*	तेन *téna*	
D.	तस्मै *tásmâi*	तस्यै *tásyâi*	तस्मै *tásmâi*	
Abl.	तस्मात् *tásmât*	तस्यास् *tásyâs*	तस्मात् *tásmât*	
G.	तस्य *tásya*	तस्यास् *tásyâs*	तस्य *tásya*	
L.	तस्मिन् *tásmin*	तस्याम् *tásyâm*	तस्मिन् *tásmin*	m. सस्मिन् *sásmin*
		DUEL.		
N. A.	तौ *táu*	ते *té*	ते *té*	
I. D. Abl.	ताभ्याम् *tâbhyâm*			
G. L.	तयोस् *táyôs*			
		PLURIEL.		
N.	ते *té*	तास् *tâs*	तानि *tâni*	
A.	तान् *tân*	तास् *tâs*	तानि *tâni*	
I.	तैस् *tâis*	ताभिस् *tâbhis*	तैस् *tâis*	
D. Abl.	तेभ्यस् *tébhyas*	ताभ्यस् *tâbhyas*	तेभ्यस् *tébhyas*	
G.	तेषाम् *téshâm*	तासाम् *tásâm*	तेषाम् *téshâm*	
L.	तेषु *téshu*	तासु *tâsu*	तेषु *téshu*	

198. Les datif, ablatif, locatif des trois genres, ainsi que le génitif du féminin insèrent entre le thème et la terminaison *sma.* Les formes du féminin dérivent d'une ancienne forme *ta-smî,* et *tásmâi, tásyâs, tásyâm,* proviennent de *tásmyâi, tásmyâs, tá-smyâm;* c'est ce que prouvent les formes zendes *tahmyâs, tahmyâm.* Le locatif du masculin ajoute *n,* de sorte que la forme est *tásmin.*

Le génitif du pluriel insère au lieu d'un *n* un *s,* qui correspond au latin *r;* et *téshâm; tâsâm, téshâm* est identique à *is-torum, is-tarum, is-torum.*

199. Les deux pronoms स्य *sya* et एष *éshá* suivent exactement la déclinaison de स, en substituant à *tá: tyá* et *étá.*

200. Le démonstratif du thème *i* (lat. *is, ea, id,* goth. *is, ita,* all. *er, sie, es,* angl. *he, she, it*), n'existe plus en sanscrit, sauf dans les formes védiques *id* et *im* (au féminin); mais il y a le thème *a* et *an,* qui se fond avec *im* pour former la déclinaison suivante:

	MASCULIN.	FÉMININ.	NEUTRE.	VÉDIQUE.
		SINGULIER.		
N.	अयम् *ayám*	इयम् *iyám*	इदम् *idám*	
A.	इमम् *imám*	इमाम् *imâm*	इदम् *idám*	
I.	अनेन *anéna*	अनया *anáyâ*	अनेन *anéna*	m. एन *éná,* f.
D.	अस्मै *asmái*	अस्यै *asyái*	अस्मै *asmái*	[अया *ayá*
Abl.	अस्मात् *asmât*	अस्यास् *asyâs*	अस्मात् *asmât*	
G.	अस्य *asyá*	अस्यास् *asyâs*	अस्य *asyá*	m. अस्या *asyá,*
L.	अस्मिन् *asmín*	अस्याम् *asyâm*	अस्मिन् *asmín*	[इमस्य *imásya*
		DUEL.		
N. A.	इमौ *imáu*	इमे *imé*	इमे *imé*	
I.D.Abl.		आभ्याम् *âbhyâm*		
G. L.		अनयोस् *anáyôs*		अयोस् *ayós*

PLURIEL.

N.	इमे *imé*	इमास् *imás*	इमानि *imáni*	n.	इमा *imá*	
A.	इमान् *imán*	इमास् *imás*	इमनि *imáni*			
I.	एभिस् *ébhis*	आभिस् *ábhis*	एभिस् *ébhis*			
D. Abl.	एभ्यस् *ébhyás*	आभ्यस् *ábhyás*	एभ्यस् *ébhyás*			
G.	एषाम् *eshám*	आसाम् *ásám*	एषाम् *eshám*			
L.	एषु *éshú*	आसु *ású*	एषु *éshú*			

201. A côté de ces démonstratifs, il y en a un autre qui a la signification de *ille*; il est employé dans les cas obliques seulement, les nominatifs étant empruntés à *eshá* et *ayám*. Il est atone. En voici la déclinaison:

Sing. A. *énam, énám, énad,* I. *énéna, énayá, énéna,* D. *asmái, asyái, asmái,* Abl. *asmát, asyás, asmát,* G. *asya, asyás, asya,* L. *asmin, asyám, asmin.* Duel A. *énáu, éné,* I. D. Abl. *ábhyám,* G. L. *énayós.* Plur. A. *énán, énás, énáni,* I. *ébhis, ábhis, ébhis,* D. Abl. *ébhyas, ábhyas, ébhyas,* G. *eshám, ásám, eshám,* L. *éshu, ásu, éshu.*

202. Il existe un autre démonstratif *amú* que voici:

SINGULIER.

N.	असौ *asáu*	असौ *asáu*	अदस् *adás*
A.	अमुम् *amúm*	अमूम् *amúm*	अदस् *adás*
I.	अमुना *amúná*	अमुया *amúyá*	अमुना *amúná*
D.	अमुष्मै *amúshmái*	अमुष्यै *amúshyái*	अमुष्मै *amúshmái*
Abl.	अमुष्मात् *amúshmát*	अमुष्यास् *amúshyás*	अमुष्मात् *amúshmát*
G.	अमुष्य *amúshya*	अमुष्यास् *amúshyás*	अमुष्य *amúshya*
L.	अमुष्मिन् *amúshmin*	अमुष्याम् *amúshyám*	अमुष्मिन् *amúshmin*

DUEL.

N. A.	अमू *amú*	
I. D. Abl.	अमूभ्याम् *amúbhyám*	
G. L.	अमुयोस् *amúyós*	

PLURIEL.

N.	अमी *amí*	अमूस् *amús*	अमूनि *amúni*
A.	अमून् *amún*	अमूस् *amús*	अमूनि *amúni*
I.	अमीभिस् *amíbhis*	अमूभिस् *amúbhis*	अमीभिस् *amíbhis*
D.Abl.	अमीभ्यस् *amíbhyas*	अमूभ्यस् *amúbhyas*	अमीभ्यस् *amíbhyas*
G.	अमीषाम् *amíshâm*	अमूषाम् *amúshâm*	अमीषाम् *amíshâm*
L.	अमीषु *amíshu*	अमूषु *amúshu*	अमीषु *amíshu*

203. Le pronom rélatif est यस् *yás*, या *yâ*, यद् *yád* (grec ὅς, ἅ, ὅ) et se décline comme *tad*, en changeant le *t* partout en *y*.

204. Le pronom interrogatif est कस् *kás*, का *kâ*, किम् *kím* (lat. *quis, quae, quid*), d'un ancien *kis, ki, kid*, dont le neutre subsistait à côté de *kád*. La déclinaison est comme celle de *tad*.

205. Les adjectifs pronominaux ont une déclinaison à eux, qui les rapproche des pronoms proprement dits. Les deux types sont अन्यस् *anyás*, अन्या *anyâ*, अन्यद् *anyád* (grec ἄλλος, ἄλλη, ἄλλο, lat. *alius, alia, aliud*) et सर्वस् *sárvas*, सर्वा *sárvâ*, सर्वम् *sárvam*, tout, dont les déclinaisons sont conformes, sauf le neutre qui a *ad* dans l'un, *am* dans l'autre type.

Ces adjectifs ont les désinences suivantes:

S. D.	*asmâi,*	*asyâi,*	*asmâi*	P. N.	*ê,*	*âs,*	*âni*
	Abl. *asmât,*	*asyâs,*	*asmât*				
	G. *asya,*	*asyâs,*	*asya*				
	L. *asmin,*	*asyâm,*	*asmin*				

p. e. *anyásmâi, anyásyâi,* &c.

Ils ont un vocatif, soumis à la règle générale de l'accent, p. e. *ánya, ányê, ányad.*

(Comparez la déclinaison latine de *alius,* &c.)

206. Suivent le type de *anyá* les pronoms:

Anyátara, un ou l'autre de deux, *êkatará* (?) (gr. ἑκατέρος), id., *êkatamá,* un de plusieurs, *ítara* (gr. ἕτερος), autre, *katará,* qui de deux?, *katamá,* qui de plusieurs?, *tatará,* celui-ci de deux, *tatamá*, celui-ci de plusieurs, *yatará*, lequel de deux, *yatamá*, lequel de plusieurs.

207. Suivent le type de *sárva*, les adjectifs:

Éka, un, *ékatará*, un des deux, *ubháya*, les deux (lat. *ambo*), *tvá* (ou *tva* atone), un autre, *viçva*, *sama* (atone, véd. *samá*) et *sima* (atone, véd. *simá*), tout, *néma* (atone, véd. *némá*), demi.

208. Peuvent être réguliers, ou être fléchis comme *sárva* aux abl. et loc. sing. masculin et neutre, et au pluriel du masculin les mots suivants:

Antara, autre, *ádhara*, inférieur (lat. *inferus*), *ápara*, autre, *ávara*, postérieur, *úttara*, supérieur, *dákshina* ou *dakshiná*, dexter, *pára*, autre, *pûrva*, antérieur, et *svá*, son.

Ces mots se déclinent régulièrement, quand ils sont employés comme des substantifs, ou quand ils sont doublés, p. e. *anyónya*, mutuel, *itarétara*, id., *sva* m., parent, *sva* n., propriété.

209. Suivent *sárva* ou sont réguliers:

Dvitíya, le second, *tṛtíya*, le troisième.

210. Peuvent former le pluriel en *ê* et en *âs*:

Alpá, peu, *ardhá*, demi, *árdha*, partiel, *katipayá*, quelque peu, *caramá*, dernier, *prathamá*, premier, et les mots munis du suffixe *taya*, comme *dvitaya*.

211. Le mot *même*, qui remplace le réfléchi dans les trois genres, est rendu au nom. par स्वयम् *svayám*; dans les cas obliques on emploie आत्मन् *âtmán*, p. e. A. *âtmánam*, moi-même, toi-même, lui-même, *nous*-mêmes, &c., I. *âtmánâ*, par moi-même, &c.

212. Le pronom *kas* suivi de *cit*, *cana* et *api*, annexé aux cas selon les règles du sandhi, signifie quelqu'un. On forme ainsi *kaçcána*, *kaçcít*, *kôpi*, &c.

213. Les pronoms de comparaison sont formés par *dṛç*, *dṛça*, *dṛkshá*, p. e. *tâdṛç* (grec ταλίκος, lat. *talis*), tel, *kîdṛç* (grec κηλίκος, lat. *qualis*, goth. *hvêleiks*, all. *welcher*), lequel?, *yâdṛç*, quel. Ainsi *tâdṛça*, *tâdṛkshá*, &c.

214. Les pronoms quantitatifs sont formés en *at* (thème fort *ant*), p. e. *kiyân, kiyatî, kiyat,* quantus, a, um; ainsi *iyat,* tantus.

Il y a aussi des formes en *vat (vant)*: *yâvat,* qualis, *tâvat,* talis, *êtâvat,* talis (gr. *τηνικαῦτος*).

215. Les mots répondant à la question de combien, sont: *kâti,* combien?, *yâti,* autant que, *tâti,* tant (lat. *quot, tot,* gr. *κόσον (πόσον), τόσον, ὅσον*). Ils se déclinent ainsi: *kati, katibhis, katibhyas, katinâm, katishu,* &c.

216. Les possessifs se forment par *iya, kâ, ina, kina,* p. e. *mâmakâ* (fém. *mamakî*), *madîya, mâmakina,* mon, *âsmakâ, asmadîya, âsmakina,* notre, *tâvakâ, tvadîya, tâvakina,* ton, *yushmakâ, yushmadîya, yushmakina,* votre; ou bien par les thèmes *mat, tvat, tat, asmat, yushmat,* comme premiers éléments de mots composés.

Les pronoms de comparaison se font par les terminaisons *dṛç, dṛça, dṛkshâ;* p. e. *mâdṛç,* comme moi, *asmâdṛç,* comme nous, *bhavâdṛç,* comme vous, &c., et *vat (vânt),* p. e. *mâvat.*

217. Nous citons encore les pronoms rarement employés: *amukâ, imakâ,* celui-ci, *bhavakât,* nom. *bhavakân,* vous (forme polie).

CHAPITRE QUATRIÈME.
DES NOMS DE NOMBRE.

218. Les noms de nombre sanscrits se rapprochent beaucoup de ceux des autres langues ariennes, et peuvent être comptés parmi les preuves les plus convaincantes de l'affinité de ces langues.

219. Les nombres cardinaux sont, en principe, tous déclinables.

220. Voici les thèmes des unités jusqu'à *dix* avec les chiffres:

१ एक *éka*, २ द्वि *dvi*, ३ त्रि *tri*, ४ चतुर् *cátur*, ५ पञ्चन् *páncan*, ६ षष *shash*, ७ सप्तन् *sáptan*, ८ अष्टन् *áshtan*, ९ नवन् *návan*, १० दशन् *dáçan*.

221. Les chiffres de 11 à 19 se forment ainsi, par la combinaison des unités avec *dix*:

११ एकादशन् *ékâdaçan*		१६ षोडशन् *shódaçan*	
१२ द्वादशन् *dvâdaçan*		१७ सप्तदशन् *sáptadaçan*	
१३ त्रयोदशन् *trayódaçan*		१८ अष्टादशन् *ashtâdaçan*	
१४ चतुर्दशन् *cáturdaçan*		१९ नवदशन् *návadaçan*	
१५ पञ्चदशन् *páncadaçan*			

222. Les décades sont:

२० विंशति *viñçáti*		६० षष्टि *shashtí*	
३० त्रिंशत् *triñçát* (véd. *triñçáti*)		७० सप्तति *saptatí*	
४० चत्वारिंशत् *catvâriñçát*		८० अशीति *açíti*	
५० पञ्चाशत् *pañcâçát*		९० नवति *navatí*	

223. Les nombres composés d'une décade et d'une unité se forment par le thème de l'unité accentué, suivi de la décade atone, les règles euphoniques étant observées; p. e. 24 *cáturviñçati*, 34 *cáturtriñçat*, 44 *cátuçcatvâriñçat*, 54 *cátuhpañcâçat*, 64 *cátush-shashtí*, 26 *shádviñçati*, 36 *sháttriñçat*, 96 *shánnavati*, &c.

Les composés des nombres finissant en *n*, perdent celui-ci; on dit donc *páncà*, *sáptà*, *náva*, et *ashtấ* (ou également *áshta* pour les nombres 48, 58, 68, 78, 98).

Les nombres formés des unités deux et trois prennent *dvấ* et *trayás* pour 22, 32, 23, 33; *dvấ* ou *dvi*, *trayás* ou *tri* pour tous les autres, exceptés 82 et 83 qui se disent *dvyàçíti* et *tryàçíti*.

224. Les puissances de *dix* sont शत *çatá* (n. et m.), cent, et सहस्र *sahásra* (n. et m.), mille; puis les Hindous ont des noms spéciaux jusqu'à 21 zéros. Voici les noms:

10 *dáçan*, 10^2 *çatá*, 10^3 *sahásra*, 10^4 *ayúta*, 10^5 *lakshá* (n. f.), 10^6 *niyuta* et *práyata* (n. m.), 10^7 *kóti* (f.), 10^8 *arbudá* (m. n.), 10^9 *mahârbudá*, 10^{10} *padmá* (n.), *abjá* (n.), 10^{11} *mahâpadmá*,

10¹² *kharvá* (m. n.), 10¹³ *mahákharvá*, 10¹⁴ *çankhá* (m. n.), 10¹⁵ *maháçankhá*, 10¹⁶ *háhá*, 10¹⁷ *maháháhá*, 10¹⁸ *dhuna*, 10¹⁹ *mahádhuná*, 10²⁰ *aksháuhiṇí*, 10²¹ *mahákshauhiṇí*.

225. Les puissances de dix, multipliées par une unité, sont exprimées ou par un composé toujours oxyton, ou par les noms de nombre fléchis d'après les règles exposées ci-après; ainsi on dit (200) *dviçatá* ou *dvé çaté*, (3000) *trisahasrá* ou *tríṇi sahásráṇi*, &c.

226. Les quatre premiers nombres cardinaux ont trois genres. Pour la déclinaison de *éka*, un, v. § 207.

द्वि *dvi*, deux, se décline au duel ainsi:

N. V. A.	*dváu* (véd. *dvá*)	*dvé* *dvé*
I. D. Abl.	*dvábhyám*	
G. L.	*dváyôs*	

Tri substitue au fém. तिसृ *tisṛ*, et *catur* चतसृ *catasṛ*, et ils se déclinent ainsi dans les trois genres:

N. V.	*tráyas*	*tisrás*	*tríṇi*
A.	*trîn*	*tisrás*	*tríṇi*
I.	*tribhís*	*tisṛbhís*	*tribhís*
D. Abl.	*tribhyás*	*tisṛbhyás*	*tribhís*
G.	*trayáṇám* (véd. *tríṇám*)	*tisṛṇám*	*trayáṇám*
L.	*trishú*	*tisṛshú*	*trishú*

N. V.	*catváras*	*cátasras*	*catvári*
A.	*catúras*	*catásras*	*catvári*
I.	*caturbhís*	*catasṛbhís*	*caturbhís*
D. Abl.	*caturbhyás*	*catasṛbhyás*	*caturbhyás*
G.	*caturṇám*	*catasṛṇám*	*caturṇám*
L.	*caturshú*	*catasṛshú*	*caturshú*

227. Les noms de nombre de *cinq* à *dix* n'ont qu'un seul genre; ils se déclinent, à l'exception de *shash*, comme *sáptan*. N. A. *sápta*, I. *saptabhís*, D. Abl. *saptabhyás*, G. *saptánám*, L. *saptasú*.

Áshṭan se décline, ou comme *sáptan* ou: *ashṭáu, ashṭábhís, ashṭábhyás, ashṭású.*

Shash suit la règle § 98. *Shash, shaḍbhís, shaḍbhyás, shaṇṇám, shaṭsú.*

Dans le langage védique, l'accentuation est un peu différente.

228. Les numéraux de la seconde décade suivent la déclinaison de *dáçan.* A partir de *vingt* jusqu'à *cent* tous les numéraux se fléchissent au singulier, et comme des féminins, p. e. *viñçáti, viñçátyâ,*[1] &c.

229. Pour ajouter un nombre (entre 11 et 59) à *cent* et *mille,* on forme un neutre en *çam,* en estropiant les numéraux, p. e. (140) *catvâriñçáñ çatám.*

230. Les deux notions *plus* et *moins* s'expriment dans l'énumération par *adhika* et *úna,*[2] et l'on peut former même un seul composé, p. e. *pañcádhikáñ çatám* ou *pañcádhikaçatám,* 105, *páñcônañ çatám* ou *páñcônaçatám,* 95.

Quand on soustrait *un,* on peut s'exprimer de cinq manières; p. e. 19 se dit *návadaçan, ékônaviñçatí* ou *únaviñçatí, ékádnaviñçati* ou *ékánnaviñçati.*

231. Employés comme dernier élément d'un mot composé, les quatre premiers numéraux suivent en général leurs déclinaisons spéciales.

ORDINAUX.

232. Les suffixes formatifs des nombres ordinaux sont *ma* (lat. *imus,* gr. μος), *tha* (lat. *tus,* gr. τος), *ya* et *tama.*

233. Le *premier* se dit *prathamá* (décliné d'après § 210), *agrimá, âdimá.*

Le second *dvitíya* (la moitié *dvitíya*), le troisième *tŗtíya* (le

---

[1] Pris substantivement, les nombres des décades prennent aussi les flexions du duel et du pluriel.

[2] *Úna* vient de *van,* minuere, d'où l'allemand *wenig* et le latin *minus.*

tiers *tṛtíya*) (tertius), le quatrième *caturthá* (fém. *caturthî*), *túrya*, *turíya*, le cinquième *pañcamá* (fém. *î*), véd. *pañcátha*, le sixième *shashthá*, le septième *saptamá*, véd. *saptátha*, le huitième *ashṭamá*, le neuvième *navamá*, véd. *navátha?*, le dixième *daçamá*, véd. *daçátha*.

La quantième partie est exprimée par l'ordinal avec la première syllabe accentuée, p. e. *páncama*, &c. Au lieu de *sháshṭha* et de *ashṭama*, on peut dire *sháshṭa* et *áshṭama*.

234. A partir de *onze* jusqu'à *dix-neuf*, les ordinaux se forment en *daçá*, p. e. *êkâdaçá*.

235. A partir de vingt on ajoute *tama*; au lieu de *viñçatitamá* jusqu'à *pañcaçattamá* (le 50me) on peut dire *viñçá*, *pañcâçá*. A partir de soixante on ajoute toujours *tamá*, dans les numéraux composés pourtant on peut changer *titama* en *ta*.

236. Les multiplicatifs sont *sakṛt*, une fois, *dvis*, deux fois, *tris*, trois fois, *catus*, quatre fois; à partir de *cinq* on ajoute *kṛtvás*. — D'autres suffixes sont *dhâ* pour indiquer de tant de manières,[1] *çás* (grec *κις*). La terminaison *taya* n. forme des substantifs abstraits, p. e. *dáçataya*, décade.

---

[1] De six manières se dit षोढा *shôḍhá*.

LIVRE TROISIÈME.

DES VERBES.

CHAPITRE PREMIER.
REMARQUES PRÉLIMINAIRES.

237. La conjugaison des verbes sanscrits *(âkhyâtâni)* se rapproche de celle qui fléchit les verbes dans les autres langues indo-européennes.

Comme en grec, en goth, le sanscrit a deux voix *(pada)*:

1°. La voix active, *parasmâipadam*, alii (sc. se applicans) vox.

2°. La voix moyenne, *âtmanêpadam*, sibimet ipsi (sc. se applicans) vox.

Le passif qui fait partie des formes verbales derivées (§ 238), suit la voix moyenne.

238. Les formes verbales sont ou *primitives* ou *dérivées*: ces dernières, dont nous examinerons plus tard et la formation et la signification, sont:

Le passif, p. e. être aimé.

Le désidératif, p. e. vouloir aimer.

L'intensif, p. e. aimer fortement.

Le causatif, p. e. faire que quelqu'un aime.

Le dénominatif, ou verbe dérivé d'un nom déclinable.

239. Dans les autres langues indo-européennes, les verbes sont ou *simples*, ou *composés* avec une ou plusieurs prépositions. Ces particules ne nuisent pas à la liberté de la flexion du verbe simple, et ne se préposent que devant le verbe déjà muni des préfixes de l'augment, du redoublement, &c.

Nous donnerons plus tard ces prépositions et leurs significations (§ 631).

240. Il y a trois nombres et trois personnes: le genre des personnes, que distingue la conjugaison sémitique, n'est indiqué par aucune terminaison spéciale dans les idiomes indo-européens.

241. Les grammairiens indiens admettent, dans la suite qu'on va voir, dix temps et modes *(kâla)* dans les deux voix:

1°. Le présent *(vartamânê laṭ)*.

2°. Le potentiel ou optatif *(vidhinimantraṇâdishu liṅ)*.

3°. L'impératif *(vidhi lôṭ)*.

4°. L'imparfait *(anadyatanê laṅ)*.

5°. L'aoriste *(sâmânyê luṅ)*.

6°. Le parfait redoublé *(parôkshé liṭ)*.

7°. Le premier futur ou futur périphrastique *(anadyatanê luṭ)*.

8°. Le précatif *(âçishi liṅ)*.

9°. Le second futur *(çêshê lṛṭ)*.

10°. Le conditionnel *(liṅ nimittê lṛṅ)*.

242. Cette division des temps et modes ne doit son origine qu'à une appréciation peu scientifique des flexions sanscrites. Dans les Védas, il se trouve un mode subjonctif, formé précisément comme le même mode en grec, et que les grammairiens désignent par le nom de *Léṭ*. Dans les anciens hymnes de l'Inde il se trouve également des modes plus ou moins rares et dérivés de l'imparfait, de l'aoriste, du parfait redoublé, du second futur et du conditionnel. Ainsi les temps se diviseront plus rationnellement:

		Subjonctif.	Potentiel.*	Impératif.*
I. Présent indicatif.*				
II. Imparfait	id.*	id.	—	—
III. Aoriste	id.*	id.	id.	id.
IV. Parfait	id.*	id. (?)	id.	id.
V. Futur II.	id.*	—	id.	—
VI. Conditionnel	id.*	id.	—	—

Les modes marqués par un astérisque sont appelés *temps* par les Hindous. Le futur périphrastique n'a pas de modes, le précatif, est un potentiel d'un ancien aoriste et n'a pas d'indicatif.

Dans la langue védique on rencontre également des infinitifs et des participes des temps ci-dessus nommés.

243. Comme dans la langue grecque, le présent et l'imparfait sanscrits avec leurs modes ne se forment pas directement de la racine de la même manière dans tous les verbes, tandis que les autres temps suivent en sanscrit, comme en grec, abstraction faite des règles euphoniques, partout les mêmes règles de dérivations. Par exemple, les racines ΤΥΠ, ΛΙΠ, ΔΕΙΚ, ΘΕ, ΔΟ, ΤΡΩ forment les présents et imparfaits τύπτω, ἔτυπτον, λείπω, ἔλειπον, δείκνυμι, ἔδεικνυν, τίθημι, ἐτίθην, δίδωμι, ἐδίδων, τιτρώσκω, ἐτίτρωσκον, mais les futurs se forment τύψω, λ(ε)ίψω, δείξω, θήσω, δώσω, τρώσω, c'est à dire directement de la racine.

244. Or les verbes, d'après les différentes manières de former le présent et l'imparfait avec leurs modes, ont été répartis par les grammairiens dans dix classes qu'ils appellent conjugaisons. Ces dix schèmes ne forment en réalité que deux grandes divisions qui se retrouvent, en principe, dans presque toutes les grammaires indo-européennes, et qui se distinguent de la manière suivante:

1°. Les terminaisons personnelles s'ajoutent à la racine *ou au thème qui la remplace*, immédiatement, sans voyelle intermédiaire *(conjugaison ancienne ou forte)*.

2°. Ces mêmes terminaisons se relient à la racine ou au thème par la voyelle intermédiaire *a*[1] *(conjugaison moderne ou faible)*.

245. On appelle *thème* le changement que subit une racine

---

[1] En grec, cette voyelle *a* est remplacée par ε ou ο, p. e. τύπτ-ο-μεν, τύπτ-ε-τε, τύπτ-ο-ντι, opposés à δείκνυ-μεν, δείκνυ-τε, δείκνυ-ντι.

par un préfixe réduplicatif, ou par une syllabe ajoutée, ou par un *guna*, et qui s'identifie tellement avec la racine primitive, qu'il remplace cette dernière dans la conjugaison des temps cités § 243; p. e. aux racines *ΤΥΠ, ΛΙΠ, ΔΕΙΚ, ΔΑΜ, ΘΕ, ΔΟ, ΤΡΩ* se substituent les thèmes *ΤΥΠΤ, ΛΕΙΠ, ΔΕΙΚ-ΝΥ, ΔΑΜ-ΝΑ, ΤΙ-ΘΕ, ΔΙ-ΔΟ, ΤΙ-ΤΡΩ-ΣΚ,* &c. Ainsi les racines *budh, dhâ, dâ, bhṛ, yu, kṛ* sont remplacées par les thèmes *bôdh, da-dhâ, da-dâ, bi-bhṛ, yu-nî, kṛ-nu,* &c.

246. La différence entre les deux conjugaisons ancienne et moderne se montrera donc dans les exemples suivants :

Racine.	Thème.	Conjugaison.	2de p. duel.
ad	*ad*, manger	ancienne	*at-tám*
bhṛ	*bi-bhṛ*, porter	id.	*bibhṛ-tám*
yuǵ	*yuṅǵ*, joindre	id.	*yuṅk-tám*
çak	*çak-nu*, pouvoir	id.	*çak-nu-tám*
grah	*gṛh-ṇî*, saisir	id.	*gṛh-ṇî-tám*
budh	*bôdh*, savoir	moderne	*bôdh-a-tam*
bhû	*bhô*, être	id.	*bháv-a-tam*
tup	*tup*, frapper	id.	*tup-á-tam*
kship	*kshipy*, jeter	id.	*kshipy-a-tam*
kṛt	*kîrtay*, célébrer	id.	*kîrtáy-a-tam*

La diversité entre les conjugaisons s'efface dans la formation des temps autres que le présent et l'imparfait, auxquels cette circonstance a valu l'appellation de *temps spéciaux,* en opposition aux *temps généraux,* sous lesquels on entend l'aoriste, le parfait, les futurs, le conditionnel et le précatif. Nous adoptons, faute de mieux, cette désignation.

247. Voici les dix classes des grammairiens hindous qui se résument dans les deux conjugaisons, ancienne et moderne:

1°. La première (moderne) *(bhvâdayas* [1]*)* gunifie la voyelle

---

[1] Littéralement: Le verbe *bhû* et les autres. Les grammairiens indiens désignent les classes par un verbe suivi de *âdi* commencement, les classes qui commencent par *bhû, ad, bhṛ,* &c.

de la racine, p. e. बुध् *budh*, savoir, forme बोध *bôdh-a*, हृ *hṛ*, ravir: हर *har-a*, भू *bhû*, être: भव *bhav-a*, तॄ *tṝ*, passer: तर *tar-a*. (Cette classe comprend à peu près mille racines.)

2°. La seconde (ancienne) *(adâdayas)* ajoute les terminaisons directement à la racine, p. e. हन् *han*, tuer, forme हन्मि *hanmi*, je tue, द्विष् *dvish*, haïr: द्वेष्मि *dvêshmi*, &c. (Vers 70 racines.)

3°. La troisième (ancienne) *(bhrâdayas)* s'adjoint un redoublement, p. e. दा *dâ*, donner, forme ददा *da-dâ*, धा *dhâ*, mettre: दधा *da-dhâ*, ह्री *hrî*, avoir honte: जिह्री *ǵi-hrî*, भृ *bhṛ*, porter: बिभृ *bi-bhṛ*, &c. Les règles du redoublement v. plus bas. (20 racines.)

4°. La quatrième (moderne) *(divâdayas)* ajoute un य *ya* à la racine, p. e. नृत् *nṛt*, danser: नृत्य *nṛtya*, &c. (130 racines.)

5°. La cinquième (ancienne) *(svâdayas)* ajoute नु *nu*, p. e. तृप् *tṛp*, réjouir: तृप्नु *tṛp-nu*, मि *mi*, détruire: मिनु *mi-nu*, &c. (30 racines.)

6°. La sixième (moderne) *(tudâdayas)* est identique à la première, sauf le guna, p. e. तुद् *tud*, frapper, forme तुद *tud-a*. (140 racines.)

7°. La septième (ancienne) *(rudhâdayas)* insère une nasale devant la consonne finale, p. e. भिद् *bhid*, fendre (comparez le latin *fid, find*), forme भिन्द् *bhind*, युज् *yuǵ*, joindre: युञ्ज् *yuńǵ* (*jug, jung* en latin), पिष् *pish*, broyer: पिंष् *piñsh* (*pis, pins*), &c. (25 racines.)

8°. La huitième (ancienne) *(tanâdayas)* ajoute *u* à la racine, et se conjugue comme la cinquième. A l'exception du verbe anomal कृ *kṛ*, faire, toutes les autres neuf racines se terminent en nasale, de sorte que cette classe n'est qu'une subdivision de la cinquième; au lieu de तन्नु *tannu de* तन् *tan*, étendre, on dit तनु *tan-u*, &c.

9°. La neuvième (ancienne) *(kryâdayas)* ajoute à la racine नी *nî* et ना *nâ*, en changeant souvent la forme de la racine, p. e. पृ *pṛ*, remplir: पृणी *pṛnî*, ज्ञा *ǵnâ*, connaître: जानी *ǵânî*, &c. (65 racines.)

10°. La dixième (moderne) *(curâdayas)* gunifie ordinairement la voyelle radicale et ajoute *aya,* p. e. चुर् *cur,* forme चोरय *côr-aya,* voler, &c. Cette classe comprend la quantité innombrable des verbes causatifs et dénominatifs.

248. Le mode de former de la racine les temps spéciaux fournit le critérium d'après lequel on classe les verbes dans les listes de racines ou *Dhâtupâṭha's.* Une racine peut appartenir à plusieurs classes, sans que, pour cela, sa signification soit changée.

249. Tous les verbes ne forment pas de la même manière leur aoriste, qui rappelle tantôt le premier, tantôt le second aoriste, tantôt le plusqueparfait grecs. On a réuni sept de ces formations sous le nom d'aoriste *(sâmânyê luṅ)* qui, à cause de cette circonstance même, est souvent nommé aoriste *multiforme.*

CHAPITRE SECOND.

FORMATION DES TEMPS.

I. FORMATION DES TEMPS SPÉCIAUX:

PRÉSENT ET IMPARFAIT AVEC LEURS MODES.

250. Voici les terminaisons de ces temps dans leurs formes les plus générales:

PRÉSENT INDICATIF.

	Voix active. (Parasmâipadam.)			Voix moyenne. (Âtmanêpadam.)		
	Sing.	Duel.	Pluriel.	Sing.	Duel.	Pluriel.
1 p.	*mi*	*vas*	*mas*	*ê* [1]	*vahê*	*mahê*
2 p.	*si*	*thas*	*tha*	*sê*	*âthê*	*dhvê*
3 p.	*ti*	*tas*	*anti, ati (οντι)*	*tê*	*âtê*	*antê, atê*

[1] Au lieu de *mê*; le grec μαι a conservé la forme ariaque.

PRÉSENT SUBJONCTIF.
Lêṭ védique.

	Sing.	Duel.	Pluriel	Sing.	Duel.	Pluriel.
1 p.	*âmi (ωμι)*	*âvas*	*âmas*	*âi*	*âvahâi*	*âmahâi*
2 p.	*asi*	*athas*	*atha*	*asê, asâi*	*âthê*	*adhvâi*
3 p.	*ati*	*atas*	*ânti, âti*	*atê, atâi*	*âtê*	*â(n)tê, â(n)tâi*

Ces terminaisons s'ajoutent à la forme amplifiée. (Voir § 287.)

PRÉSENT POTENTIEL.

1p.	*yâm (ιην)*	*yâva*	*yâma*	*îya*	*îvahi*	*îmahi*
2p.	*yâs*	*yâtam*	*yâta*	*îthas*	*îyâthâm*	*îdhvam*
3p.	*yât*	*yâtâm*	*yus*	*îta*	*îyâtâm*	*îran*

PRÉSENT IMPÉRATIF.

1p.	*âni*	*âva*	*âma*	*âi*	*âvahâi*	*âmahâi*
2p.	*a, hi, dhi (ϑι) tam*	*tam*	*ta*	*sva (σο)*	*âthâm*	*dhvam*
3p.	*tu*	*tâm*	*antu, atu*	*tâm*	*âtâm*	*antâm, atâm*

IMPARFAIT INDICATIF.

1p.	*am*	*va*	*ma*	*i*	*vahi*	*mahi*
2p.	*s*	*tam*	*ta*	*thâs*	*âthâm*	*dhvam*
3p.	*t*	*tâm*	*an, us*	*ta*	*âtâm*	*anta, ata*

L'*augment a* de l'imparfait (grec *ἐ*) se place devant la racine, et est toujours accentué dans les verbes simples. Le subjonctif védique se forme par les mêmes terminaisons précédées de *a* et sans augment (voir § 259).

251. Ces formes rappellent les mêmes flexions dans les langues iraniennes, grecque, latine, germaniques, slaves. Nous avons, pour rendre complète la comparaison avec le verbe hellénique, cru devoir ajouter le mode exclusivement védique du Lêṭ.

A. CONJUGAISON MODERNE.

252. Nous commençons, en suivant la tradition de toutes les grammaires sanscrites, l'exposé des flexions verbales par la conjugaison moderne. Elle est la plus simple, la plus facile à retenir, et, en outre, la plus usitée, quant au nombre des verbes

qui la suivent. Les verbes de l'autre conjugaison sont moins nombreux, mais proviennent des racines les plus fréquemment employées.

253. Le signe distinctif de la conjugaison moderne est la voyelle *a* interposée entre le thème et la terminaison. Ce principe est presque entièrement conservé en grec et en latin, p. e. $\tau\acute{v}\pi\tau\omega(\mu\iota)$, $\tau\acute{v}\pi\tau\epsilon\iota\varsigma$ pour $\tau\acute{v}\pi\tau\epsilon\sigma\iota$, $\tau\acute{v}\pi\tau\epsilon\iota$ pour $\tau\acute{v}\pi\tau\epsilon\tau\iota$, $\tau\acute{v}\pi\tau\text{-}o\text{-}\mu\epsilon\varsigma$, $\tau\acute{v}\pi\tau\text{-}\epsilon\text{-}\tau\epsilon$, $\tau\acute{v}\pi\tau\text{-}ov\tau\iota$; et au moyen $\tau\acute{v}\pi\tau\text{-}o\text{-}\mu\alpha\iota$, $\tau\acute{v}\pi\tau\text{-}\epsilon\text{-}\sigma\alpha\iota$ ($\tau\acute{v}\pi\tau\epsilon\alpha\iota$, $\tau\acute{v}\pi\tau\eta$), $\tau\acute{v}\pi\tau\text{-}\epsilon\text{-}\tau\alpha\iota$, $\tau v\pi\tau\text{-}\acute{o}\text{-}\mu\epsilon\vartheta ov$, $\tau\acute{v}\pi\tau\text{-}\epsilon\text{-}\sigma\vartheta ov$, $\tau\acute{v}\pi\tau\text{-}\epsilon\text{-}\sigma\vartheta ov$, $\tau v\pi\tau\text{-}\acute{o}\text{-}\mu\epsilon\vartheta\alpha$, $\tau\acute{v}\pi\tau\text{-}\epsilon\text{-}\sigma\vartheta\epsilon$, $\tau\acute{v}\pi\tau\text{-}ov\tau\alpha\iota$.

254. En sanscrit, ce principe subit les modifications suivantes:

1°. La voyelle *a* est allongée dans les premières personnes devant *ma, mi* et *va*.

2°. Dans les terminaisons des seconde et troisième personnes du duel de l'âtmanêpadam elle se change en *ê*.

3°. Toutes les autres voyelles des terminaisons sont élidées après *a*, excepté le *i* de l'imparfait à l'âtmanêpadam.

4°. Au potentiel parasm. la sémivoyelle *y* se fond avec *a* en *ê*, de *ayâ* se forme *ê* dans plusieurs personnes (v. le paradigme); dans la voix moyenne *a*+*i* font régulièrement *ê*.

255. Nous choisissons pour paradigmes les deux verbes: भृ *bhṛ*, porter (I. cl.), et तुद् *tud*, frapper (VI. cl.).

PRÉSENT INDICATIF.
Voix active.

S.	1p.	भरामि *bhárâmi*	तुदामि *tudâmi*
	2p.	भरसि *bhárasi*	तुदसि *tudási*
	3p.	भरति *bhárati*	तुदति *tudáti*
D.	1p.	भरावस् *bhárâvas*	तुदावस् *tudâvas*
	2p.	भरथस् *bhárathas*	तुदथस् *tudáthas*
	3p.	भरतस् *bháratas*	तुदतस् *tudátas*
Pl.	1p.	भरामस् *bhárâmas*	तुदामस् *tudâmas*
	2p.	भरथ *bháratha*	तुदथ *tudátha*
	3p.	भरन्ति *bháranti*	तुदन्ति *tudánti*

PRÉSENT INDICATIF.
Voix moyenne.

S.	1p.	भरे *bháré*	तुदे *tudé*
	2p.	भरसे *bhárasé*	तुदसे *tudásé*
	3p.	भरते *bháraté*	तुदते *tudáté*
D.	1p.	भरावहे *bhárâvahé*	तुदावहे *tudâvahé*
	2p.	भरेथे *bháréthé*	तुदेथे *tudéthé*
	3p.	भरेते *bhárêté*	तुदेते *tudété*
Pl.	1p.	भरामहे *bhárâmahé*	तुदामहे *tudâmahé*
	2p.	भरध्वे *bháradhvé*	तुद्ध्वे *tudádhvé*
	3p.	भरन्ते *bháranté*	तुदन्ते *tudánté*

256.   Le PRÉSENT SUBJONCTIF (lêṭ védique) ne diffère dans le parasmâipadam que par l'allongement du *a*, quand il est possible (comparez φέροντι et φέρωντι).   Dans la voix moyenne, le *é* final peut devenir *âi*; *êthé* et *été* du duel se changent en *aithé* et *aité*, p. e. भरेथे *bhárâithé*, भरेते *bhárâité*, mais au pluriel on dit presque toujours भराध्वै *bhárâdhvâi*.

257.   PRÉSENT POTENTIEL.
Voix active.

S.	1p.	भरेयम् *bháréyam* (φέροίην)	तुदेयम् *tudéyam*
	2p.	भरेस् *bhárês* (φέροις) &c.	तुदेस् *tudés*
	3p.	भरेत् *bháret*	तुदेत् *tudét*
D.	1p.	भरेव *bháréva*	तुदेव *tudéva*
	2p.	भरेतम् *bháretam*	तुदेतम् *tudétam*
	3p.	भरेताम् *bháretâm*	तुदेताम् *tudétâm*
Pl.	1p.	भरेम *bhárêma*	तुदेम *tudéma*
	2p.	भरेत *bhárêta*	तुदेत *tudéta*
	3p.	भरेयुस् *bháréyus*	तुदेयुस् *tudéyus*

Voix passive.

S.	1p.	भरेय *bháréya*	तुदेय *tudéya*
	2p.	भरेथास् *bhárêthâs*	तुदेथास् *tudéthâs*
	3p.	भरेत *bhárêta*	तुदेत *tudéta*

D. 1p. भरेवहि *bhárêvahi*　　तुदेवहि *tudévahi*
　2p. भरेयाथाम् *bháreyâthâm*　तुदेयाथाम् *tudéyâthâm*
　3p. भरेयाताम् *bháreyâtâm*　तुदेयाताम् *tudéyâtâm*
Pl. 1p. भरेमहि *bhárêmahi*　　तुदेमहि *tudémahi*
　2p. भरेध्वम् *bhárêdhvam*　　तुदेध्वम् *tudédhvam*
　3p. भरेरन् *bhárêran*　　तुदेरन् *tudéran*

258.　　　PRÉSENT IMPÉRATIF.

Voix active.

S. 1p. भराणि *bhárâṇi*　　तुदानि *tudâni*
　2p. भर *bhára*　　तुद *tudá*
　3p. भरतु *bháratu*　　तुदतु *tudátu*
D. 1p. भराव *bhárâva*　　तुदाव *tudâva*
　2p. भरतम् *bháratam*　　तुदतम् *tudátam*
　3p. भरताम् *bháratâm*　　तुदताम् *tudátâm*
Pl. 1p. भराम *bhárâma*　　तुदाम *tudâma*
　2p. भरत *bhárata*　　तुदत *tudáta*
　3p. भरन्तु *bhárantu*　　तुदन्तु *tudántu*

Voix moyenne.

S. 1p. भरै *bhárâi*　　तुदै *tudâi*
　2p. भरस्व *bhárasva*　　तुदस्व *tudásva*
　3p. भरताम् *bháratâm*　　तुदताम् *tudátâm*
D. 1p. भरावहै *bhárâvahâi*　तुदावहै *tudâvahâi*
　2p. भरेथाम् *bháréthâm*　तुदेथाम् *tudéthâm*
　3p. भरेताम् *bhárêtâm*　तुदेताम् *tudétâm*
Pl. 1p. भरामहै *bhárâmahâi*　तुदामहै *tudâmahâi*
　2p. भरध्वम् *bháradhvam*　तुदध्वम् *tudádhvam*
　3p. भरन्ताम् *bhárantâm*　तुदन्ताम् *tudántâm*

259.　L'augment de l'IMPARFAIT est *a* devant toutes les consonnes (dans les Védas il se trouve aussi l'allongement *â*).

Les racines commençant par une voyelle remplacent l'augment
par le vriddhi (§ 21), de sorte que *a* forme *â*; *i, î, ê, âi: âi;
u, û, ô, âu: âu; ṛ, ṝ: âr.*

Ainsi de इष् *ish*, souhaiter (qui substitue इच्छ् *icch*), on forme ऐच्छम् *áiccham*, je souhaitais, de ईक्ष् *îksh*, voir: ऐक्षे *áikshê*, de एध् *êdh*, augmenter: ऐधे *áidhê*, de उष् *ush*, brûler: औषम् *áusham*, &c.

L'imparfait suit le thème du présent, quand même ce dernier serait irrégulier (voir §§ 268, 273, 279). En voici la conjugaison:

IMPARFAIT.

		Parasmâipadam.	*Âtmanêpadam.*
S.	1p.	अभरम् *ábharam*	अभरे *ábharê*
	2p.	अभरस् *ábharas*	अभरथास् *ábharathâs*
	3p.	अभरत् *ábharat*	अभरत *ábharata*
D.	1p.	अभराव *ábharáva*	अभरावहि *ábharávahi*
	2p.	अभरतम् *ábharatam*	अभरेथाम् *ábharêthâm*
	3p.	अभरताम् *ábharatâm*	अभरेताम् *ábharêtâm*
Pl.	1p.	अभराम *ábharâma*	अभरामहि *ábharâmahi*
	2p.	अभरत *ábharata*	अभरध्वम् *ábharadhvam*
	3p.	अभरन् *ábharan*	अभरन्त *ábharanta*

260. Quand l'augment est supprimé, comme cela arrive quelquefois, l'accent qui se plaçait sur le préfixe, retombe sur la syllabe, qui est accentuée au présent.

261. Le SUBJONCTIF de l'IMPARFAIT se forme d'une manière analogue à celui du présent, par l'allongement de la voyelle intermédiaire *a*, après la perte de l'augment, p. e. au parasmâipadam:

S.	1p.	भराम् *bhárâm*		तुदाम् *tudâm*	
	2p.	भरास् *bhárâs*		तुदास् *tudâs*	
	3p.	भरात् *bhárât*		तुदात् *tudât*	
D.	1p.	भराव *bhárâva*		तुदाव *tudâva*	
	2p.	भरातम् *bhárâtam*		तुदातम् *tudâtam*	
	3p.	भराताम् *bhárâtâm*		तुदाताम् *tudâtâm*	
Pl.	1p.	भराम *bhárâma*		तुदाम *tudâma*	
	2p.	भरात *bhárâta*		तुदात *tudâta*	
	3p.	भरान् *bhárân*		तुदान् *tudân*	

Le subjonctif de l'imparfait est plus rare dans la voix moyenne; la voyelle y est également allongée.

261. Les terminaisons en *dhvam* de la seconde personne du pluriel sont remplacées par *dhva* ou *dhvât* dans le langage védique; au lieu de *ta* et *tha* on lit souvent *tana* et *thana*, p. e. भरतन *bháratana* pour *bhárata*.

262. Une forme paragogique *tât* remplace les seconde et troisième personnes de l'impératif au parasmâipadam: *a, tu, ta*, p. e. भरतात् *bháratât* pour *bhára, bháratu, bhárata*.

263. Voilà en général la flexion que, dans les temps spéciaux, suit la grande majorité des verbes. Nous n'aurons maintenant qu'à nous occuper des particularités peu nombreuses des quatre classes qui composent la conjugaison moderne, comme de quelques irrégularités, que nous devrons signaler.

a. Première classe.

264. La première classe se distingue, selon § 247, de la sixième par la gunation de la voyelle radicale. Si la racine se termine en voyelle, *i, î, ê* substituent *áya; u, û, ô: áva; ṛ: ára; âi: âya;* p. e. भू *bhû*, être, forme भवामि *bhávâmi*, je suis.

La voyelle radicale a l'accent, et c'est ce qui la distingue aussi de la sixième classe, où la terminaison est accentuée.

265. Suivies de consonnes, ne sont pas gunifiées:

1°. Les voyelles *a, ê, ô*, qui sont leur propre guna, ainsi que *â, âi, âu.*

2°. Les voyelles longues *î* et *û*, p. e. *krîḍ*, jouer, forme क्रीडामि *krîḍâmi*, je joue. Exception dans les Védas: *ûh* forme *ôhâmi.*

3°. Les voyelles *i, u, ṛ* devant deux consonnes.

266. Les racines qui contiennent *ir* et *ur* devant une autre consonne, p. e. मुर्छ् *murch*, s'évanouir, तुर्व् *turv*, blesser, peuvent allonger la voyelle et former मूर्छ *mûrcha*, तूर्व *tûrva*, &c.

267. Les racines *kram* aller (au parasm.), *klam*, se fatiguer, *shṭhiv*, cracher, *guh*; cacher, *cam* (avec la préposition *á*), laver, allongent leur voyelle et forment *krámâmi*, *shṭhívâmi*, &c.

Dans les Védas quelques autres verbes, non compris dans les règles du § 265, allongent également leur voyelle.

268. Dans cette classe, quelques racines substituent certains thèmes pour en former les temps spéciaux. Ce sont les racines suivantes:

ghrâ, flairer,	substitue	*ǵighra*
pâ, boire	„	*píba*
sthâ, être debout	„	*tíshṭha*
han, tuer	„	*ǵíghna* [1]
mnâ, méditer	„	*mána*
dhmâ, souffler	„	*dháma*
sad, être assis	„	*sída*
ṛ, aller	„	*ṛccha*
gam, aller	„	*gáccha* (gr. βάσϰ-ω)
yam, restreindre	„	*yáccha* (ἀσϰέ-ω)
çad, tomber	„	*çíya* (seulement à l'âtman.)
dâ, donner	„	*yáccha*
sṛ, aller	„	*dhấva*
dṛç, voir	„	*páçya* [2]
kam, aimer	„	*kâmáya*
rañǵ, aller, teindre	„	*ráǵa*
sañǵ, adhérer	„	*sáǵa*
svañǵ, embrasser	„	*sváǵa*
dañç, mordre	„	*dáça*

Les Védas contiennent encore d'autres faits de ce genre, qui, comme le lecteur aura remarqué, ont en réalité des causes très-différentes dans les cas divers.

---

[1] Ces quatre thèmes sont dérivés de redoublements.
[2] Dérivé de *spaç*, lat. *spec*.

b. Quatrième classe.

269. La quatrième classe ajoute à la racine *ya*, en accentuant la syllabe radicale; p. e. कुश् *kuç* forme कुश्यामि *kúçyâmi*, j'embrasse, नृत्: नृत्यामि *nŕtyâmi*, je danse.

270. Les racines terminant en ॠ long forment le thème en *îrya*, p. e. *ǵŕ*, vieillir, *ǵîrya*, &c.

271. Celles en *ô* élident la voyelle, ainsi *dô*, trancher, forme *dyá*, *çô*, aiguiser: *çyá*.

272. Les racines en *am* et *iv* allongent la voyelle, ainsi *dam*, dompter, forme *dâmy*, *div*, jouer: *dîvy*.

273. Nous notons encore les substitutions suivantes:

bhrañç, tomber, substitue		*bhráçya*
rańǵ, teindre	”	*ráǵya*
mad, être ivre	”	*mádya*
mid, aimer	”	*médya*
ǵan, naître	”	*ǵâya*
vyadh, frapper	”	*vidhya*
ŗ (véd.), aller	”	*árya*

274. Le passif qui se forme par la syllabe *ya* ajoutée à la racine accentuée, se conjugue comme un verbe de la quatrième classe à l'âtmanêpadam (voir plus bas). On pourrait confondre ces deux formations, si l'accent de la quatrième classe ne se plaçait pas sur la syllabe radicale, tandis qu'au passif il tombe sur la syllabe caractéristique *ya* (§ 485).

c. Sixième classe.

275. La sixième classe ne gunifie jamais la voyelle radicale, et dans la grande majorité des cas, le thème est identique à la racine.

L'accent est sur la terminaison, ce qui distingue cette classe des précédentes.

276. Les racines finissant en *i, u, û* (il n'en existe pas qui se terminent en *î*) ont pour thèmes *iyá* et *uvá*; p. e. रि *ri*, aller, forme रियामि *riyámi*, नु *nu*, louer: नुवामि *nuvámi*, धू *dhú*, agiter: धुवामि *dhuvámi*.

277. Un *ṛ* finissant devient *riy*, les racines qui sont censées finir en *ṝ* le changent en *ir*, p. e. दृ *dṛ*, respecter: द्रिये *driyé*, कॄ *kṝ*, mélanger, remplir: किरामि *kirámi*.

गॄ *gṝ*, engloutir, forme les thèmes *gir, gil, gur*.[1]

278. Quelques racines insèrent l'anusvâra devant la consonne finale, ce sont *muc*, délivrer, *sic*, arroser, *kṛt*, couper, *khid*, arracher, *vid*, trouver, *lip*, graisser, *lup*, couper, *piç*, former, qui forment *muñcá, siñcá*, &c.

279. Nous notons les substitutions suivantes pour les temps spéciaux:

pracch, demander, substitue *pṛcchá*

bhraǵǵ, cuire   „   *bhṛǵǵá*

vyac, tromper   „   *vicá*

vraçc, trancher   „   *vṛçcá*

tṛ̃h, frapper   „   *tṛhá*

ish, souhaiter   „   *icchá*

sad, être assis   „   *sîdá* (v. § 268)

çad, tomber   „   *çîyá* (ibid.)

d. Dixième classe.

280. La dixième classe n'appartient plus, à vrai dire, aux verbes primitifs, mais aux dérivés, puisqu'elle contient les verbes causatifs et dénominatifs. Elle se forme par la terminaison *áya* avec l'accent sur la dernière syllabe du radical.

Les verbes qui se terminent en consonnes sont gunifiés et suivent presqu'exactement les règles et exceptions des §§ 265—267,

---

[1] Comparez le latin *gula* (allemand *Kehle*), *guttur*.

p. e. **चोरयामि** *côrâyâmi* de **चुर्** *cur*, voler, **चिन्तयामि** *cintâyâmi*, &c. Des exceptions sont *mṛg* et *spṛh*, qui ne gunifient pas la voyelle *ṛ*.

281. Les racines ayant *a* pour voyelle radicale, la changent souvent dans les temps spéciaux et généraux en *â*.

282. Les racines finissant en voyelle, la vriddhifient, p. e. **प्लु** *plu*, couler: **प्लावयामि** *plâvâyâmi*; *i* et *î* donnent *âyâya*, *u* et *û*: *âvâya*, *ṛ*: *ârâya*, *ṝ*: *ârâya*, *îrâya*, *ûrâya*.

283. Les dénominatifs ou verbes dérivés de noms appartiennent également à cette classe. L'accent se trouve sur la dernière syllabe du nom; p. e. **कोमल** forme **कोमलयामि** *kômalâyâmi*.

284. Les intensifs de la seconde forme (à l'âtmanêpadam) et les désidératifs suivent également la flexion de la conjugaison moderne.

B. CONJUGAISON ANCIENNE.

RÈGLES GÉNÉRALES.

285. Dans la conjugaison ancienne, les terminaisons des personnes s'ajoutent immédiatement au thème. La formation de ce dernier fournit le critérium pour le classement des racines.

286. Dans ces combinaisons, les règles euphoniques sont appliquées. (Voir les règles sur les combinaisons des flexions.)

287. Les terminaisons se joignent:

1°. ou au thème pur et simple, p. e. **आप्नुवस्** *âpnu-vás*, nous deux atteignons;

2°. ou à une *amplification* du thème qui, généralement, se produit par la gunation de la voyelle, p. e. **आप्नोमि** *âpnó-mi*.

M. Bopp qui divise les terminaisons en fortes et faibles, a établi que devant les fortes il faut placer les thèmes faibles, et *vice versa*.

288. Les personnes qui exigent le thème amplifié, sont:

1°. Le singulier de l'indicatif du présent et de l'imparfait, dans toutes les personnes, dans la voix active.

2°. Toutes les premières personnes de l'impératif (parasmâi-padam et âtmanêpadam) et la troisième du singulier au parasmâipadam.

Les autres personnes ajoutent au thème *faible* la terminaison généralement accentuée.

289. Les troisièmes personnes au pluriel (se terminant en *anti, antê, antu, antâm, anta*) élident la nasale *partout* dans la voix moyenne, et dans la voix active seulement dans les verbes redoublés.

290. Voici un tableau qui fait voir les formes amplifiées qui sont désignées par un astérisque.

PRÉSENT INDICATIF.

	Voix active.				Voix moyenne.	
	Sing.	Duel.	Pluriel.	Sing.	Duel.	Pluriel.
1p.	*mi	vás	más	é	váhé	máhê
2p.	*si	thás	tá	sé	áthê	dhvám
3p.	*ti	tás	ánti, ati	té	átê	átê, atê

PRÉSENT IMPÉRATIF.

1p.	*áni	*áva	*áma	*ái	*ávahâi	*ámahâi
2p.	dhí(hi)	tám	tá	svá	áthâm	dhvám
3p.	*tu	tám	ántu, atu	tâm	átâm	átâm

IMPARFAIT INDICATIF.

1p.	*am	va	ma	i	vahi	mahi
2p.	*s	tam	ta	thás	áthâm	dhvam
3p.	*t	tâm	an, us	ta	átâm	ata

291. Le subjonctif védique insère *a* entre le thème, ordinaire-ment amplifié, et la terminaison de l'indicatif, ce qui le rend quelquefois très-dissemblable à l'indicatif, grâce aux règles eu-phoniques; p. e. la seconde et la troisième personnes du présent

de दिष् *dvish* sont द्वेषि *dvékshi*, द्वेष्टि *dvéshti*; le *lêt* en sera द्वेषसि *dvéshasi*, द्वेषति *dvéshati*. L'imparfait, dans les deux personnes, अद्वेट् *ádvêt* (voir § 297), fera au *lêt* द्वेषस् *dvéshas*, द्वेषत् *dvéshat*.

292. Ces règles suffiront pour la grande majorité des cas où il faut seulement appliquer les règles euphoniques. Mais la conjugaison ancienne comprenant des verbes primitifs et très-usités, ceux-ci présentent naturellement beaucoup d'irrégularités que nous devrons examiner.

a. Seconde classe,

293. Les verbes de la seconde classe ajoutent la terminaison immédiatement à la racine; ils sont moins nombreux dans le sanscrit classique que dans les Vêdas, où l'on compte beaucoup de racines qui, dans le langage moderne, ont suivi une autre flexion.

On compte environ soixante-dix racines appartenant à cette classe. Nous choisissons pour paradigmes les deux verbes दिष् *dvish*, haïr et दुह् *duh*, traire.

294. PRÉSENT INDICATIF.

Voix active.

S.	1p.	द्वेष्मि *dvéshmi*	दोह्मि *dóhmi*	
	2p.	द्वेषि *dvékshi*	धोक्षि *dhókshi* [1]	
	3p.	द्वेष्टि *dvéshti*	दोग्धि *dógdhi* [2]	
D.	1p.	द्विष्वस् *dvishvás*	दुह्वस् *duhvás*	
	2p.	द्विष्ठस् *dvishthás*	दुग्धस् *dugdhás*	
	3p.	द्विष्टस् *dvishtás*	दुग्धस् *dugdhás*	
Pl.	1p.	द्विष्मस् *dvishmás*	दुह्मस् *duhmás*	
	2p.	द्विष्ठ *dvishthá*	दुग्ध *dugdhá*	
	3p.	द्विषन्ति *dvishánti*	दुहन्ति *duhánti*	

Voix moyenne.

S.	1p.	द्विषे *dvishé*	दुहे *duhé*	
	2p.	द्विक्षे *dvikshé*	धुक्षे *dhukshé*	
	3p.	द्विष्टे *dvishté*	दुग्धे *dugdhé*	

[1] Voir § 55.   [2] Voir § 61.

D.	1p.	द्विष्वहे *dvishvâhê*	दुहुहे *duhváhê*
	2p.	द्विषाथे *dvishấthê*	दुहाथे *duhấthê*
	3p.	द्विषाते *dvishấtê*	दुहाते *duhấtê*
Pl.	1p.	द्विष्महे *dvishmáhê*	दुहहे *duhmáhê*
	2p.	द्विड्ढे *dviḍḍhvé*	धुग्ध्वे *dhugdhvé*
	3p.	द्विषते *dvishátê*	दुहते *duhấtê*

295. Le potentiel a la forme la plus régulière; le voici dans le verbe द्विष् seulement.

PRÉSENT POTENTIEL.

		Voix active.	Voix moyenne.
S.	1p.	द्विष्याम् *dvishyẫm*	द्विषीय *dvishîyá*
	2p.	द्विष्यास् *dvishyẫs*	द्विषीथास् *dvishîthẫs*
	3p.	द्विष्यात् *dvishyẫt*	द्विषीत *dvishîtá*
D.	1p.	द्विष्याव *dvishyẫva*	द्विषीवहि *dvishîváhi*
	2p.	द्विष्यातम् *dvishyẫtam*	द्विषीयाथाम् *dvishîyấthẫm*
	3p.	द्विष्याताम् *dvishyẫtâm*	द्विषीयाताम् *dvishîyẫtâm*
Pl.	1p.	द्विष्याम *dvishyẫma*	द्विषीमहि *dvishîmáhi*
	2p.	द्विष्यात *dvishyẫta*	द्विषीध्वम् *dvishîdhvẫm*
	3p.	द्विष्युस् *dvishyús*	द्विषीरन् *dvishîrán*

296. L'IMPÉRATIF se conjugue de la manière suivante:

Voix active.

S.	1p.	द्वेषाणि *dvéshâṇi*	दोहानि *dóhâni*
	2p.	द्विड्ढि *dviḍḍhí*	दुग्धि *dugdhí*
	3p.	द्वेष्टु *dvéshṭu*	दोग्धु *dógdhu*
D.	1p.	द्वेषाव *dvéshâva*	दोहाव *dóhâva*
	2p.	द्विष्टम् *dvishṭấm*	दुग्धम् *dugdhẫm*
	3p.	द्विष्टाम् *dvishṭẫm*	दुग्धाम् *dugdhẫm*
Pl.	1p.	द्वेषाम *dvéshâma*	दोहाम *dóhâma*
	2p.	द्विष्ट *dvishṭá*	दुग्ध *dugdhá*
	3p.	द्विषन्तु *dvishántu*	दुहन्तु *dahántu*

Voix moyenne.

S.	1p.	द्वेषै *dvéshâi*	दोहै *dohâi*
	2p.	द्विक्ष्व *dvikshvá*	धुक्ष्व *dhukshvá*
	3p.	द्विषाम् *dvishtâm*	दुग्धाम् *dugdhâm*
D.	1p.	द्वेषावहै *dvéshâvahâi*	दोहावहै *dohâvahâi*
	2p.	द्विषाथाम् *dvishâthâm*	दुहाथाम् *duhâthâm*
	3p.	द्विषाताम् *dvishâtâm*	दुहाताम् *duhâtâm*
Pl.	1p.	द्वेषामहै *dvéshâmahâi*	दोहामहै *dohâmahâi*
	2p.	द्विड्ढ्वम् *dviddhvám*	धुग्ध्वम् *dhugdhvám*
	3p.	द्विषाताम् *dvishâtâm*	दुहाताम् *duhâtâm*

297. L'IMPARFAIT est ainsi formé:

Voix active.

S.	1p.	अद्वेषम् *ádvêsham*	अदोहम् *ádôham*
	2p.	अद्वेट् *ádvêṭ* [1]	अधोक् *ádhôk* [1]
	3p.	अद्वेट् *ádvêṭ*	अधोक् *ádhôk*
D.	1p.	अद्विष्व *ádvishvâ*	अदुह्व *áduhva*
	2p.	अद्विष्टम् *ádvishṭam*	अदुग्धम् *ádugdham*
	3p.	अद्विष्टाम् *ádvishṭâm*	अदुग्धाम् *ádugdhâm*
Pl.	1p.	अद्विष्म *ádvishma*	अदुह्म *áduhma*
	2p.	अद्विष्ट *ádvishṭa*	अदुग्ध *ádugdha*
	3p.	अद्विषन् *ádvishan*	अदुहन् *áduhan*

Voix moyenne.

S.	1p.	अद्विषि *ádvishi*	अदुहि *áduhi*
	2p.	अद्विष्ठास् *ádvishṭhâs*	अदुग्धास् *ádugdhâs*
	3p.	अद्विष्ट *ádvishṭa*	अदुग्ध *ádugdha*
D.	1p.	अद्विष्वहि *ádvishvahi*	अदुह्वहि *áduhvahi*
	2p.	अद्विषाथाम् *ádvishâthâm*	अदुहाथाम् *áduhâthâm*
	3p.	अद्विषाताम् *ádvishâtâm*	अदुहाताम् *áduhâtâm*
Pl.	1p.	अद्विष्महि *ádvishmahi*	अदुह्महि *áduhmahi*
	2p.	अद्विड्ढ्वम् *ádviddhvam*	अधुग्ध्वम् *ádhugdhvam*
	3p.	अद्विषत *ádvishata*	अदुहत *áduhata*

---

[1] Pour *ádvêksh, ádvêshṭ, ádhôksh, ádhôkṭ*, mais deux consonnes ne peuvent pas finir un mot en sanscrit (§ 52).

298. Le subjonctif védique *(lêṭ)* a une flexion simple; il insère *a* entre le thème amplifié et la désinence, et le premier a l'accent, p. e. देषामि *dvéshâmi,* दोहसे *dóhasê,* &c.

299. Dans les formes amplifiées, le thème est accentué: la terminaison l'est dans les autres, et si la désinence est disyllabique, l'accent se place sur la première syllabe de cette dernière.

300. Le verbe substantif अस् *as* appartient à cette classe. Son importance et sa ressemblance avec le même verbe des autres langues indo-européennes nous autorisent à le donner ici en entier; le lecteur remarquera que quelques unes de ces anomalies ne sont pas particulières seulement à l'idiome brahmanique.

L'âtmanêpadam n'est usité qu'avec les prépositions व्यति *vy-ati;* le *s* des secondes personnes ne devient pas *sh.*

<table>
<tr><td align="center">Voix active.</td><td align="center">Voix moyenne.</td></tr>
</table>

PRÉSENT INDICATIF.

S. 1p. अस्मि *ásmi* (gr. εἴμι, lat. *sum,* goth. *im*) हे *hê*

    2p. असि *ási* (gr. ἐσσί, lat. *es,* goth. *is*)   से *sê*

    3p. अस्ति *ásti* (gr. ἐστὶ, lat. *est,* goth. *ist*)   स्ते *stê*

D. 1p. स्वस् *svas*   स्वहे *svahê*

    2p. स्थस् *sthas* (gr. ἐστὸν)   साथे *sâthê*

    3p. स्तस् *stas*   साते *sâtê*

P. 1p. स्मस् *smas* (gr. ἔσμες, lat. *sumus*) स्महे *smahê*

    2p. स्थ *stha* (gr. ἐστὲ, lat. *estis*)   ध्वे *ddhvê* ou *dhvê* [1]

    3p. सन्ति *sánti* (gr. ἐντὶ, lat. *sunt,* goth. *sind*) सते *satê*

PRÉSENT SUBJONCTIF.

S. 1p. असानि *ásâni*   असै *ásâi*

PRÉSENT POTENTIEL.

S. 1p. स्याम् *syâm* (véd. *asyấm,* gr. εἴην, lat.
          siem, goth. *siyau*)   सीय *síya*

    2p. स्यास् *syấs* (gr. εἴης, lat. *sies,* goth. *siyais*) सीयास् *síthâs*

    3p. स्यात् *syât* (gr. εἴη, lat. *siet,* goth. *siyaith*) सीत *síta*

---

[1] *s* devant *dh* est élidé dans cette conjugaison.

12

	Voix active.	Voix moyenne.
D. 1p.	स्याव *syâva*	सीवहि *sîvahi*
2p.	स्यातम् *syâtam*	सीयाथाम् *sîyâthâm*
3p.	स्याताम् *syâtâm*	सीयाताम् *sîyâtâm*
P. 1p.	स्याम *syâma*	सीमहि *sîmahi*
2p.	स्यात *syâta*	सीध्वम् *sîdhvam*
3p.	स्युस् *syus*	सीरन् *sîran*

IMPÉRATIF.

	Voix active.	Voix moyenne.
S. 1p.	असानि *ásâni*	असै *ásâi*
2p.	एधि *êdhi* (au lieu de *asdhi*, cf. gr. ἔσθι, zend *azdi*)	स्व *sva*
3p.	अस्तु *ástu* (gr. ἔστω, lat. *esto*)	&c.
D. 1p.	असाव *ásâva*	
2p.	स्तम् *stam*	
3p.	स्ताम् *stâm*	
P. 1p.	असाम *ásâma*	
2p.	स्त *sta*	
3p.	सन्तु *sántu* (lat. *sunto*)	

IMPARFAIT.

	Voix active.	Voix moyenne.
S. 1p.	आसम् *ásam* (gr. ἤν, ἤα, lat. *eram* de *esam*)	आसि *ási*
2p.	आसीस् *ásîs* (gr. ἤσθα, lat. *eras*)	&c.
3p.	आसीत् *ásît* (gr. ἤεν)	
D. 1p.	आस्व *ásva*	
2p.	आस्तम् *ástam*	
3p.	आस्ताम् *ástâm*	
P. 1p.	आस्म *ásma*	
2p.	आस्त *ásta*	
3p.	आसन् *ásan*	

Ásîs et *ásît* sont irréguliers au lieu du védique *ás*, pour *áss* et *ást*. Voir les autres cas d'intercalations de l'*i* (§ 309).

Le subjonctif se forme régulièrement: *ásas, ásat*, &c.

301. Dans le verbe substantif, la racine elle même ne se montre que dans les flexions amplifiées; dans les autres on n'a

que le thème *apocopé*, *s* au lieu de *as*. Ainsi वश् *vaç*, vouloir, se change en *uç* (altération du *samprasârana*) et se conjugue ainsi: Prés. par. *vácmi*, *vákshi*, *váshti*, *uçvás*, *ushthás*, *ushtás*, *uçmás*, *ushthá*, *uçánti*; âtm. *uçé*, *ukshé*, *ushté*, &c. Potent. par. *uçyám*, &c.; âtm. *uçiyá*, &c. Impér. *váçâni*, *uddhi* ou *ûdhi*, *váshtu*, *váçâva*, *ushtâm*, &c. Imparf. *ávaçam*, *ávat*, *ávat*, *áuçva*, &c.

302. De même शास् *çâs*, régner, substitue *çish* dans quelques formes ordinaires, et se conjugue ainsi: Prés. *çâsmi*, *çâssi*, *çâsti*, *çâsvas*, *çishthás*, *çishtás*, *çâsmas*, *çishthá*, *çâsati*. Pot. *çishyám*, &c. Impér. *çâsâni*, *çâdhi* ou *çâddhi*, *çâstu*, *çâsâva*, *çishtâm*, *çishtâm*, *çâsâma*, *çishtá*, *çâsatu*. Imparf. *áçâsam*, *áçâs* ou *áçât*, *áçât*, *áçâsma*, *áçishtam*, *áçishtâm*, *áçâsva*, *áçishta*, *áçâsus* (au lieu de *áçasan*).

303. हन् *han*, tuer (gr. φον, θαν), admet le même principe, en substituant *ha* et *ghn*; p. e.:

<table>
<tr><td colspan="3">PRÉSENT INDICATIF.</td><td colspan="3">IMPÉRATIF.</td></tr>
<tr><td>*hánmi*</td><td>*hánsi*</td><td>*hánti*</td><td>*hánâni*</td><td>*ģahi* [1]</td><td>*hántu*</td></tr>
<tr><td>*hánvas*</td><td>*hathás*</td><td>*hatás*</td><td>*hánâva*</td><td>*hatám*</td><td>*hatâm*</td></tr>
<tr><td>*hánmas*</td><td>*hathá*</td><td>*ghnánti*</td><td>*hánâma*</td><td>*hátá*</td><td>*ghnántu*</td></tr>
<tr><td colspan="3">IMPARFAIT.</td><td colspan="3">POTENTIEL.</td></tr>
<tr><td>*áhanam*</td><td>*áhan*</td><td>*áhan*</td><td colspan="3">*hanyám*, &c.</td></tr>
<tr><td>ou *ághnam*</td><td></td><td></td><td colspan="3"></td></tr>
<tr><td>*áhanva*</td><td>*áhatam*</td><td>*áhatâm*</td><td colspan="3"></td></tr>
<tr><td>*áhanma*</td><td>*áhata*</td><td>*ághnan*</td><td colspan="3"></td></tr>
</table>

304. La racine इ *i*, aller, se conjugue ainsi:

<table>
<tr><td colspan="3">PRÉSENT.</td><td>POTENTIEL.</td></tr>
<tr><td>*émi*</td><td>*éshi*</td><td>*éti*</td><td>*iyâm*, &c.</td></tr>
<tr><td>*ivás*</td><td>*ithás*</td><td>*itás*</td><td></td></tr>
<tr><td>*imás*</td><td>*itá*</td><td>*yánti*</td><td></td></tr>
</table>

[1] Au lieu de *hahi*; *hi* se met après les voyelles.

IMPÉRATIF.			IMPARFAIT.		
áyâni	*ihi*	*étu*	*áyam*	*áis*	*áit*
áyâva	*itâm*	*itâm*	*áiva*	*áitam*	*áitâm*
áyâma	*itá*	*yántu*	*áima*	*áita*	*áyan*

Ce verbe n'est usité dans l'âtmanêpadam qu'avec la préposition अधि *adhi, adhi-i*, lire, qui devant une voyelle se change en *adhîy*, p. e. *ádhîyê, ádhíshê*, &c.

305. Les racines se terminant en *i, u, û* substituent devant une voyelle *iy* et *uv*; p. e. वी *vî*, aller, forme *viyánti*; *brû*, dire: *bruvánti, su*, engendrer: *suvé, stu*, louer: *ástuvan*.

306. Les racines disyllabiques दीधी *dîdhî*, briller (âtm.), et ऊर्णु *úrnu*, couvrir, sont contraires aux règles exposées en haut: *Dîdhî* forme दीध्यते *dídhyatê*, ils brillent, au lieu de *dîdhiyatê*, et *dídhyâi, dídhyâvahâi, dídhyâmahâi* au lieu de *dídhayâi*, &c.

Úrnu peut former *úrnâumi* &c., aussi bien que *úrnómi*. Imp· *áurnôt* (non *áurnaut*).

307. Les racines नु *nu*, louer, स्तु *stu*, louer, रु *ru*, retentir, vriddhifient la voyelle dans les formes amplifiées, ou bien elles insèrent un *i* long entre le thème gunifié et la désinence, p. e. *náumi* ou *návîmi, stáushi* ou *stávîshi, ráuti* ou *rávîti*, &c. A l'imparfait: *ánavâm, ánâus* ou *ánavîs, ánâut* ou *ánavît*, &c.

Les autres verbes finissant en *u* admettent également le vriddhi devant les terminaisons consonantiques, sans permettre l'insertion du *i*, p. e. *yu* forme *yáumi*, non *yavîmi*.

D'après quelques grammairiens, la voyelle *i* peut être intercalée même dans les formes faibles; cette insertion, du reste, est plus fréquente dans la langue védique que dans le langage ordinaire.

308. La racine ब्रू *brû*, parler, se conjugue ainsi:

PRÉSENT.

brávîmi ou *brúmi*	*brávishi*	*brávîti*
brúvás	*brúthás*	*brútás*
brúmás	*brúthá*	*bruvánti*

IMPÉRATIF.

brávâni	*brávîhi* ou *brúhi*	*brávîtu*
brávâva	*brûtâm*	*brûtâm*
brávâma	*brûtá*	*bruvántu*

Dans les Védas on trouve aussi *bravîtana* au lieu de *brûtá*.

IMPARFAIT.

ábravam	*ábravîs*	*ábravît*
ábrûma	*ábrûtam*	*ábrûtâm*
ábrûma	*ábrûta*	*ábruvan*

L'âtmanêpadam n'offre pas de difficultés. Présent: *bruvé*, *brûshé*, *brûté*.

309. D'autres verbes appartenant à la seconde conjugaison, insèrent un *i* bref devant toutes les consonnes, et un *î* long ou *a* bref aux seconde et troisième personnes du singulier de l'imparfait. Ce sont: रुद् *rud*, pleurer, स्वप् *svap*, dormir, अन् *an*, respirer (d'où *animus*), श्वस *çvas*, id., जक्ष् *ǵaksh*, manger, p. e.:

PRÉSENT.			IMPÉRATIF.		
ródimi	*ródishi*	*róditi*	*ródâni*	*rudihí*	*róditu*
rudivás	*rudithás*	*ruditás*	*ródâva*	*ruditâm*	*ruditâm*
rudimás	*rudithá*	*ruddánti*	*ródâma*	*ruditá*	*rudántu*

IMPARFAIT.			POTENTIEL.
árôdam	*árôdîs* ou *árôdas*	*árôdît* ou *árôdat*	*rudyâm* régulier.
árudiva	*áruditam*	*áruditâm*	
árudima	*árudita*	*árudan*	

310. Le verbe *ǵaksh*, manger (provenant de *ǵaghas*), est soumis à la règle qui s'étend à toute la troisième classe, c'est-à-dire, l'élision du *n* aux troisièmes personnes, et à la substitution de *us* au lieu de *an* (3p. p. Imparf.); on dira donc *ǵákshati* (non *ǵakshanti*), *áǵakshus*, &c. (Voir §§ 323, 325.)

Comme *ǵaksh*, जागृ *ǵâgr*, s'éveiller, n'appartient pas à la seconde, mais est en réalité une racine de la troisième classe. *Dîdhî*, *vêvî*, *daridrá*, *cakâs* suivent la même règle.

311. La particularité signalée au § 309 au sujet de l'*a* intercalé, est partagée par la racine अद् *ad*, edere, qui forme *ádas* et *ádat*, au lieu de *át*.

312. La syllabe *an* dans la 3me p. Imp. est remplacée par *us*, selon quelques grammairiens, dans *dvish*, *vid*, et dans les verbes qui finissent en *á*, p. e. *áyán* et *áyus*, ils allèrent, *ápán* et *ápus*, ils régnèrent.

313. Une intercalation partielle a lieu dans les verbes ईड् *íḍ* (âtm.), célébrer, et ईश् *íç* (âtm.), régner, dans les secondes personnes du sing. et plur., terminant en *sê*, *sva*, *dhvê*, *dhvam*:

ईड़िषे *íḍishê* (véd. ईळिषे *íḷishê*), *íḍidhvê*, *íçishva*, &c.

Au lieu de *áiḍidhvam*, *áiçidhvam* on dit aussi, dans les deux cas: ऐइड्ढ्वम् *áiḍḍhvam*.

314. La racine शी *çí* (âtm.), être couché (gr. *κεῖμαι*), insère un *r* dans les troisièmes personnes du pluriel; on conjugue, en gunifiant et accentuant contre la règle:

PRÉSENT.

			IMPÉRATIF.		
çáyê	*çéshê*	*çétê*	*çáyâi*	*çéshva*	*çétâm*
çévahê	*çáyâthê*	*çáyâtê*	*çáyávahâi*	*çáyâthâm*	*çáyâtâm*
çémahê	*çédhvê*	*çératê*	*çáyâmahâi*	*çédhvam*	*çeratâm*

IMPARFAIT.

			POTENTIEL.
áçayi	*áçéthâs*	*áçéta*	*çáyíya*, &c.
áçévahi	*áçayâthâm*	*áçayâtâm*	
áçêmahi	*áçédhvam*	*áçérata*	

315. La même intercalation a lieu dans le verbe विद् *vid*, savoir, où elle est facultative. Le verbe sanscrit *vid* (comme le grec *οἶδα*, le germanique *vait*) s'emploie ou au parfait (voir § 457) avec une signification du présent, ou plus rarement au présent. On dit régulièrement *vidátê* ou *vidrátê*, *vidátâm* ou *vidrátâm*, *ávidata* ou *ávidrata*.

Cette insertion d'un *r* se trouve souvent dans les Védas, chez les verbes de toutes les classes, généralement dans une signification passive. Ces livres sacrés, en revanche, retranchent souvent le *t* du singulier et du pluriel.

316. Une autre irrégularité est celle du verbe मृज् *mṛǵ*, purifier, qui vriddhifie les formes amplifiées, et même les troisièmes personnes du pluriel. On conjuguera donc: Prés. *mârǵmi*, *mârshi*, *mârshṭi*, &c., *mṛǵánti* ou *mârǵanti*. Imparf. *ámârǵam*, *ámârṭ*, *ámârṭ*, &c., *ámṛǵan* ou *ámârǵan*.

317. Une racine polysyllabique *daridrâ*, être pauvre, substitue *daridri* dans toutes les formes faibles commençant par une consonne, p. e. *daridrâmi*, &c., *daridrivás*, *dáridrati*. Imp. *dáridrâṇi*, *daridrihi*, *daridrâtu*, &c., *dáridratu*. Imp. *ádaridrâm*, *ádaridrus*.

318. Nous rappelons encore quelques mutilations euphoniques (§ 99); p. e. *caskh* (âtm.), dire, fait au présent *cákshê*, *cákshê*, *cáshṭê*. Impér. *cáshṭâm*, *cáḍḍhvam*, &c.

319. Beaucoup de racines qui dans la langue ancienne suivaient cette conjugaison, se fléchissent d'après la conjugaison moderne dans l'idiome plus récent.

Voici les racines de la seconde classe dans le sanscrit classique. Quelques unes appartiennent aussi à d'autres classes; d'autres se distinguent par leur flexion de racines différentes du même son, p. e. *vas* de *vas* 1. demeurer, *as* de *as* 1. jeter, &c.

khyâ, appeler	*lâ*, prendre
dâ et *dô*, diviser	*vâ*, souffler
daridrâ, être pauvre	*çrâ* et *çrâi*, cuire
drâ, s'en aller	*snâ*, laver
pâ, régner	*i*, aller
prâ, remplir	*dîdhî*, briller
psâ, manger	*vi*, aller
bhâ, briller	*vêvî*, obtenir
mâ, mesurer	*çi*, être couché
yâ, aller	*ûrṇu*, couvrir
râ, donner	*ku*, appeler

kshu, éternuer

kshnu, aiguiser

tu, croître

dyu, briller

nu, nû, louer

yu, joindre

ru, crier

su (par.), enfanter

su (âtm.), dominer

stu, louer

snu, dégoutter

hnu, arracher

brû, dire

sû, presser le jus

ǵâgr̥, s'éveiller

vac, parler

pr̥c, pr̥ǵ, toucher

niṅǵ, nettoyer

piṅǵ, piǵ, peindre

mr̥ǵ, essuyer

riǵ, rôtir

vr̥ǵ, vr̥ṅǵ, quitter

çiṅǵ, tinter

îḍ, louer

ad, manger

rud, pleurer

vid, savoir

an, respirer

han, tuer

svap, dormir

îr, aller

aç, obtenir

îç, dominer

vaç, désirer

caksh, parler

ǵaksh, manger

dvish, haïr

as, être

âs, être assis

kañs, détruire

cakâs, briller

niñs, baiser

vas, vêtir

çâs, dominer, enseigner

çvas, respirer

ças, dormir

hiñs, frapper

dih, souiller

duh, traire

lih, rih, lécher

b.   Troisième classe.

320. La troisième classe se distingue de la seconde par le redoublement, ainsi que $\tau\acute{\iota}\text{-}\vartheta\eta\text{-}\mu\iota$, $\delta\acute{\iota}\text{-}\delta\omega\text{-}\mu\iota$, $\H{\iota}\text{-}\sigma\tau\alpha\text{-}\mu\iota$ de $\varphi\acute{\alpha}\text{-}\mu\iota$, $\H{\epsilon}\mu\text{-}\mu\iota$, $\epsilon\H{\iota}\text{-}\mu\iota$.

La consonne initiale (toutes ces racines commencent par une consonne, excepté र *r̥*, aller) est répétée. Les voyelles longues et diphthongues sont raccourcies, *r̥* et *r̥̂* substituent *i*.

Au lieu de la consonne aspirée, on prend dans la syllabe réduplicative la non-aspirée correspondante.

Au lieu de la lettre gutturale, on prend la palatale non-aspirée, c'est à dire, pour *k* et *kh*: *c*, pour *g, gh, h*: *ǵ*.

De deux consonnes initiales, on choisit le redoublement de la première, à moins que celle-ci ne soit *ç, sh, s*.

De deux ou de plusieurs consonnes initiales dont la première est une sifflante, et dont la seconde n'est ni une sémivoyelle ni une nasale, la syllabe réduplicative se forme par le redoublement de la seconde; ainsi de *sk* se fera *c*, de *sph*: *p*, de *shṭh*: *ṭ*, mais de *çr*: *ç*, de *sv*: *s*, de *sm*: *s*.

321. Dans les formes fortes, la syllabe radicale est gunifiée, p. e. *bhî* formera *bibhî, bibhê*; *ṛ*: *iyṛ, iyar*; *bhṛ*: *bibhṛ, bibhar*; *pṛ*: *pipur* (devant une consonne *pipûr*), *pipar*.

322. Comme en grec, quelques verbes ont pour voyelle de redoublement *i*: ce sont हा *hâ* (âtm.), aller, मा *mâ* (âtm.), mesurer, et dans le langage védique *gâ*, aller, *pâ*, boire, *dâ*, donner.

Le thème *ǵihâ*, aller, est différent de *ǵahâ*, abandonner.

323. Cette classe élide partout le *n* des terminaisons *anti, antê, antu, antâm, anta* (comp. le grec αται en τετύφαται).

La terminaison de la troisième personne de l'imparfait au pluriel est toujours *us*, jamais *an*, et elle réclame le thème amplifié, p. e. *âbibharus* de *bhṛ*.

324. Trois verbes, निज् *niǵ*, laver, विज् *viǵ*, distinguer, विष् *vish*, entourer, ont le guna dans le redoublement, comme les intensifs (§ 339).

325. L'accent, dans les formes fortes, est sur le redoublement, excepté dans les verbes *bhî*, avoir peur, *hrî*, avoir honte, *hu*, sacrifier, *bhṛ*, porter, *maǵ*, enivrer, *ǵan*, naître, *dhan*, fructifier. Dans les formes faibles, la désinence a le ton, à moins qu'elle ne commence par une voyelle: l'accent retombe alors sur le redoublement. Les verbes cités § 310 suivent cette norme.

13

326. Nous choisissons les deux paradigmes भृ *bhṛ*, porter, et निज् *niǵ*, laver.

PRÉSENT INDICATIF.

Voix active.

S. 1p. बिभर्मि *bibhármi* नेनेज्मि *nénéǵmi*
 2p. बिभर्षि *bibhárshi* नेनेक्षि *nénékshi*
 3p. बिभर्ति *bibhárti* नेनेक्ति *nénékti*
D. 1p. बिभृवस् *bibhṛvás* नेनिज्वस् *néniǵvás*
 2p. बिभृथस् *bibhṛthás* नेनिक्थस् *nénikthás*
 3p. बिभृतस् *bibhṛtás* नेनिक्तस् *néniktás*
Pl. 1p. बिभृमस् *bibhṛmás* नेनिज्मस् *néniǵmás*
 2p. बिभृथ *bibhṛthá* नेनिक्थ *nénikthá*
 3p. बिभ्रति *bibhrati*[1] नेनिजति *néniǵati*

Voix passive.

S. 1p. बिभ्रे *bibhré*[1] नेनिजे *néniǵé*
 2p. बिभृषे *bibhṛshé* नेनिक्षे *nénikshé*
 3p. बिभृते *bibhṛté* नेनिक्ते *nénikté*
D. 1p. बिभृवहे *bibhṛváhé* नेनिज्वहे *néniǵváhé*
 2p. बिभ्राथे *bibhráthé* नेनिजाथे *néniǵáthé*
 3p. बिभ्राते *bibhrâté* नेनिजाते *néniǵâté*
Pl. 1p. बिभृमहे *bibhṛmáhé* नेनिज्महे *néniǵmáhé*
 2p. बिभृध्वे *bibhṛdhvé* नेनिग्ध्वे *nénigdhvé*
 3p. बिभ्रते *bibhraté*[1] नेनिजते *néniǵaté*

327. Le SUBJONCTIF VÉDIQUE se forme ainsi:

Par. बिभरामि *bibhárâmi*, &c. नेनिजामि *néniǵâmi*, &c.
Atm. बिभरै *bibhárâi*, &c. नेनिजै *néniǵâi*, &c.

328. Le POTENTIEL va régulièrement:

Par. बिभृयाम् *bibhṛyâm*, &c. नेनिज्याम् *néniǵyâm*, &c.
Atm. बिभ्रीय *bibhríya*, &c. नेनिजीय *néniǵîya*, &c.

---

[1] La voyelle ṛ devant une autre voyelle devient r (§ 39).

329.   L'IMPÉRATIF se fléchit de la manière suivante:

Voix active.

S. 1p. बिभराणि *bibhárâṇi*   नेनिजानि *néniǵâni* [1]
   2p. बिभृहि *bibhṛhí* [2]   नेनिग्धि *nénigdhí*
   3p. बिभर्तु *bibhártu*   नेनेक्तु *nénêktu*
D. 1p. बिभराव *bibhárâva*   नेनिजाव *néniǵâva*
   2p. बिभृतम् *bibhṛtâm*   नेनिक्तम् *néniktâm*
   3p. बिभृताम् *bibhṛtâm*   नेनिक्ताम् *néniktâm*
Pl. 1p. बिभराम *bibhárâma*   नेनिजाम *néniǵâma*
   2p. बिभृत *bibhṛtá*   नेनिक्त *néniktá*
   3p. बिभ्रतु *bibhratu*   नेनिजतु *néniǵatu*

Voix moyenne.

S. 1p. बिभरै *bibhárâi*   नेनिजै *néniǵâi*
   2p. बिभृष्व *bibhṛshvá*   नेनिक्ष्व *nénikshvá*
   3p. बिभृताम् *bibhṛtâm*   नेनिक्ताम् *néniktâm*
D. 1p. बिभरावहै *bibhárâvahâi*   नेनिजावहै *néniǵâvahâi*
   2p. बिभ्राथाम् *bibhrâthâm*   नेनिजाथाम् *néniǵâthâm*
   3p. बिभ्राताम् *bibhrâtâm*   नेनिजाताम् *néniǵâtâm*
Pl. 1p. बिभरामहै *bibhárâmahâi*   नेनिजामहै *néniǵâmahâi*
   2p. बिभृध्वम् *bibhṛdhvám*   नेनिग्ध्वम् *nénigdhvám*
   3p. बिभ्रताम् *bibhratâm*   नेनिजताम् *néniǵatâm*

330.   L'INDICATIF de l'IMPARFAIT suit les règles générales:

Voix active.

S. 1p. अबिभरम् *ábibharam*   अनेनिजम् *ánêniǵam*
   2p. अबिभर् *ábibhar*   अनेनेक् *ánênêk*
   3p. अबिभर् *ábibhar*   अनेनेक् *ánênêk*
D. 1p. अबिभृव *ábibhṛva*   अनेनिज्व *ánêniǵva*
   2p. अबिभृतम् *ábibhṛtam*   अनेनिक्तम् *ánêniktam*
   3p. अबिभृताम् *ábibhṛtâm*   अनेनिक्ताम् *ánêniktâm*

---

[1] L'absence du guna, dans les premières personnes de l'impératif, la première personne du singulier et la troisième du pluriel de l'imparfait est une particularité des verbes qui se terminent en consonne.

[2] Comme dans la seconde classe, *hi* se met après les voyelles.

Pl. 1p. अबिभृम *ábibhṛma*   अनेनिज्म *ánêniǵma*
    2p. अबिभृत *ábibhṛta*   अनेनिक्त *ánênikta*
    3p. अबिभरुस् *ábibharus*   अनेनिजुस् *ánêniǵus*

Voix moyenne.

S. 1p. अबिभ्रि *ábibhri*   अनेनिजि *ánêniǵi*
   2p. अबिभृथास् *ábibhṛthâs*   अनेनिक्थास् *ánênikthâs*
   3p. अबिभृत *ábibhṛta*   अनेनित्त *ánênikta*
D. 1p. अबिभृवहि *ábibhṛvahi*   अनेनिज्वहि *ánêniǵvahi*
   2p. अबिभ्राथाम् *ábibhrâthâm*   अनेनिजाथाम् *ánêniǵâthâm*
   3p. अबिभ्राताम् *ábibhrâtâm*   अनेनिजाताम् *ánêniǵâtâm*
Pl. 1p. अबिभृमहि *ábibhṛmahi*   अनेनिज्महि *ánêniǵmahi*
    2p. अबिभृध्वम् *ábibhṛdhvam*   अनेनिग्ध्वम् *ánênigdhvam*
    3p. अबिभ्रत *ábibhrata*   अनेनिजत *ánêniǵata*

331. Le SUBJONCTIF de l'IMPARFAIT (védique) suit aussi ici la règle générale; on formera: *bibharam, bibharas, bibharat, bibharâva,* &c., *nénigam, nénigas,* &c.

332. Dans la langue classique, on ne compte que vingt racines suivant cette flexion; l'idiome védique, qui souvent omet le redoublement, en conjugue d'après elle au moins autant d'autres. Nous devons nous occuper plus spécialement de deux racines très-fréquentes, offrant une grande analogie avec la conjugaison grecque, द्रा *dâ*, donner (*ΔΟ* en grec) et धा *dhâ*, mettre, poser, créer (*ΘΕ*). Elles élident la voyelle radicale dans les formes faibles, c'est-à-dire, presque partout où le grec n'allonge pas le *o* ou le *ε*. Voici la conjugaison de धा *dhâ*: celle de द्रा *dâ* est analogue, on n'a besoin que de remplacer par un द la première lettre ध.

PRÉSENT INDICATIF.

    Voix active.   Voix moyenne.

S. 1p. दधामि *dádhâmi*   दधे *dádhê*
   2p. दधासि *dádhâsi*   धत्से *dhatsé*
   3p. दधाति *dádhâti*   धत्ते *dhatté*

D. 1p. दध्वस् *dadhvás*   दध्वहे *dadhváhê*

  2p. धत्यस् *dhatthás*   दधाथे *dádhâthê*

  3p. धत्तस् *dhattás*   दधाते *dádhâtê*

Pl. 1p. दध्मस् *dadhmás*   दध्महे *dadhmáhê*

  2p. धत्थ *dhattá*   धद्ध्वे *dhaddhvé*

  3p. दधति *dádhati*   दधते *dádhatê*

PRÉSENT POTENTIEL.

S. 1p. दध्याम् *dadhyâm*, &c.   दधीय *dádhîya*, &c.

PRÉSENT IMPÉRATIF.

S. 1p. दधानि *dádhâni*   दधै *dádhâi*

  2p. धेहि *dhêhí*   धत्स्व *dhatsvá*

  3p. दधातु *dádhâtu*   धत्ताम् *dhattâm*

D. 1p. दधाव *dádhâva*   दधावहै *dádhâvahâi*

  2p. धत्तम् *dhattám*   दधाथाम् *dádhâthâm*

  3p. धत्ताम् *dhattâm*   दधाताम् *dádhâtâm*

Pl. 1p. दधाम *dádhâma*   दधामहै *dádhâmahâi*

  2p. धत्त *dhattá*   धद्ध्वम् *dhaddhvám*

  3p. दधतु *dádhatu*   दधताम् *dádhatâm*

IMPARFAIT.

S. 1p. अदधाम् *ádadhâm*   अदधि *ádadhi*

  2p. अदधास् *ádadhâs*   अधत्थास् *ádhatthâs*

  3p. अदधात् *ádadhât*   अधत्त *ádhatta*

D. 1p. अदध्व *ádadhva*   अदध्वहि *ádadhvahi*

  2p. अधत्तम् *ádhattam*   अदधाथाम् *ádadhâthâm*

  3p. अधत्ताम् *ádhattâm*   अदधाताम् *ádadhâtâm*

Pl. 1p. अदध्म *ádadhma*   अदध्महि *ádadhmahi*

  2p. अधत्त *ádhatta*   अधद्ध्वम् *ádhaddhvam*

  3p. अदधुस् *ádadhus*   अदधत *ádadhata*

Nous nous bornons à comparer le grec τίθημι, τίθεμες, δίδωμι, δίδομες. Imp. ἐτίθην, ἐτίθεμες, ἐδίδων, ἐδίδομες.[1]

---

[1] Les grammairiens admettent aussi les deux racines *dadh* et *dad* dont, il est vrai, il existe une forme de parfait.

333. ऋ *ṛ*, aller, fait:

PRÉSENT INDICATIF.　　　　　　　　　POTENTIEL.

iyarmi　　iyarshi　　iyarti　　　　*iyṛyâm*, &c.
iyṛvás　　iyṛthás　　iyṛtás
iyṛmás　　iyṛthá　　iyrati

IMPÉRATIF.　　　　　　　　　　IMPARFAIT.

iyarâṇi　　iyṛhí　　iyartu　　　*áiyaram　　áiyaṛ　　áiyar*
iyarâva　　iyṛtâm　　iyṛtâm　　*áiyṛva　　áiyṛtâm　　áiyṛtâm*
iyarâma　　iyṛtá　　iyṛatu　　　*áiyṛma　　áiyṛta　　áiyarus*

Dans les Védas les deux thèmes sont aussi *ṛṇṛ* et *ṛṇar*.

334. हा *hâ* (par.), abandonner (thème *ǵahâ*), se conjugue irrégulièrement, de même que *hâ* (âtm.), aller (thème *ǵihâ*). Ce
dernier verbe se fléchit comme मा *mâ* (âtm.), mesurer (thème
mimâ). Tous ont de commun la substitution de *i* à *â* dans les
formes faibles. Voici leur conjugaison comparée:

PRÉSENT INDICATIF.

ǵáhâmi　　ǵáhâsi　　ǵáhâti　　　*ǵihê　　ǵihîshê　　ǵihitê*
ǵahîvás　　ǵahîthás　　ǵahîtás　*ǵihîvahê　　ǵihâthê　　ǵihâtê*
ǵahîmás　　ǵahîthá　　ǵáhati　　*ǵihîmahê　　ǵihâthê　　ǵihaté*

POTENTIEL.

ǵahyâm (au lieu de *ǵahîyâm*)　　*ǵihîya*

IMPÉRATIF.

ǵáhâni　　ǵahîhí　　ǵáhâtu　　　*ǵihâi　　ǵihîshva　　ǵihîtâm*
　　　ou *ǵahihí*　　　　　　　　　　　　&c.
　　　&c.

IMPARFAIT.

áǵahâm　　áǵahâs　　áǵahât　　　*áǵihi　　áǵihîthâs　　áǵihîta*
áǵahîva, &c.　　　　　　　　　　*áǵihîvahi*, &c.

335. Quelques formes de *hâ* (*ǵahâ*) peuvent raccourcir la
voyelle *î*, p. e. *ǵahitás*; la même anomalie se montre en भी *bhî*,
avoir peur, on peut dire *bibhîtás* et *bibhitás*. La racine ह्री *hrî*,

avoir honte, substitue *iy* devant les voyelles: ainsi l'on forme *ǵihriyati*, *áǵihriyus* de *hrí*, mais *bibhyati*, *ábibhyus* de *bhî*.

336. जन् *ǵan*, engendrer, élide la voyelle devant les désinences commençant par une voyelle, dans les formes faibles, et fait:

<table>
<tr><td colspan="3">PRÉSENT INDICATIF.</td><td>POTENTIEL.</td></tr>
<tr><td>*ǵaǵánmi*</td><td>*ǵaǵáñsi*</td><td>*ǵaǵánti*</td><td>*ǵaǵanyâm*, &c.</td></tr>
<tr><td></td><td>ou *ǵaǵánishi*</td><td></td><td></td></tr>
<tr><td>*ǵaǵanvás*</td><td>*ǵaǵáthás*</td><td>*ǵaǵáthás*</td><td></td></tr>
<tr><td>*ǵaǵanmás*</td><td>*ǵaǵâtá*</td><td>*ǵáǵñati*</td><td></td></tr>
</table>

IMPÉRATIF.

ǵáǵanâmi	*ǵaǵâhí*	*ǵaǵantu*
ǵáǵanâva	*ǵáǵâtam*	*ǵáǵâtâm*
ǵáǵanâma	*ǵaǵâtá*	*ǵaǵñatu*

IMPARFAIT.

áǵaǵanam	*áǵaǵan*	*áǵaǵan*
áǵaǵanva	*áǵaǵâtam*	*áǵaǵâtâm*
áǵaǵanma	*áǵaǵâta*	*áǵaǵñus*

An devant *t* et *h* se change ici en *â*.

337. भस् *bhas*, briller, élide la voyelle d'après le même principe, et fait au lieu de *babhasati*, *babhasatu*, *ababhasus*: *bhápsati*, *bhápsatu*, *ábhapsus* (§ 55) ou *bápsati*, &c.

338. हु *hu*, sacrifier, montre une irrégularité partielle: on peut dire *ǵuhvás* et *ǵuhmás* au lieu de *ǵuhuvás* et *ǵuhumás*. L'impératif est *ǵuhudhi*, quoique *hu* finisse en voyelle.

339. C'est à cette troisième classe que se rattache la catégorie des verbes intensifs. Dérivés des verbes primitifs, ils commencent par une syllabe réduplicative ayant la voyelle gunifiée ou amplifiée, et sont conjugués ou exactement comme *niǵ*, ou comme *brû* avec le *î* inséré dans les formes fortes (§ 308), p. e. ou *yóyuǵmi* ou *yóyuǵîmi*.

La syllabe réduplicative est accentuée dans les personnes fortes. (Voir la conjugaison §. 547.)

Voici les principales racines de la troisième classe:

gâ, chanter	*sṛ*, aller
dâ, donner	*pṝ*, remplir
dhâ, poser	*vic* (véd.), séparer
mâ, mesurer, retentir, produire	*sac* (véd.), suivre (sequor)
hâ (âtm.), aller	*niǵ*, purifier
hâ (par.), abandonner	*viǵ*, distinguer
ki, connaître	*kit*, connaître
bhî, craindre	*mad*, enivrer
hri, avoir honte	*ǵan*, engendrer
yu, détourner	*dhan*, fructifier
hu, sacrifier	*gam* (véd.), aller
ṛ, aller	*vaç* (véd.), désirer
ghṛ, asperger, briller	*dhish*, retentir
pṛ (véd.), occuper	*vish*, entourer
bhṛ, porter	*bhas*, briller, (véd.) manger

c. Septième classe.

340. La septième classe comprend 24 racines qui insèrent dans les formes faibles la nasale correspondante entre la voyelle et la consonne finale, et dans les formes amplifiées *na* ou *ṇa*; p. e. भिद् *bhid* (lat. *fid, find*), fendre, fait भिन्द् *bhind*, भिनद् *bhinad*, रुध् *rudh*, empêcher, रुन्ध् *rundh*, रुणध् *ruṇdh*, पिष् *pish*, broyer (lat. *pins*), पिंष् *pins*, पिनष् *pinash*.

341. Les racines qui finissent en *t, d* et *dh*, doivent élider dans les formes faibles cette consonne radicale devant *t* et *th*, et peuvent le faire devant *dh*; p. e. on dira *bhinthâs* et *bhintâs*, mais *bhinddhi* et *bindhi*.

342. Les racines suivantes: *bhaṅǵ*, briser (*frag, frang* en latin), *aṅǵ*, oindre (*ung*), *und*, mouiller (*unda* en latin), *indh*, allumer, rejettent dans les formes amplifiées la nasale; ainsi l'on dira *bhanáǵmi*, non *bhanáṅǵmi*, mais *bhaṅǵmás*.

343. Nous choisissons pour paradigmes युज् *yuǵ*, joindre *(jug, jung* en latin, ΖΥΓ en grec), et तृह् *tṛh*, menacer, frapper, couper (lat. *truc, trunc,* all. *droh*). Ce dernier prend irrégulièrement णे *ṇé* dans les formes amplifiées à terminaison consonantique.

Voici le présent:

PRÉSENT INDICATIF.

Voix active.

S. 1p. युनज्मि *yunáǵmi*   तृणेह्मि *tṛṇéhmi*
   2p. युनक्षि *yunákshi*   तृणेक्षि *tṛṇékshi*
   3p. युनक्ति *yunákti*   तृणेढि *tṛṇéḍhi*
D. 1p. युञ्ज्वस् *yuñǵvás*   तृंह्वस् *tṛñhvás*
   2p. युङ्क्थस् *yuṅkthás*   तृण्ढस् *tṛṇḍhás* [1]
   3p. युङ्क्तस् *yuṅktás*   तृण्ढस् *tṛṇḍhás*
Pl. 1p. युञ्ज्मस् *yuñǵmás*   तृंह्मस् *tṛñhmás*
   2p. युङ्क्थ *yuṅkthá*   तृण्ढ *tṛṇḍhá*
   3p. युञ्जन्ति *yuñǵánti*   तृंहन्ति *tṛñhánti*

Voix moyenne.

S. 1p. युञ्जे *yuñǵé*   तृंहे *tṛñhé*
   2p. युङ्क्षे *yuṅkshé*   तृंक्षे *tṛṅkshé*
   3p. युङ्क्ते *yuṅkté*   तृण्ढे *tṛṇḍhé*
D. 1p. युञ्ज्वहे *yuñǵváhê*   तृंह्वहे *tṛñhváhê*
   2p. युञ्जाथे *yuñǵáthê*   तृंहाथे *tṛñháthê*
   3p. युञ्जाते *yuñǵátê*   तृंहाते *tṛñhátê*
Pl. 1p. युञ्ज्महे *yuñǵmáhê*   तृंह्महे *tṛñhmáhê*
   2p. युङ्ग्ध्वे *yuṅgdhvé*   तृण्ढ्वे *tṛṇḍhvé*
   3p. युञ्जते *yuñǵátê*   तृंहते *tṛñhátê*

344. Le lêṭ et le potentiel sont réguliers:

LÊṬ.

Par. युनजामि *yunáǵâmi,* &c.   तृणहामि *tṛṇáhâmi,* &c.
Atm. युनजै *yunáǵâi,* &c.   तृणहै *tṛṇáhâi,* &c.

---

[1] Les seconde et troisième personnes du duel ne peuvent pas être distinguées: *tṛñh + tas,* aussi bien que *tṛñh + thas,* donne *tṛṇḍhás,* comme *duh + tas* et *duh + thas* donnent *dugdhás.* (Voir § 294.)

POTENTIEL.

Par. युञ्ज्याम् *yuṅgyâm*, &c.　　तृण्ह्याम् *tṛñhyâm*, &c.

Atm. युञ्जीय *yuṅgîyá*, &c.　　तृण्हीय *tṛñhîyá*, &c.

345. L'IMPÉRATIF suit le présent:

Voix active.

S. 1p. युनजानि *yunâgâni*　　तृणहानि *tṛṇâhâni*

2p. युङ्धि *yuṅgdhí*　　तृण्ढि *tṛṇḍhí*

3p. युनक्तु *yunâktu*　　तृणेढु *tṛṇéḍhu*

D. 1p. युनजाव *yunâgâva*　　तृणहाव *tṛṇâhâva*

2p. युङ्क्तम् *yuṅktâm*　　तृण्ढम् *tṛṇḍhám*

3p. युङ्क्ताम् *yuṅktâm*　　तृण्ढाम् *tṛṇḍhâm*

Pl. 1p. युनजाम *yunâgâma*　　तृणहाम *tṛṇâhâma*

2p. युङ्क्त *yuṅktá*　　तृण्ढ *tṛṇḍhá*

3p. युनजन्तु *yuṅgántu*　　तृण्हन्तु *tṛñhántu*

Voix moyenne.

S. 1p. युनजै *yunâgâi*　　तृणहै *tṛṇâhâi*

2p. युङ्क्ष्व *yuṅkshvá*　　तृङ्क्ष्व *tṛṅkshvá*

3p. युङ्क्ताम् *yuṅktâm*　　तृण्ढाम् *tṛṇḍhâm*

D. 1p. युनजावहै *yunâgâvahâi*　　तृणहावहै *tṛṇâhâvahâi*

2p. युञ्जाथाम् *yuṅgâthâm*　　तृंहाथाम् *tṛñhâthâm*

3p. युञ्जाताम् *yuṅgâtâm*　　तृंहाताम् *tṛñhâtâm*

Pl. 1p. युनजामहै *yunâgâmahâi*　　तृणहामहै *tṛṇâhâmahâi*

2p. युङ्ध्वम् *yuṅgdhvám*　　तृण्ढम् *tṛṇḍhvám*

3p. युञ्जताम् *yuṅgâtâm*　　तृंहताम् *tṛñhâtâm*

346. L'INDICATIF de l'IMPARFAIT suit les mêmes règles:

Voix active.

S. 1p. अयुनजम् *áyunagam*　　अतृणहम् *átṛṇâham*

2p. अयुनक् *áyunak*　　अतृणेट् *átṛṇêṭ*

3p. अयुनक् *áyunak*　　अतृणेट् *átṛṇêṭ*

D. 1p. अयुञ्ज्व *áyuṅgva*　　अतृंह्व *átṛñhva*

2p. अयुङ्क्तम् *áyuṅktam*　　अतृण्ढम् *átṛṇḍham*

3p. अयुङ्क्ताम् *áyuṅktâm*　　अतृण्ढाम् *átṛṇḍhâm*

Pl. 1p. अयुङ्ग्म *áyungma*   अतृण्ढम *átṛñhma*

2p. अयुङ्क्त *áyunkta*   अतृण्ढ *átṛṇḍha*

3p. अयुङ्गन् *áyungan*   अतृण्हन् *átṛñhan*

Voix moyenne.

S. 1p. अयुङ्गि *áyungi*   अतृण्हि *átṛñhi*

2p. अयुङ्ग्थास् *áyunkthâs*   अतृण्ढास् *átṛṇḍhâs*

3p. अयुङ्क *áyunkta*   अतृण्ढ *átṛṇḍha*

D. 1p. अयुङ्ग्वहि *áyungvahi*   अतृण्ह्वहि *átṛñhvahi*

2p. अयुङ्गाथाम् *áyungâthâm*   अतृण्हाथाम् *átṛñhâthâm*

3p. अयुङ्गाताम् *áyungâtâm*   अतृण्हाताम् *átṛñhâtâm*

Pl. 1p. अयुङ्ग्महि *áyungmahi*   अतृण्ह्महि *átṛñhmahi*

2p. अयुङ्ग्ध्वम् *áyungdhvam*   अतृण्ढ्वम् *átṛṇḍhvam*

3p. अयुङ्गत *áyungata*   अतृण्हत *átṛñhata*

347. Le LEṬ se conjugue selon § 259:

युनजम *yunáǵam*, &c.   तृणहम *tṛṇáham*, &c.

348. Le langage épique forme quelquefois les imparfaits, comme s'ils provenaient d'une racine de la conjugaison moderne, p. e. *áyungam, áyungas, áyungat*, &c.

L'idiome védique se permet d'autres irrégularités encore, p. e. l'insertion d'un *i* dans les formes faibles, et fléchit de cette manière quelques racines qui suivent d'autres normes dans le langage moderne.

Dans les formes amplifiées l'accent est sur la syllabe modifiée, dans les formes faibles sur la désinence (§§ 288, 299).

Voici les verbes appartenant à cette classe:

tanc, tang, contracter	*bhuǵ*, jouir, manger
pṛc, pṛǵ, joindre, toucher	*yuǵ*, joindre
ric, vider	*viǵ*, craindre
vic, séparer	*kṛt*, ceindre
vṛc, vṛǵ, quitter	*und*, mouiller
ang, oindre	*kshud*, broyer
bhang, briser	*khid*, détruire

chid, couper	*rudh*, empêcher
chṛd, jouer, vomir	*pish*, broyer
tṛd, frapper	*çish*, distinguer
bhid, fendre	*his*, frapper
indh, embraser	*tṛh*, tuer
ṛdh, vénérer	

d.   Cinquième et huitième classes.

349.   Les cinquième et huitième classes ne forment, au fond, qu'une seule. La cinquième ajoute *nu* et, dans les flexions amplifiées, *nô* (ou *nu* et *nô*) à la racine pour former le thème, la huitième *u* et *ô*. L'accent se place selon les §§ 288 et 299.

Toutes les racines de cette dernière (à l'exception de *kṛ*, faire) finissent en *n* ou *ṇ*; p. e. *kshiṇ*, tuer, forme *kshiṇu* au lieu de *kshiṇṇu*, *tan*: *tanu* au lieu de *tannu*. La huitième classe n'est donc qu'une subdivision anomale de la cinquième.

Les deux racines *kṛṇv*, faire, et *dhinv*, augmenter, qui forment *kṛṇu*, *kṛṇô*, *dhinu*, *dhinô*, ne sont, en réalité, que les verbes *kṛ* et *dhi* fléchis selon la cinquième classe.

350.   Les racines दम्भ *dambh*, léser, tromper (*dam-num* de *dab-num*), स्कम्भ *skambh*, appuyer, स्कुम्भ *skumbh*, retenir, स्तम्भ *stambh*, appuyer, et स्तुम्भ *stumbh*, stupéfier, élident la nasale et forment *dabhnu*, *dabhnô*, &c.

श्रु *çru*, entendre (*ϰλυ*, *clu*, en goth *hlu*), forme श्रुणु *çṛṇu*, श्रुणो *çṛṇô*.

351.   Les racines fléchies selon la huitième classe, peuvent gunifier les voyelles brèves, p. e. ऋणु forme अर्णु *arṇu* ou ऋणु *ṛṇu*.

352.   Toutes les formes faibles en *m* et *v* peuvent rejeter le *u* du thème, quand une lettre seule précède la voyelle; on ne dit que *çaknu-mâs*, mais *cinumâs* et *cinmâs*, *ṛṇumâs* et *ṛṇmâs*.

353.   Le verbe कृ *kṛ*, faire, se conjugue d'une manière irrégulière, les thèmes étant *kuru* et *karô*; dans la langue védique

cette racine suit la cinquième classe et fait *kṛṇu* et *kṛṇô*. Nous le choisissons comme paradigme avec स्तृ *stṛ*, sterno, στόρνυμι. En voici le PRÉSENT:

Voix active.

S. 1p.	स्तृणोमि *stṛṇômi*		करोमि *karômi* [1]
2p.	स्तृणोषि *stṛṇôshi*		करोषि *karôshi*
3p.	स्तृणोति *stṛṇôti*		करोति *karôti*
D. 1p.	स्तृणुवस् *stṛṇuvás* (ou *stṛṇvás*)		कुर्वस् *kurvás*
2p.	स्तृणुथस् *stṛṇuthás*		कुरुथस् *kuruthás*
3p.	स्तृणुतस् *stṛṇutás*		कुरुतस् *kurutás*
Pl. 1p.	स्तृणुमस् *stṛṇumás* (ou *stṛṇmás* [2])		कुर्मस् *kurmás*
2p.	स्तृणुथ *stṛṇuthá*		कुरुथ *kuruthá*
3p.	स्तृण्वन्ति *stṛṇvánti* [3]		कुर्वन्ति *kurvánti*

Voix moyenne.

S. 1p.	स्तृण्वे *stṛṇvé*		कुर्वे *kurvé*
2p.	स्तृणुषे *stṛṇushé*		कुरुषे *kurushé*
3p.	स्तृणुते *stṛṇuté*		कुरुते *kuruté*
D. 1p.	स्तृणुवहे *stṛṇuváhê*		कुर्वहे *kurváhê*
2p.	स्तृण्वाथे *stṛṇváthê*		कुर्वाथे *kurváthê*
3p.	स्तृण्वाते *stṛṇvâtê*		कुर्वाते *kurvâtê*
Pl. 1p.	स्तृणुमहे *stṛṇumáhê*		कुर्महे *kurmáhê*
2p.	स्तृणुध्वे *stṛṇudhvé*		कुरुध्वे *kurudhvé*
3p.	स्तृण्वते *stṛṇvâtê*		कुर्वते *kurvâtê*

354. Le lêṭ et le potentiel se forment ainsi:

LÊṬ.

Par.	स्तृणवामि *stṛṇavámi*, &c.		करवामि *karavámi*, &c.
Atm.	स्तृणवै *stṛṇavái*, &c.		करवै *karavái*, &c.

---

[1] Au lieu de *karômi* on lit *kurmi* dans le langage épique. L'irrégularité de *kṛ* consiste dans le retranchement de *u* dans plusieurs cas.

[2] En grec le *v* est long dans les mêmes cas, p. e. στόρνῡμι, στόρνῡς, στόρνῡτι, mais στόρνῠμες, στόρνῠμαι, στόρνῠσαι, στόρνῠται.

[3] Après une consonne, *nu* avec une voyelle suivante forme *nuv*, p. e. *âpnuvánti*, *âpnuvé*, &c.

POTENTIEL.

Par. सृणुयाम् *stṛṇuyâm*, &c.   कुर्याम् *kuryâm* &c.
Atm. सृण्वीय *stṛṇvîyá*, &c.   कुर्वीय *kurvîyá*, &c.

355. L'IMPÉRATIF se forme ainsi:

Voix active.

S. 1p. सृणवानि *stṛṇávâni*   करवाणि *karávâni*
   2p. सृणु *stṛṇú*   कुरु *kurú*
   3p. सृणोतु *stṛṇótu*   करोतु *karótu*
D. 1p. सृणवाव *stṛṇávâva*   करवाव *karávâva*
   2p. सृणुतम् *stṛṇutám*   कुरुतम् *kurutám*
   3p. सृणुताम् *stṛṇutâm*   कुरुताम् *kurutâm*
Pl. 1p. सृणवाम *stṛṇávâma*   करवाम *karávâma*
   2p. सृणुत *stṛṇutá*   कुरुत *kurutá*
   3p. सृण्वन्तु *stṛṇvántu*   कुर्वन्तु *kurvántu*

Voix moyenne.

S. 1p. सृणवै *stṛṇávâi*   करवै *karávâi*
   2p. सृणुष्व *stṛṇushvá*   कुरुष्व *kurushvá*
   3p. सृणुताम् *stṛṇutâm*   कुरुताम् *kurutâm*
D. 1p. सृणवावहै *stṛṇávâvahâi*   करवावहै *karávâvahâi*
   2p. सृण्वाथाम् *stṛṇvâthâm*   कुर्वाथाम् *kurvâthâm*
   3p. सृण्वाताम् *stṛṇvâtâm*   कुर्वाताम् *kurvâtâm*
Pl. 1p. सृणवामहै *stṛṇávâmahâi*   करवामहै *karávâmahâi*
   2p. सृणुध्वम् *stṛṇudhvám*   कुरुध्वम् *kurudhvám*
   3p. सृण्वताम् *stṛṇvátâm*   कुर्वताम् *kurvátâm*

356. L'INDICATIF de l'IMPARFAIT suit la règle suivante:

Voix active.

S. 1p. असृणवम् *ástṛṇavam*   अकरवम् *ákaravam*
   2p. असृणोस् *ástṛṇôs*   अकरोस् *ákarôs*
   3p. असृणोत् *ástṛṇôt*   अकरोत् *ákarôt*
D. 1p. असृणुव *ástṛṇuva*   अकुर्व *ákurva*
   2p. असृणुतम् *ástṛṇutam*   अकुरुतम् *ákurutam*
   3p. असृणुताम् *ástṛṇutâm*   अकुरुताम् *ákurutâm*

Pl. 1p. अस्तृणुम *ástṛṇuma* अकुर्म *ákurma*

 2p. अस्तृणुत *ástṛṇuta* अकुरुत *ákuruta*

 3p. अस्तृण्वन् *ástṛṇvan* अकुर्वन् *ákurvan*

Voix moyenne.

S. 1p. अस्तृण्वि *ástṛṇvi* अकुर्वि *ákurvi*

 2p. अस्तृणुथास् *ástṛṇuthâs* अकुरुथास् *ákuruthâs*

 3p. अस्तृणुत *ástṛṇuta* अकुरुत *ákuruta*

D. 1p. अस्तृणुवहि *ástṛṇuvahi* अकुर्वहि *ákurvahi*

 2p. अस्तृण्वाथाम् *ástṛṇvâthâm* अकुर्वाथाम् *ákurvâthâm*

 3p. अस्तृण्वाताम् *ástṛṇvâtâm* अकुर्वाताम् *ákurvâtâm*

Pl. 1p. अस्तृणुमहि *ástṛṇumahi* अकुर्महि *ákurmahi*

 2p. अस्तृणुध्वम् *ástṛṇudhvam* अकुरुध्वम् *ákurudhvam*

 3p. अस्तृण्वत *ástṛṇvata* अकुर्वत *ákurvata*

357. Le LÊṬ de l'IMPARFAIT se forme:

Par. सृणवम् *stṛṇávam*, &c. करवम् *karávam*, &c.

Atm. सृणवे *stṛṇávê*, &c. करवे *karávê*, &c.

358. L'impératif rejette la syllabe *hi* après *nu* qui suit une voyelle, mais partout où la syllabe thématique est précédée d'une consonne, *hi* est rétabli; on dira ainsi *çṛṇú, cinú, tanú, stṛṇú*, mais *tṛpnuhí, âpnuhí, çaknuhí*.

Dans les Védas on lit aussi *çṛṇudhí*, et cette forme représente exactement le grec *νυϑι* en *δείκνυϑι, ζεύγνυϑι*.

359. La nasale *n* devient *ṇ* d'après la règle § 74; le langage classique offre une exception dans la racine *tṛp*, amuser, dont le thème est *tṛpnu*, mais les Védas ont la forme régulière *tṛpṇu*.

Elle doit devenir cérébrale dans quelques verbes composés, lorsque la préposition contient un *r*, après *ántar, nir, parâ, pra, pari*, quand même la racine n'en renferme pas; p. e. *hinómi* donne *prahiṇómi*, &c.

360. Les verbes des deux classes peuvent, dans le langage antique, insérer *a* après le thème faible, p. e. *stṛṇvâmi, stṛṇvasi, stṛṇvati, stṛṇvathas*, &c.

361. Les grammairiens comptent quarante racines appartenant à la cinquième, et dix à la huitième classe; le langage védique qui aime l'insertion d'une nasale pour éviter tout hiatus, en offre davantage, p. e. *i*, aller, *ṛ*, blesser, *tṛsh*, avoir soif *(tṛshnómi*, perse *tushnaumi* p. *tushneh)*.

La syllabe *nu* semble être congénère de la syllabe thématique *nu* qui forme des dérivés primitifs (§. 624; 237°).

Appartiennent à la cinquième classe les verbes:

kshi, frapper, aller	*sagh*, frapper
ci, accumuler	*stigh*, monter
ciri, *ǵiri*, blesser	*aḍ (aḍnu)*, posséder
mi, détruire	*ṛdh*, croître, vénérer
çi, aiguiser	*râdh*, finir
si, lier	*sâdh*, accomplir
hi, aller	*stidh*, attaquer
du, vexer	*âp*, acquérir
dru, *drû*, frapper	*tṛp*, réjouir
çru, entendre	*dambh*, léser
su, extraire le suc	*skambh*, appuyer
sku, couvrir, sauter	*skumbh*, empêcher
dhu, *dhû*, agiter	*stambh*, appuyer
ṛ, *rî*, blesser, aller	*stumbh*, empêcher, stupéfier
kṛ (véd.), *kṛṇv*, faire	*cam*, manger
pṛ, égayer	*dhinv*, augmenter
vṛ, élire, couvrir	*aç*, obtenir
stṛ, *stṝ*, étendre	*aksh*, occuper
spṛ, *stṛ*, *smṛ* (véd.), réjouir	*ṛksh*, frapper
kṝ, *kṛ*, *kṛṇv*, blesser	*taksh*, façonner
tik, *tig*, *tigh*, attaquer	*dhṛsh*, oser
çak, pouvoir	*das*, tourmenter
cagh, frapper	*ah*, embrasser

Voici les dix verbes de la huitième classe:

kṛ, faire	*ṛṇ*, aller

kshaṇ, blesser	*tan*, étendre
kshiṇ, frapper	*man*, comprendre
ghṛṇ, briller	*van*, demander
tṛṇ, paître	*san (shaṇ)*, donner

e. Neuvième classe.

362. La neuvième classe comprend à peu près soixante racines qui ajoutent à la racine dans les formes faibles la syllabe *nî*, et dans les autres *nâ*.

La nasale devient cérébrale selon § 74, excepté dans चुभ *kshubh*, troubler, qui forme *kshubhnî*, tandis que *hêḍh*, n'être pas d'âge pour engendrer, et *mṛḍ*, réjouir, forment *hêḍhṇî* et *mṛḍṇî*.

363. Devant une terminaison vocalique, le *î* de la syllabe thématique s'élide; on dira donc *yunâthê*, *yunánti*, *áyuni*.

La seconde personne de l'impératif est *nîhi* pour les racines se terminant en voyelle, et *ánâ* (oxyton) pour celles qui finissent en consonne.

364. Les racines ज्ञा *ģñâ*, connaître, et कुन्थ *kunth*, souffrir, ग्रन्थ *granth*, lier ensemble, बन्ध *bandh*, lier, मन्थ *manth*, baratter, श्रन्थ *çranth*, relâcher, rejettent la nasale et forment le thème *ģâņî*, *kuthnî*, *grathnî*, &c.

Nous choisissons pour paradigmes de cette classe, à laquelle correspondent les verbes grecs en $\nu\eta\mu\iota$, les deux racines प्री *pri*, aimer (goth. *friyon*), et चुभ *kshubh*, troubler, être ému.

365. PRÉSENT INDICATIF.

Voix active.

S. 1p.	प्रीणामि	*priņámi*	चुभ्नामि	*kshubhnámi*
2p.	प्रीणासि	*priņási*	चुभ्नासि	*kshubhnási*
3p.	प्रीणाति	*priņáti*	चुभ्नाति	*kshubhnáti*
D. 1p.	प्रीणीवस्	*priņîvás*	चुभ्नीवस्	*kshubhnîvás*
2p.	प्रीणीथस्	*priņîthás*	चुभ्नीथस्	*kshubhnîthás*
3p.	प्रीणीतस्	*priņîtás*	चुभ्नीतस्	*kshubhnîtás*

Pl. 1p. प्रीणीमस् *priṇimás*   चुभ्नीमस् *kshubhnimás*

2p. प्रीणीथ *priṇitá*   चुभ्नीथ *kshubhnithá*

3p. प्रीणन्ति *priṇánti*   चुभ्नन्ति *kshubhnánti*

Voix moyenne.

S. 1p. प्रीणे *priṇé*   चुभ्ने *kshubhné*

2p. प्रीणिषे *priṇishé*   चुभ्निषे *kshubhnishé*

3p. प्रीणिते *priṇité*   चुभ्निते *kshubhnité*

D. 1p. प्रीणीवहे *priṇiváhê*   चुभ्नीवहे *kshubhniváhê*

2p. प्रीणाथे *priṇáthê*   चुभ्नाथे *kshubhnáthê*

3p. प्रीणाते *priṇátê*   चुभ्नाते *kshubhnátê*

Pl. 1p. प्रीणीमहे *priṇimáhê*   चुभ्नीमहे *kshubhnimáhê*

2p. प्रीणीध्वे *priṇidhvé*   चुभ्नीध्वे *kshubhnidhvé*

3p. प्रीणते *priṇátê*   चुभ्नते *kshubhnátê*

366. Le LÊṬ se forme en ajoutant la terminaison au thème amplifié:

Par. प्रीणामि *priṇámi*   चुभ्नामि *kshubhnámi*

प्रीणावस् *priṇávas*, &c.   चुभ्नावस् *kshubhnávas*, &c.

Atm. प्रीणै *priṇái*   चुभ्नै *kshubhnái*

प्रीणावहै *priṇávahái*, &c.   चुभ्नावहै *kshubhnávahái*, &c.

Le POTENTIEL se fait régulièrement:

Par. प्रीणीयाम् *priṇiyám*, &c.   चुभ्नीयाम् *kshubhniyám*, &c.

Atm. प्रीणीय *priṇiyá*, &c.   चुभ्नीय *kshubhniyá*, &c.

367. L'IMPÉRATIF offre une irrégularité pour les mots finissant en consonne:

Voix active.

S. 1p. प्रीणानि *priṇáni*   चुभ्नानि *kshubhnáni*

2p. प्रीणीहि *priṇihi*   चुभाण *kshubháṇa*

3p. प्रीणातु *priṇátu*   चुभ्नातु *kshubhnátu*

D. 1p. प्रीणाव *priṇáva*   चुभ्नाव *kshubhnáva*

2p. प्रीणीतम् *priṇitám*   चुभ्नीतम् *kshubhnitám*

3p. प्रीणीताम् *priṇitám*   चुभ्नीताम् *kshubhnitám*

Pl. 1p. प्रीणाम *priṇáma* चुभ्नाम *kshubhnáma*
2p. प्रीणीत *priṇítá* चुभ्नीत *kshubhnítá*
3p. प्रीणन्तु *priṇántu* चुभ्नन्तु *kshubhnántu*

Voix moyenne.

S. 1p. प्रीणै *priṇái* चुभ्नै *kshubhnái*
2p. प्रीणीष्व *priṇíshvá* चुभ्नीष्व *kshubhníshvá*
3p. प्रीणीताम् *priṇítám* चुभ्नीताम् *kshubhnítám*
D. 1p. प्रीणावहै *priṇávahái* चुभ्नावहै *kshubhnávahái*
2p. प्रीणाथाम् *priṇáthám* चुभ्नाथाम् *kshubhnáthám*
3p. प्रीणाताम् *priṇátám* चुभ्नाताम् *kshubhnátám*
Pl. 1p. प्रीणामहै *priṇámahái* चुभ्नामहै *kshubhnámahái*
2p. प्रीणीध्वम् *priṇídhvám* चुभ्नीध्वम् *kshubhnídhvám*
3p. प्रीणताम् *priṇátám* चुभ्नताम् *kshubhnátám*

368. L'INDICATIF de l'IMPARFAIT se fléchit ainsi:

Voix active.

S. 1p. अप्रीणाम् *ápriṇám* अचुभ्नाम् *ákshubhnám*
2p. अप्रीणास् *ápriṇás* अचुभ्नास् *ákshubhnás*
3p. अप्रीणात् *ápriṇát* अचुभ्नात् *ákshubhnát*
D. 1p. अप्रीणीव *ápriṇíva* अचुभ्नीव *ákshubhníva*
2p. अप्रीणीतम् *ápriṇítam* अचुभ्नीतम् *ákshubhnítam*
3p. अप्रीणीताम् *ápriṇítám* अचुभ्नीताम् *ákshubhnítám*
Pl. 1p. अप्रीणीम *ápriṇíma* अचुभ्नीम *ákshubhníma*
2p. अप्रीणीत *ápriṇíta* अचुभ्नीत *ákshubhníta*
3p. अप्रीणन् *ápriṇan* अचुभ्नन् *ákshubhnan*

Voix moyenne.

S. 1p. अप्रीणि *ápriṇi* अचुभ्नि *ákshubhni*
2p. अप्रीणीथास् *ápriṇíthás* अचुभ्नीथास् *ákshubhníthás*
3p. अप्रीणीत *ápriṇíta* अचुभ्नीत *ákshubhníta*
D. 1p. अप्रीणीवहि *ápriṇívahi* अचुभ्नीवहि *ákshubhnívahi*
2p. अप्रीणाथाम् *ápriṇáthám* अचुभ्नाथाम् *ákshubhnáthám*
3p. अप्रीणाताम् *ápriṇátám* अचुभ्नाताम् *ákshubhnátám*

Pl. 1p. अप्रीणीमहि *áprinimahi*   अक्षुभ्नीमहि *ákshubhnimahi*

2p. अप्रीणीध्वम् *áprinidhvam*   अक्षुभ्नीध्वम् *ákshubhnidhvam*

3p. अप्रीणत *áprinata*   अक्षुभ्नत *ákshubhnata*

369. Le SUBJONCTIF de l'IMPARFAIT est assez conforme aux règles connues:

Par. प्रीणाम् *prinâm*   क्षुभ्नाम् *kshubhnâm*

प्रीणाव *prinâva*, &c.   क्षुभ्नाव *kshubhnâva*, &c.

Atm. प्रीणै *prinâi*   क्षुभ्नै *kshubhnâi*

प्रीणावहै *prinâvahâi*, &c.   क्षुभ्नावहै *kshubhnâvahâi*, &c.

370. Les racines ज्या *ǵyâ*, vieillir, et ग्रह *grah*, prendre (de *grabh*, perse *garb*, persan كرفتن), substituent *ǵini*, *ǵinâ* et *grhni*, *grhnâ*.

खव् *khav*, revenir (d'un spectre), forme *khâuni (khuni)*, *khâunâ (khunâ)*; imp. *khâunîhi (khunîhi)*.

371. Une certaine catégorie de verbes raccourcit la longue voyelle radicale devant les *ni* et *nâ* thématiques, ce sont:

ज्री *ǵri*, vieillir, प्ली *pli*, aller, ब्ली *bli*, tenir, री *ri*, mugir, ली *li*, adjoindre, व्ली *vli*, tenir, धू *dhû*, agiter, पू *pû*, purifier, लू *lû*, couper, ऋ *ŕ*, aller, कृ *kŕ*, blesser, गॄ *gŕ*, retentir, जॄ *ǵŕ*, digérer, ज्ॄ *ǵhŕ*, vieillir, दॄ *dŕ*, déchirer, नॄ *nŕ*, conduire, पॄ *pŕ*, remplir, बॄ *bŕ*, cuire, भॄ *bhŕ*, blâmer, मॄ *mŕ*, blesser, वॄ *vŕ*, choisir, स्तॄ *stŕ*, étendre.

Peuvent raccourcir la voyelle les racines suivantes:

क्षी *kshî*, frapper, भ्री *bhrî*, craindre, व्री *vrî*, élire.

Dans les Védas la racine मी *mi*, périr, tuer, forme aussi मिनी *mini* (même *minâmi*) et la racine *vlî* forme *vlini*, *vlinâ*. *Hvŕ* fait *hvŕni*, *hvrni* et *hruni*.

372. Dans les hymnes sacrés on rencontre très souvent des substitutions de *âyá* à la syllabe *ni*, p. e. *grbhâyá*, *mathâyá*, *pushâyá*, *priyâyá*, &c.

Dans le langage des poèmes épiques, la syllabe *ni* des formes faibles est fréquemment remplacée par *na*.

Voici la liste des racines appartenant à cette classe:

ǵnâ, connaître	*pṝ*, remplir, défendre
ǵyâ, vieillir	*bhṝ*, être courbe, blâmer, porter
kshi, kshî, frapper	*mṝ*, blesser
si, lier	*çṝ, çvṝ*, déchirer
krî, acheter	*svṝ, stṝ, sṝ*, frapper
ǵrî, vieillir	*hvṝ*, ployer
prî, aimer	*mṛd*, réjouir
plî, lvî, aller	*hêḍh*, n'être pas d'âge pour en-
brî, bṝ, cuire	*kunth*, souffrir [gendrer
bhrî, craindre, porter	*granth*, attacher
mî, périr, tuer	*manth*, agiter
rî, aller, mugir	*çranth*, relâcher
lî, adjoindre	*mṛd*, broyer
lpi, lyî (?), lvî, id.	*gudh*, être en colère
vlî, blî, aller, porter	*bandh*, lier
çrî, cuire, mêler	*kshubh*, être ému
ku, knu, kû, knû, retentir	*tubh*, frapper
ǵu, exciter	*nabh*, blesser
yu, joindre	*skabh*, appuyer
sku, couvrir, sauter	*skumbh*, empêcher
dhû, agiter	*stabh, stambh*, appuyer
pû, purifier	*stumbh*, empêcher
lû, trancher	*khav*, renaître
ṛ, ṝ, aller	*aç*, manger
vṛ, vṝ, vrî, choisir, couvrir	*kliç*, tourmenter
stṛ, stṝ, étendre	*ish*, répéter, attaquer
kṛ, kṝ, blesser	*kush*, dépouiller
gṝ, retentir	*push*, nourrir
ǵṝ, vieillir, digérer	*prush, plush*, arroser, remplir
ǵhṝ, id.	*mush*, voler
dṝ, déchirer	*vish*, séparer
dhṝ, vieillir	*dhras, udhras*, glaner
nṝ, conduire	*grah, grabh*, prendre

II. FORMATION DES TEMPS GÉNÉRAUX:

A. AORISTE.

373. L'aoriste se forme de sept manières, quoique rarement une racine en emploie plus d'une. Cette circonstance a valu à ce temps le nom d'aoriste multiforme.

Les formes correspondent

> à l'aoriste second grec,
>
> à l'aoriste premier grec,
>
> au plusqueparfait grec,
>
> et au parfait latin, formé, comme le temps sanscrit, de différentes manières.

L'aoriste a l'augment accentué de l'imparfait.

a. Première forme.

374. La première forme ajoute à la racine les terminaisons de l'imparfait de la conjugaison moderne.

Elle diffère de l'imparfait précisément comme diffère la racine du thème (comme en grec ἔτυπον de ἔτυπτον), p. e. सृप् *sṛp*, serpere, forme *sarp* dans les temps spéciaux; l'aoriste sera असृपम् *ásṛpam*, l'imparfait असर्पम् *ásarpam*.

Ainsi se distinguent p. e. de *muc*, abandonner: *ámucam* et *ámuñcam*, de *gam*, aller: *ágamam* et *ágaccham* (voir § 268), de *mad*, être ivre: *ámadam* et *ámādyam*.

375. Les racines se terminant en *i*, *â*, *ê* rejettent la voyelle devant le *a* de la désinence; ainsi *çvi*, croître (lat. *cre-sc*),[1] forme *áçvam*, *dhê*, boire: *ádham*, *khyâ*, appeler: *ákhyam*, *hvê*, appeler: *áhvam*.

376. Un *ṛ* final se change devant la terminaison en *ar*, *ṝ* en *ar* et en *îr*. Les verbes en *ṛ* qui suivent la première conjugaison, ne forment pas leur aoriste de cette manière.

377. Les verbes se terminant en consonne précédée d'une nasale,

---

[1] Comme le sanscrit *çvas* est le latin *cras*, *çvêta*, blanc, *creta*.

élident cette dernière, p. e. *bhrañç*, tomber, forme *ábhraçam*, *çrambh*, être insouciant, *áçrabham*, &c.

378. On range sous cette forme, qui rappelle le second aoriste des Grecs, celles des verbes suivants qui prennent à l'aoriste un thème différent de la racine:

Dṛç, voir, à l'imparfait	*paçy*,	à l'aoriste	*darç*
vac, parler	„	*vac*,	„	*vôc*
radh, blesser	„	*radh*,	„	*randh*
naç, tuer	„	*naçya*,	„	*nêç* ou *naç*
çâs, régner	„	*çâs*,	„	*çish*
as, jeter	„	*as*,	„	*asth*
pat, tomber	„	*pat*,	„	*papt*.

379. Cette flexion est moins usitée à l'âtmanêpadam, et les verbes qui l'emploient dans la voix active, adoptent pour la voix moyenne l'une des autres formes.

La préférence que les anciens Hindous ont donnée aux différentes formes dans les cas spéciaux, est une chose purement arbitraire. L'usage seul est souverain dans cette matière, et quelques racines qui, dans les autres temps, ne se fléchissent que dans la voix moyenne, prennent cette forme de l'aoriste au parasmâipadam et l'une des dernières à l'âtmanêpadam.

Nous prenons pour exemple *sṛp*, ramper.

IMPARFAIT.

अस्मर्पम् *ásarpam*, &c.

AORISTE INDICATIF.

	Voix active.	Voix moyenne.
S. 1p.	अस्मृपम् *ásṛpam*	अस्मृपे *ásṛpê*
2p.	अस्मृपस् *ásṛpas*	अस्मृपथास् *ásṛpathâs*
3p.	अस्मृपत् *ásṛpat*	अस्मृपत *ásṛpata*
D. 1p.	अस्मृपाव *ásṛpâva*	अस्मृपावहि *ásṛpâvahi*
2p.	अस्मृपतम् *ásṛpatam*	अस्मृपेथाम् *ásṛpêthâm*
3p.	अस्मृपताम् *ásṛpatâm*	अस्मृपेताम् *ásṛpêtâm*

Pl. 1p. असृपाव *ásṛpáva*   असृपामहि *ásṛpámahi*
2p. असृपत *ásṛpata*   असृपध्वम् *ásṛpadhvam*
3p. असृपन् *ásṛpan*   असृपन्त *ásṛpanta*

380. Le SUBJONCTIF se forme ou par la perte de l'augment, l'accent étant reporté sur la désinence; ou bien la racine est conjuguée avec les terminaisons du présent ou celles du § 261, p. e.:

Voix active.   Voix moyenne.

सृपामि *sṛpámi*, &c.   सृपे *sṛpé*, &c.

381. Le POTENTIEL se forme régulièrement:

S. 1p. सृपेयम् *sṛpéyam*   सृपेय *sṛpéya*
2p. सृपेस् *sṛpés*   सृपेथास् *sṛpéthâs*
3p. सृपेत् *sṛpét*   सृपेत *sṛpéta*
D. 1p. सृपेव *sṛpéva*   सृपेवहि *sṛpévahi*
2p. सृपेतम् *sṛpétam*   सृपेयाथाम् *sṛpéyâthâm*
3p. सृपेताम् *sṛpétâm*   सृपेयाताम् *sṛpéyâtâm*
Pl. 1p. सृपेम *sṛpéma*   सृपेमहि *sṛpémahi*
2p. सृपेत *sṛpéta*   सृपेध्वम् *sṛpédhvam*
3p. सृपेयुस् *sṛpéyus*   सृपेरन् *sṛpéran*

On appelle cette forme le précatif védique, mais elle se trouve aussi dans le sanscrit classique; ainsi de ज्ञा *ǵnâ* (γνω), savoir, dont l'aoriste serait *áǵnam* (ou *áǵnâm* selon la seconde forme), le potentiel est *ǵnéyam* ou *ǵnéyâm*, &c. (grec γνοίην, γνοίης, &c.): de même *géyam* de *gâi*, chanter, &c.

382. Il existe aussi un IMPÉRATIF, correspondant au même mode du second aoriste grec:

सृपाणि *sṛpáṇi*   सृपै *sṛpâi*
सृप *sṛpá*, &c.   सृपस्व *sṛpásva*, &c.

Le verbe *vac* est usité dans ces modes, accentués ainsi:

    IND. *ávôcam*   *ávôcê*
    SUBJ. *vôcâmi (vôcam)*   *vôcé*
    POT. *vôcéyam*   *vôcéya*
    IMP. *vôcâni*   *vôcâi*

b. Seconde forme.

383. Cette forme, identique au second aoriste des verbes en μι (ἔδων, ἔγνων, &c.), ajoute les désinences à la racine, sans voyelle intermédiaire. Elle n'est guère usitée que pour les racines se terminant en *â*, *ê* et *ô*, et leurs intensifs.

L'âtmanêpadam, exceptées les seconde et troisième personnes du singulier, n'est en usage que dans le langage védique.

On trouve cet aoriste surtout pour les verbes *gâ*, aller, *dâ*, donner, *dhâ*, mettre, *pâ*, boire, *sthâ*, être debout, *dê*, nourrir, *dô*, trancher, *sô*, détruire, *ghrâ*, flairer, *chô*, couper, *çô*, aiguiser, *dhê*, boire, *bhû*, être.

Les racines se terminant en *ê* et *ô* transforment, devant les désinences, les diphthongues en *â*.

La troisième personne du pluriel est *us*, excepté dans le verbe *bhû* et son intensif *bôbhû* qui forment *ábhûvan*, *ábôbhûvan* (ou -*vus*).

384. L'âtmanêpadam est emprunté à la quatrième forme de l'aoriste (§ 402, *b*): mais quoiqu'il ne se montre guères, nous le faisons suivre dans la seconde forme:

Voix active.		Voix moyenne.	
S. 1p.	अदाम् *ádâm*	अदि *ádi*	
2p.	अदास् *ádâs*	अदाथास् *ádâthâs*	
3p.	अदात् *ádât*	अदात *ádâta*	
D. 1p.	अदाव *ádâva*	अदावहि *ádâvahi*	
2p.	अदातम् *ádâtam*	अदाथाम् *ádâthâm*	
3p.	अदाताम् *ádâtâm*	अदाताम् *ádâtâm*	
P. 1p.	अदाम *ádâma*	अदामहि *ádâmahi*	
2p.	अदात *ádâta*	अदाध्वम् *ádâdhvam*	
3p.	अदुस् *ádus*	अदत *ádata*	

385. La racine *bhû* forme: अभूवम् *ábhûvam*, et puis *ábhûs*, *ábhût* (ἔφυν, ἔφυς, ἔφυ), *ábhûvan*.

386. Dans les Védas on trouve aussi des aoristes de la seconde forme de verbes qui se terminent en consonne ou en *r*, p. e.

ánaṭ de *naç*, *ávri* de *vṛ*, *áganvahi* de *gam*, *ávark* de *vṛǵ*, *ákrata*
(3p. pl. âtm.) de *kṛ*, comme *áǵnata* de *ǵnâ*, &c.

387. Le lÊṬ est plus rare; comme dans la conjugaison ancienne, le thème est gunifié et suivi des terminaisons du présent
ou de l'imparfait. On fera *karâmi* ou *karam*, provenant de l'indicatif qui probablement était ainsi formé:

ákaram	*ákar*	*ákar*	*ákri*	*ákṛthâs*	*ákṛta*
ákṛva	*ákṛtam*	*ákṛtâm*	*ákṛvahi*	*ákrâthâm*	*ákrâtâm*
ákṛma	*ákṛta*	*ákran*	*ákṛmahi*	*ákṛdhvam*	*ákrata*

388. Le potentiel ressemble au même mode du présent de la
seconde classe, p. e. *bhûyâm*, *bhûvîyá* (?).

389. L'impÉratif a également des analogies avec celui de la
classe citée, quoiqu'il ait souvent un guna où la règle le proscrit,
p. e. *kárta*, *kártanâ* au lieu de *kṛtá*, *kṛtánâ.* On fera ainsi l'impératif de l'aoriste:

kárâṇi	*kṛdhí*	*kártu*	*kárâi*	*kṛshvá*	*kṛtấm*
kárâva	*kṛtám*	*kṛtấm*	*kárâvahâi*	*krâthấm*	*krâtâm*
kárâma	*kṛtá*	*krátu*	*kárâmahâi*	*kṛdhvám*	*krátâm*

La terminaison *dhi* (ϑι en grec) est généralement employée,
ainsi *çrudhí* (κλῦϑι).

De *bhû* on forme *bhúvâni*, *bhútu*, *bhûtá*, *bhûtâm*, &c.

c. Troisième forme.

390. Cette forme ressemble au plusqueparfait grec, en ce que
le redoublement (voir les règles des §§ 320 et 432–435) est précédé de l'augment. La flexion est celle de l'imparfait de la conjugaison moderne; de *kam*: *ácakamam*, *ácakamê*, de *çri*: *áçiçriyam*,
áçiçriyê, &c.

391. Le redoublement, surtout des verbes de la dixième classe,
n'adopte pas toujours la voyelle du parfait; on met ainsi *i* au
lieu de l'*a* dans la syllabe réduplicative, p. e. *apîpac* de *pac*, et
ácikḷp de *kḷp*. En général, on aime à allonger la voyelle de

cette dernière, quand la racine commence par une simple consonne; dans quelques cas on peut la raccourcir: p. e. on dit *átutûṇam* et *átûtuṇam* de *tûṇ*, *áçiçîlam* et *áçiçilam* de *çil*. Mais l'on dira toujours *átûtulam* de *túl*, *áçiçikam* de *çik*.

392. Dans la formation de ce temps, la voyelle de la racine seule est décisive; p. e. *cur* forme au présent *côráyâmi*, à l'aoriste *acûcuram*, *tiǵ*: *têǵáyâmi* et *átîtiǵam*, *mî*: *mâyáyâmi* et *ámîmayam*.

393. Les racines qui se terminent en *u* ou *û*, et qui ne commencent pas par une sémivoyelle, une labiale ou la palatale *ǵ*, prennent *û*, et devant deux consonnes *u*, les autres prennent *i*; p. e. *pû* (*pâváyâmi*) forme *ápîpavam*, *yu*: *áyîyavê*, *bhû*: *ábîbhavam*; mais on dira de *nu*: *ánûnavam*, de *cyu*: ou *ácicyavam* ou *ácucyavam*.

394. Les racines en *a* qui finissent par deux consonnes, repètent le *a*, ainsi l'on dit *átataksham*, *álalaksham* de *taksh* et *laksh*, *ávavarṇam* de *varṇ*.

Ainsi se forment les causatifs de *smṛ*, se souvenir, *dṝ*, déchirer, *stṝ*, étendre, *prath*, glorifier, *mrad*, broyer, *tvar*, se hâter, *spaç*, manifester, qui ont *ásasmaram*, *ádadaram*, *átastaram*, *ápapratham*, *ámamradam*, *átatvaram*, *ápaspaçam*.

395. Quand la voyelle radicale est *ṛ* ou *ḷ*, deux formes sont possibles: la syllabe réduplicative a ou *i* suivi de la voyelle simple, ou *a* suivi du guna (ou vriddhi), p. e. *ávîvṛdham* ou *ávavardham* de *vṛdh*, *ámîmṛǵam* ou *ámamârǵam* de *mṛǵ*, *ácîkḷpam* ou *ácakalpam* de *kḷp*.

396. Les racines commençant par une voyelle substituent à celle-ci *i* dans la syllabe radicale, en conservant l'augment dans la première syllabe; p. e. *aṭ* (10me classe) forme *áṭ-iṭ-am*, j'allais, *îḍ*: *áiḍ-iḍ-ê*, je célébrais, *âs*: *ấs-is-am*, j'étais assis, *ubǵ*: *áubǵiǵ-am*, je frappais, *arc*: *ấrc-ic-am*, je louais.[1]

---

[1] La voyelle est aussi raccourcie dans les causatifs en *p* de *sthâ*: *sthâpáy*, de *ghrâ*: *ghrâpáy*, de *svap*: *svâpáy*, qui forment *átishṭhipam*, *dǵighripam*, *ásûshupam*.

A vrai dire, la syllabe radicale, c'est la première, et la seconde n'est qu'un redoublement qui suit au lieu de précéder; car de deux consonnes la dernière seule est répétée dans la seconde syllabe, p. e. *ârp-ip-am* de *arp* (causatif de *r̥*), *úrg̣-ug̣-am* de *ûrg̣*, &c.

Ûrṇu, couvrir, forme *durṇunuvam*, *avadhîr*, mépriser, *âvavadhîram*.

397. Les causatifs et dénominatifs suivent cette troisième flexion de l'aoriste; p. e. *kumâray* forme *âcukumâram*.

398. Du reste, les règles sur emploi des voyelles souffrent beaucoup d'exceptions, et à moins de le connaître directement, on n'est jamais sûr de former à priori l'aoriste d'un verbe de la dixième classe.

399. La conjugaison est très-régulière: l'accent, d'ordinaire sur l'augment, est sur la désinence en cas de perte de ce dernier.

Nous choisissons le verbe दृ *dr̥*, déchirer, et la forme *âdadaram* (ἐδεδόϱειν).

<table>
<tr><td colspan="2" align="center">Voix active.</td><td colspan="2" align="center">Voix moyenne.</td></tr>
<tr><td>S. 1p.</td><td>अददरम् *ádadaram*</td><td>अददरे *ádadarê*</td></tr>
<tr><td>2p.</td><td>अददरस् *ádadaras*</td><td>अददरथास् *ádadarathâs*</td></tr>
<tr><td>3p.</td><td>अददरत् *ádadarat*</td><td>अददरत *ádadarata*</td></tr>
<tr><td>D. 1p.</td><td>अददराव *ádadarâva*</td><td>अददरावहि *ádadarâvahi*</td></tr>
<tr><td>2p.</td><td>अददरतम् *ádadaratam*</td><td>अददरेथाम् *ádadarêthâm*</td></tr>
<tr><td>3p.</td><td>अददरताम् *ádadaratâm*</td><td>अददरेताम् *ádadarêtâm*</td></tr>
<tr><td>Pl. 1p.</td><td>अददराम *ádadarâma*</td><td>अददरामहि *ádadarâmahi*</td></tr>
<tr><td>2p.</td><td>अददरत *ádadarata*</td><td>अददरध्वम् *ádadaradhvam*</td></tr>
<tr><td>3p.</td><td>अददरन् *ádadaran*</td><td>अददरन्त *ádadaranta*</td></tr>
</table>

400. Les modes de cette troisième forme se trouvent également dans les Védas.

Le SUBJONCTIF y est formé:

ददराम् *dadárâm*, &c. (§ 261)		ददरे *dadárê*, &c.
ou ददरामि *dadárâmi*, &c.		ou ददरै *dadárâi*, &c.

Le POTENTIEL ainsi:

ददरेयम् *dadaréyam,* &c.　　　ददरेय *dadaréya,* &c.
ou ददर्याम् *daduryâm,* &c.　　ou ददरीय *daduríyá,* &c.

L'IMPÉRATIF:

ददराणि *dadárâṇi*　　　　　ददरै *dadárâi*
ददर *dadára,* &c.　　　　　ददरस्व *daddrasva,* &c.
ou ददर्धि *dadurdhi* (?), &c.　ou ददुर्ष्व *dadurshvâ,* &c.

d.　Quatrième forme.

401.　Cette forme, comme les trois autres, se rapproche du premier aoriste grec et des parfaits latins en *si.* Elle suit, ainsi que les formes cinquième et sixième, les traditions de la conjugaison ancienne.

En voici les terminaisons:

	Voix active.				Voix moyenne.		
S.	*sam*	*sîs*	*sît*	*si*	*sthâs*[2]		*sta*[2]
D.	*sva*	*stam*	*stâm*	*svahi*	*sâthâm*		*sâtâm*
P.	*sma*	*sta*	*sus*[1]	*smahi*	*ddhvam (ḍhvam)*		*sata*

Ces terminaisons rappellent celles de l'imparfait de *as,* être.

402.　Ces terminaisons, altérées selon les lois euphoniques, se joignent à la racine, après lui avoir fait subir les changements suivants:

a.　Dans la voix active:

La voyelle est vriddhifiée, p. e. *nî* forme *ánâi, sku: áskâu, kṛ: ákâr, kship: ákshâip, tud: átâud.*

Le vriddhi des racines renfermant un *ṛ,* est exprimé par *râ* au lieu de *âr;* ainsi: *dṛç* forme *ádrâç, sṛǵ: ásrâǵ, tṛp: átrâp* ou *átârp, dṛp: ádrâp* ou *ádârp, sṛp: ásrâp* ou *ásârp, mṛç: ámrâç* ou *ámârç, spṛç: ásprâç* ou *áspârç, kṛsh: ákrâsh* ou *ákârsh.*

---

[1] Védique *ran* de *san.*
[2] *Thâs, ta* et *dhvam* après toute voyelle brève.

Les racines se terminant en *ê, âi, âu* changent la voyelle
en *â*; p. e. *dhê* forme *âdhâ*, &c.

> *b.* Dans la voix moyenne:

Les racines finissant en consonne ou *ṛ* prennent le thème
simple, p. e. *âkship, âkṛ.* [1]

Celles qui finissent en voyelle, sauf *ṛ*, prennent le guna,
p. e. *ânê, âçê,* &c.

Les racines *dâ, dhâ, sthâ* et *gâi* substituent *âdi, âdhi, âsthi,*
âgî, et de même les racines *dê, dhê* et *dô* prennent *âdi, âdhi, âdi.*

Han, gam, yam forment *âha, âga, âya* ou *âyam.*

Les racines se terminant en *ṛ* substituent après les labiales
ûr, après toute autre consonne *îr*; p. e. *pṛ* forme *âpûr, bṛ*:
âbûr, mais *kṛ*: *âkîr, stṛ*: *âstîr,* &c.

403. Les désinences s'ajoutent directement sans voyelle intermédiaire, et ainsi naîtront toutes les anomalies apparentes, provenant des lois euphoniques; alors le *s* dental deviendra *sh, sta*
et *stha* deviendront *shṭa* et *shṭha* après toute voyelle autre que *a.*

Les consonnes se changeront ainsi (selon §§ 57 – 64, 55, 99):

k, g, gh, c et *s*	deviendront	*ksh*
k, g, c et *st, sth*	„	*kt, kth*
gh et *st, sth*	„	*gdh*
k, g, gh, c et *ddhvam*	„	*gdhvam*
ǵ, ch, ç, sh et *s*	„	*ksh*
ǵ, ch, ç, sh et *st, sth*	„	*shṭ, shṭh*
ǵ, ch, ç, sh et *ddhvam*	„	*ḍḍhvam*
t, th, d, dh, s et *s*	„	*ts*
t, th, d, s et *st, sth*	„	*tt, tth*
t, th, d, dh et *ddhvam*	„	*ddhvam*
dh et *st, sth*	„	*ddh*
p, ph, b, bh et *s*	„	*ps*
p, ph, b et *st, sth*	„	*pt, pth*

---

[1] *Bhṛǵǵ*, cuire, forme également *âbharǵ* et *âbhraǵ.*

bh et *st, sth*	deviendront	*bdh*
p, ph, b, bh et *ddhvam*	„	*bdhvam*
h et *s*	„	*ksh*
h [1] et *st, sth*	„	*ḍh* ou *gḍh*
h et *ddhvam*	„	*ḍhvam* ou *gḍhvam*

Ddhvam après toute voyelle autre que *a* ou *â* doit devenir *ḍhvam*.

404. Nous choisissons, pour paradigmes des verbes se terminant en voyelle, les verbes नी *nî*, conduire, et कृ *kṛ*, faire.

Voix active.

S. 1p.	अनैषम् *ánâishâm*	अकार्षम् *ákârshâm*
2p.	अनैषीस् *ánâishîs*	अकार्षीस् *ákârshîs*
3p.	अनैषीत् *ánâishît*	अकार्षीत् *ákârshît*
D. 1p.	अनैष्व *ánâishva*	अकार्ष्व *ákârshva*
2p.	अनैष्टम् *ánâishṭam*	अकार्ष्टम् *ákârshṭam*
3p.	अनैष्टाम् *ánâishṭâm*	अकार्ष्टाम् *ákârshṭâm*
Pl. 1p.	अनैष्म *ánâishma*	अकार्ष्म *ákârshma*
2p.	अनैष्ट *ánâishṭa*	अकार्ष्ट *ákârshṭa*
3p.	अनैषुस् *ánâishus*	अकार्षुस् *ákârshus*

Voix moyenne.

S. 1p.	अनेषि *ánêshi*	अकृषि *ákṛshi*
2p.	अनेष्ठास् *ánêshṭhâs*	अकृथास् *ákṛthâs* [2]
3p.	अनेष्ट *ánêshṭa*	अकृत *ákṛta* [2]
D. 1p.	अनेष्वहि *ánêshvahi*	अकृष्वहि *ákṛshvahi*
2p.	अनेषाथाम् *ánêshâthâm*	अकृषाथाम् *ákṛshâthâm*
3p.	अनेषाताम् *ánêshâtâm*	अकृषाताम् *ákṛshâtâm*
Pl. 1p.	अनेष्महि *ánêshmahi*	अकृष्महि *ákṛshmahi*
2p.	अनेढ्वम् *ánêḍhvam*	अकृढ्वम् *ákṛḍhvam*
3p.	अनेषत *ánêshata*	अकृषत *ákṛshata*

405. Nous choisissons pour exemples des racines consonantiques बुध् *budh*, reconnaître, et सृज् *sṛǵ*, jeter.

---

[1] En *dah, duh*, voir §§ 62, 294. L'aspiration supprimée à la fin se rejette sur le commencement, voir § 55.

[2] Anomal au lieu de *ákṛshṭhâs, ákṛshṭa* (voir § 401, note [2]).

Voix active.

S. 1p.	अभौत्सम्	*ábhâutsam*
2p.	अभौत्सीस्	*ábhâutsîs*
3p.	अभौत्सीत्	*ábhâutsît*
D. 1p.	अभौत्स्व	*ábhâutsva*
2p.	अबौद्धम्	*ábâuddham*
3p.	अबौद्धाम्	*ábâuddhâm*
Pl. 1p.	अभौत्स्म	*ábhâutsma*
2p.	अबौद्ध	*ábâuddha*
3p.	अभौत्सुस्	*ábhâutsus*

अस्राच्म्	*ásrâksham*
अस्राचीस्	*ásrâkshîs*
अस्राचीत्	*ásrâkshît*
अस्राच्व	*ásrâkshva*
अस्राष्टम्	*ásrâshṭam*
अस्राष्टाम्	*ásrâshṭâm*
अस्राच्म	*ásrâkshma*
अस्राष्ट	*ásrâshṭa*
अस्राचुस्	*ásrâkshus*

Voix moyenne.

S. 1p.	अभुत्सि	*ábhutsi*
2p.	अबुद्धास्	*ábuddhâs*
3p.	अबुद्ध	*ábuddha*
D. 1p.	अभुत्स्वहि	*ábhutsvahi*
2p.	अभुत्साथाम्	*ábhutsâthâm*
3p.	अभुत्साताम्	*ábhutsâtâm*
Pl. 1p.	अभुत्स्महि	*ábhutsmahi*
2p.	अबुद्ध्वम्	*ábuddhvam*
3p.	अभुत्सत	*ábhutsata*

असृचि	*ásṛkshi*
असृष्ठास्	*ásṛshṭhâs*
असृष्ट	*ásṛshṭa*
असृत्वहि	*ásṛkshvahi*
असृचाथाम्	*ásṛkshâthâm*
असृचाताम्	*ásṛkshâtâm*
असृच्महि	*ásṛkshmahi*
असृड्ढ्वम्	*ásṛḍḍhvam*
असृचत	*ásṛkshata*

Le *s* suivi de *t* ou *th* est élidé également dans les verbes finissant en *k, g, p, b*; p. e. on dit अचैप्त *ákshâipta*, अपाक्त *ápâkta*, au lieu de: *ákshâipsta, ápâksta*, &c. (§ 99).

406. Quelques racines, peu usitées du reste, ne prennent ni guna ni vriddhi, p. e. *ku, kû*, appeler, *ákusham, ákushi, gu*, vider, *águsham, águshi, dhru, dhrû*, être ferme, *nu*, louer, et la plupart de celles qui finissent en *ḍ*.

Des formations exceptionnelles sont celles

de *maǵǵ*, mergi: *mâṅǵ (mâṅk)*

     nah, lier: *nâdh* (parasm.), *nadh* (âtm.)

     dî (âtm.), périr: *dâ*.

Vah (*veh*, ἔχ) et *sah* (ἔχ, ἔχ en ἔξω), porter, forment l'un dans la voix active, l'autre dans la voix moyenne:

ávâksham	*ávâkshîs*	*ávâkshît*	*ásâkshi*	*ásôḍhâs*	*ásôḍha*
ávâkshva	*ávôḍham*	*ávôḍhâm*	*ásâkshvahi*	*ásâkshâthâm*	*ásâkshâtâm*
ávâkshma	*ávôḍha*	*ávâkshus*	*ásâkshmahi*	*ásôḍhvam*	*ásâkshata*

407. Les modes sont tous en usage. Le SUBJONCTIF se forme et par la perte de l'augment, et par les terminaisons du présent ou celles du § 291 ajoutées au thème de l'âtmanêpadam:.

नेषम् *nâisham (nâishâm),* &c.   नेषि *néshi (nêshi),* [1] &c.

नेषामि *néshâmi,* &c.   नेषे *néshê,* &c.

Le POTENTIEL:

नेष्याम् *néshyâm,* &c.   नेषीय *néshîya,* &c.

L'IMPÉRATIF:

नेषाणि *néshâni*   नेषै *néshâi*

नेष (?) *nésha*   नेष्व *néshva*

नेष्टु *néshṭu* et   नेष्टाम् *néshṭâm,* &c.

नेषतु *néshatu,* &c.

408. La quatrième forme de l'aoriste est une des plus usitées, car presque toutes les racines finissant en voyelle l'admettent.[2] Elle rappelle la formation des parfaits latins tels que *veho, vec-si, rego, rec-si, scribo, scrip-si,* que l'on ne peut pas rapprocher du parfait sanscrit.

e. Cinquième forme.

409. Cette forme est la plus usitée de toutes; en principe, elle est la règle. Il y a même un grand nombre de racines qui se servent de cette flexion concurremment avec l'une des six autres. Elle est en usage pour les intensifs et désidératifs.

---

[1] L'accent est incertain, il se place aussi bien sur la syllabe radicale, que sur la terminaison.

[2] Pour les racines finissant en consonne, voyez la liste § 477, 2°. Celles en *ǵ* qui forment le futur composé en *ktâ*, font de *ǵ* et de *st, sth: kt, kth,* p. e. de *yuǵ: áyukthâs, áyukta.*

Elle ne diffère de la quatrième forme que par l'insertion d'un *i* ou *î* entre le thème et la terminaison.

410. En voici les terminaisons:

	Voix active.			Voix moyenne.		
S.	*isham*	*îs*	*ît*	*ishi*	*ishthâs*	*ishta*
D.	*ishva*	*ishtam*	*ishtâm*	*ishvahi*	*ishâthâm*	*ishâtâm*
Pl.	*ishma*	*ishta*	*ishus*	*ishmahi*	*idhvam*	*ishata*

Quelquefois la voyelle *i* est remplacée par *î* (voir §§ 413, 415).

411. Les racines se terminant en voyelle prennent le vriddhi à la voix active, et le guna à l'âtmanêpadam; p. e. पू *pû*, purifier, forme *âpâv-isham*, *âpav-ishi*, स्वृ *svṛ*, retentir: *âsvâr-isham*, *âsvar-ishi*, योयु *yôyu*, intensif de *yu*: *âyôyâv-isham*, *âyôyav-ishi*, &c.

412. Les racines finissant en consonne prennent dans l'une et dans l'autre voix le guna, p. e. शुच् *çuc*, être pur: *âçôc-isham*, *âçôc-ishi*, विद् *vid*, savoir: *âvêd-isham*, *âvêd-ishi*, &c.

Le guna est soumis aux règles qui régissent la première classe (§ 265); une voyelle longue et une voyelle brève allongée par position ne reçoivent pas ordinairement cette amplification; p. e. क्रीड् *krîḍ*, jouer, forme *âkrîḍ-isham*, तञ्च् *tanc*, contracter: *âtanc-isham*, तृृह् *tṛṅh*, frapper: *âtṛṅh-isham*.

413. Les verbes finissant en *ṛ* et *vṛ*, couvrir, peuvent prendre, et à l'âtmanêpadam seul, les voyelles intermédiaires *i* et *î*, avec le guna de la voyelle radicale, p. e. *tṛ*, franchir: *âtar-ishi* ou *âtar-îshi*, *vṛ*: *avar-ishi* ou *âvar-îshi*.

414. Les racines qui renferment un *a* entre deux consonnes et qui ne finissent pas par deux consonnes, peuvent, au parasmâipadam seul, ou vriddhifier la voyelle ou la conserver: ainsi l'on dit de *paṭ*, lire: *âpâṭ-isham* et *âpaṭ-isham*.

Les verbes en *r* et *l* prennent toujours le vriddhi, ainsi que *vad* (par.), parler, et *vraǵ* (par.), aller, p. e. *âǵvâl-isham*, *âvâd-isham*, &c.

Les verbes en *m*, *y*, *h* ne prennent jamais le vriddhi.

Quelques verbes de la sixième classe, et beaucoup de ceux qui se terminent en *t* et *d*, ne prennent pas de guna.

415. Nous notons, parmi d'autres anomalies, les verbes suivants:

çvi, croître,	forme partout		*áçvayish*
ǵâgṛ, veiller	”	”	*áǵâgarish*
dîdhî, luire	”	”	*ádîdhayish*
vêvî, aller, concevoir	”	”	*ávêvayish*
nû, louer	”	”	*ánuvish*
dhû, agiter	”	”	*ádhuvish*
dhrû, être ferme	”	”	*ádhruvish*
gû, aller à la selle	”	”	*águvish*
kû, retentir	”	”	*ákuvish*
mṛǵ, essuyer	”	”	*ámârǵish*
han, tuer	”	”	*ávadhish*
ûrṇu, couvrir	”	”	*áurṇâvish*
			áurṇavish
			áurṇuvish
grah, prendre	”	”	*ágrahîsh* (§ 410)

416. L'augment suit les règles ordinaires; seulement *at*, aller, le retranche et forme *átisham*.

417. La terminaison *idhvam* peut devenir *iḍhvam* dans toutes les racines qui finissent par une voyelle autre que *â*, ou par une diphthongue, ou qui se terminent en *y*, *r*, *l*, *h*.

Dans les Védas *isham* est souvent contracté en *îm*.

418. L'accent, dans les formes non augmentées, tombe ou sur la première syllabe du thème, ou sur la première syllabe derrière le *i*. Le singulier du parasmâipadam n'admet que la première accentuation.

Exemples: *úpâvisham*, *pâvisham*, mais *ápâvishus*, *pâvishus*, *pâvishús*.

419. Les paradigmes seront पू *pû*, purifier, et विद् *vid*, savoir:

	Voix active.	Voix moyenne.
S. 1p.	अपाविषम् *ápávisham*	अपविषि *ápavishi*
2p.	अपावीस् *ápávís*	अपविष्ठास् *ápavishthâs*
3p.	अपावीत् *ápávít*	अपविष्ट *ápavishṭa*
D. 1p.	अपाविष्व *ápávishva*	अपविष्वहि *ápavishvahi*
2p.	अपाविष्टम् *ápávishṭam*	अपविषाथाम् *ápavishâthâm*
3p.	अपाविष्टाम् *ápávishṭâm*	अपविषाताम् *ápavishâtâm*
Pl. 1p.	अपाविष्म *ápávishma*	अपविष्महि *ápavishmahi*
2p.	अपाविष्ट *ápávishṭa*	अपविड्ढ्वम् *ápavidhvam*
3p.	अपाविषुस् *ápávishus*	अपविषत *ápavishata*
S. 1p.	अवेदिषम् *ávêdisham*	अवेदिषि *ávêdishi*
2p.	अवेदीस् *ávêdîs*	अवेदिष्ठास् *ávêdishthâs*
3p.	अवेदीत् *ávêdît*	अवेदिष्ट *ávêdishṭa*
D. 1p.	अवेदिष्व *ávêdishva*	अवेदिष्वहि *ávêdishvahi*
2p.	अवेदिष्टम् *ávêdishṭam*	अवेदिषाथाम् *ávêdishâthâm*
3p.	अवेदिष्टाम् *ávêdishṭâm*	अवेदिषाताम् *ávêdishâtâm*
Pl. 1p.	अवेदिष्म *ávêdishma*	अवेदिष्महि *ávêdishmahi*
2p.	अवेदिष्ट *ávêdishṭa*	अवेदिड्ढ्वम् *ávêdidhvam*
3p.	अवेदिषुस् *ávêdishus*	अवेदिषत *ávêdishata*

420.   Voici le SUBJONCTIF:

पाविषामि *pávishâmi*, &c.   पाविषे *pávishê*, &c.
ou पाविषम् *pávisham*, &c.   ou पविषि *pavishí*, &c.

Le POTENTIEL:

पाविष्याम् *pávishyấm* (?), &c.   पाविषीय *pávishîya*, &c.

L'IMPÉRATIF:

पाविषाणि *pávishâṇi*   पाविषै *pávishâi*, &c.
पाविड्ढि *páviḍḍhí*   ou पविषे *pavishâi*, &c.
पाविष्टु *pávishṭu*
पाविषाव *pávishâva*
पाविष्टम् *pávishṭam*
पाविष्टाम् *pávishṭâm*

पाविषाम *pâvishâma*
पाविष्ट *pâvishṭá*
पाविषन्तु *pâvishántu*

Quelquefois l'impératif suit la conjugaison moderne.

f. Sixième forme.

421. Cette forme est le développement de la cinquième, le thème *ish* étant joint par un *s* à la racine.

Seulement les verbes en *â* et en diphthongues qui changent en *â* devant *s*, et les trois verbes *yam*, dompter, *nam*, incliner, *ram*, réjouir, adoptent cette forme qui n'a pas de voix moyenne.

422. En voici les terminaisons:

Voix active.

sisham	*sîs*	*sît*
sishva	*sishṭam*	*sishṭâm*
sishma	*sishṭa*	*sishus*

Dans les Védas, on lit au lieu de *sîs* et *sît* simplement *s*.

423. Les racines finissant en *ê*, *ô*, *âi* changent la diphthongue en *â*; p. e. *sô*, détruire, fait *âsâ-sisham*, *kshâi*, dépérir: *âkshâ-sisham*.

Cette classe appartient aussi aux dénominatifs en *â*, p. e. *mâlâ: âmâlâsisham*, *daridrâ: âdaridrâsisham*.

Les verbes *cây*, vénérer, *pyây*, être gras, *sphây*, être épais, forment *âcâ-sisham*, *âpyâ-sisham*, &c.

Les verbes *mi*, détruire, et *mî*, tuer, forment *âmâsisham*.

424. Nous choisissons les paradigmes ज्ञा *gñâ*, savoir, et रम् *ram*, réjouir:

Voix active.

S. 1p.	अज्ञासिषम् *ágñâsisham*	अरंसिषम् *árañsisham*
2p.	अज्ञासीस् *ágñâsîs*	अरंसीस् *árañsîs*
3p.	अज्ञासीत् *ágñâsît*	अरंसीत् *árañsît*

D. 1p. अग्नासिष्व *ágnâsishva*   अरंसिष्व *árañsishva*

   2p. अग्नासिष्टम् *ágnâsishṭam*   अरंसिष्टम् *árañsishṭam*

   3p. अग्नासिष्टाम् *ágnâsishṭâm*   अरंसिष्टाम् *árañsishṭâm*

Pl. 1p. अग्नासिष्म *ágnâsishma*   अरंसिष्म *árañsishma*

   2p. अग्नासिष्ट *ágnâsishṭa*   अरंसिष्ट *árañsishṭa*

   3p. अग्नासिषुस् *ágnâsishus*   अरंसिषुस् *árañsishus*

L'accent suit les règles du § 418.

425. Les modes sont très-rares, et la plupart des exemples sont douteux.

Le SUBJONCTIF semble se former par *sishmi, sishshi, sishṭi*.

Le POTENTIEL se montre surtout à l'âtmanêpadam qui n'existe plus pour cette forme dans le sanscrit classique.

ग्नासिष्याम् *gnâsishyâm*, &c.   ग्नासिषीय *gnâsishîyá*, &c.

L'IMPÉRATIF ne paraît pas exister.

g. Septième forme.

426. La septième forme ajoute un *s* au thème simple, et se fléchit à peu près comme un imparfait de la conjugaison moderne. Voici la conjugaison:

	Voix active.			Voix moyenne.	
S. *sam*	*sas*	*sat*	*si*	*sathâs*	*sata*
D. *sâva*	*satam*	*satâm*	*sâvahi*	*sâthâm*	*sâtâm*
P. *sâma*	*sata*	*san*	*sâmahi*	*sadhvam*	*santa*

427. Cette forme n'est appliquée qu'aux verbes finissant en *ç*, *sh* et *h*, et ne contenant pas la voyelle *a*, p. e. *diç*, montrer, *mrç*, toucher, *viç*, entrer, *dvish*, haïr, *dih*, polluer, *duh*, traire, *mih*, pisser, *lih*, lécher, *guh*, cacher; mais *dah*, brûler, fait selon la quatrième forme *ádhâksham*.

La dernière lettre devient *k*, et avec *s*: *ksh*, ainsi l'on dira *ádiksham*, *ámrksham*, *áviksham*, *ádviksham*, *ádhiksham*, *ádhuksham*, *ághuksham*, &c.

Le paradigme sera दिश् *diç*, annoncer (*ádiksham*, ἔδειξα, *dixi*).

<table>
<tr><td colspan="2" align="center">Voix active.</td><td align="center">Voix moyenne.</td></tr>
<tr><td>S. 1p.</td><td>अदिक्षम् ádiksham</td><td>अदिक्षि ádikshi</td></tr>
<tr><td>2p.</td><td>अदिक्षस् ádikshas</td><td>अदिक्षथास् ádikshathâs</td></tr>
<tr><td>3p.</td><td>अदिक्षत् ádikshat</td><td>अदिक्षत ádikshata</td></tr>
<tr><td>D. 1p.</td><td>अदिक्षाव ádikshâva</td><td>अदिक्षावहि ádikshâvahi</td></tr>
<tr><td>2p.</td><td>अदिक्षतम् ádikshatâm</td><td>अदिक्षाथाम् ádikshâthâm</td></tr>
<tr><td>3p.</td><td>अदिक्षताम् ádikshatâm</td><td>अदिक्षाताम् ádikshâtâm</td></tr>
<tr><td>Pl. 1p.</td><td>अदिक्षाम ádikshâma</td><td>अदिक्षामहि ádikshâmahi</td></tr>
<tr><td>2p.</td><td>अदिक्षत ádikshata</td><td>अदिक्षध्वम् ádikshadhvam</td></tr>
<tr><td>3p.</td><td>अदिक्षन् ádikshan</td><td>अदिक्षन्त ádikshanta</td></tr>
</table>

428. Les verbes *dih*, *duh*, *lih* et *guh* peuvent élider le *sa* devant une consonne à l'âtmanêpadam; ainsi au lieu de *ághukshathâs*, *ághukshata*: *ágûdhâs*, *ágûdha*, au lieu *ádhukshathâs*, *ádhukshata*: *adugdhâs*, *adugdha*, &c.

429. Dans les formes sans augment l'accent tombe sur la syllabe après *sh*, p. e. *ádikshi*, mais *dikshí*.

430. Les modes se trouvent rarement; ils seraient régulièrement formés:

SUBJONCTIF.

दिक्षामि *dikshámi*, &c.   दिक्षै *dikshé*, &c.

POTENTIEL.

दिक्षेयम् *dikshéyam*, &c.   दिक्षेय *dikshéya*, &c.

IMPÉRATIF.

दिक्षाणि *dikshâni*   दिक्षै *dikshái*

दिक्ष *dikshá*, &c.   दिक्षस्व *dikshásva*, &c.

Voilà toutes les formes de l'aoriste; l'idiome des Védas nous en montre encore d'autres qui ne peuvent être rangées parmi celles que nous avons énumérées.

B. PARFAIT.

431. Le parfait correspond exactement au parfait grec et à l'imparfait germanique, quelquefois aussi au parfait latin. Son

caractère distinctif est le redoublement, dont nous avons déjà
exposé le principe au § 320.

432. Les racines commençant par une consonne repètent la
consonne ou son représentant (§ 320) avec la voyelle raccourcie
(*r* et *r̂* sont remplacés par *a*); p. e. *kr* forme *cakr*, *hêḍ: ǵihêḍ*,
ḍhâuk: ḍuḍhâuk, tr̂: tatar. *Dyut* forme *didyut*.

433. Les racines commençant par une consonne double repètent
la première, quand celle-ci n'est pas un *s*; p. e. *kram* forme
cakram, kliç: cikliç, ghrâ: ǵaghrâ, tras: tatras, bhram: babhram.

434. Les racines commençant par *s (sh), ç* suivie d'une consonne
muette, repètent la seconde lettre du groupe; p. e. *stambh* forme
tastambh, sthâ: tasthâ, skambh: caskambh, sku: cusku, spr̂ç: paspr̂ç,
sphur: pusphur, stu: tushṭu, çcut: cuçcut.

Un *s, sh, ç* suivi d'une nasale ou d'une sémivoyelle est ré-
pété, p. e. *smi: sismi, snih: sishṇih, çru: çuçru*.

435. Les racines commençant par des voyelles redoublent ainsi:
a bref devant une consonne devient *â*, p. e. *as: âsa*

a	„	„	deux consonnes	„	*âna*, p. e. *aṅg: ânaṅg*
i	„	„	une consonne	„	*iyê, î*, p. e. *ish: iyêsh, îsh*
u	„	„	„	„	„	*uvô, û*, p. e. *ush: uvôsh, ûsh*
r	„	„	„	„	„	*ânr̂*, p. e. *r̂dh: ânr̂dh*.

Les racines commençant par une voyelle longue de nature ou
de position, autre que *a*, emploient le parfait périphrastique (§ 462).

Â devant une consonne ne change ordinairement pas.

436. Le parfait a des formes fortes et des formes faibles; les
premières se restreignent au singulier du parasmâipadam.

L'amplification se fait par le guna ou par le vriddhi de la syllabe
radicale; p. e. *kr* forme *cakâra, kliç: cikléça, tud: tutóda*, &c.

437. Les terminaisons sont:

	Voix active.			Voix moyenne.		
S.	*a*	*itha*	*a*	*é*	*ishé*	*é*
D.	*ivâ*	*âthus*	*âtus*	*ivâhê*	*âthê*	*âtê*
Pl.	*imâ*	*â*	*ús*	*imâhê*	*idhvé*	*iré*

438. Les verbes *dru*, couler, *çru*, entendre, *stu*, louer, *sru*, couler, *kṛ*, faire, *bhṛ*, porter, *vṛ*, couvrir, *sṛ*, aller, ne prennent pas d'*i* dans les personnes faibles, et changent le *d* dental de la terminaison *dhvé* en *ḍ* cérébral, p. e. *cakṛvá*, *cakṛḍhvé*, *babhṛmáhê*, *babhṛḍhvé*, *babhṛré*.

439. La seconde personne du parasmâipadam est une des formes les moins fixes de la grammaire sanscrite, quant à la forme et quant à l'accent. Souvent *tha* est ajoutée au thème sans voyelle; fréquemment aussi le *i* se trouve, ainsi l'on a *dadarçitha* et *dadráshṭha*, *daditha* et *dadấtha*, *cicayitha (cicê + itha)* et *cicétha*, *mamaǵǵitha* et *mamáṅktha*, &c.

Les formes qui conservent l'*i* intermédiaire peuvent généralement être accentués sur chacune des syllabes, p. e. *cicayitha*, *cicáyitha*, *cicayitha* et *cicayithá*; les autres sont paroxytons.

440. Les verbes *tañc*, *vraçc*, *aṅǵ* (oindre VII), *mṛǵ*, *klid*, *syand*, *radh*, *sidh*, *kḷp*, *gup*, *tṛp* (IV), *trap*, *dṛp*, *ksham*, *aç*, *kliç* (IX), *naç* (IV), *aksh*, *taksh*, *tvaksh*, *gâh*, *guh*, *glah*, *gṛh*, *tṛh* et *tṛ̃h*, *druh*, *bṛh*, *vṛh*, *mâh*, *muh*, *stṛh*, *stṝh*, *snih*, *snuh* peuvent retrancher le *i* de la terminaison.

Dans ce cas, la terminaison *dhvé* devient *ḍhvé*.

Ainsi l'on dit *cakshamivâhê* ou *cakshaṇvâhê*, *ǵagṛhidhvé* ou *ǵaghṛḍhvé*, *dudrôhitha*, *dudrógdha* ou *dudróḍha*, &c.

441. La lettre *d* de *idhvé* peut être cérébralisée, quand *idhvé* suit un thème finissant ou par une voyelle autre que *a*, ou par *y*, *r*, *l*, *v*, *h*.

Ainsi l'on dit *cicyiḍhvé* ou *cicyidhvé*, *ǵagṛhiḍhvé* ou *ǵagṛhidhvé* ou *ǵagṛḍhvé*.

442. Les verbes finissant en voyelle peuvent prendre à la première personne le *vriddhi* ou le *guna*, dans la troisième ils doivent prendre le *vriddhi*; p. e. *ni*, conduire, forme 1p. *ninấya* et *nináya*, mais la troisième personne toujours *ninấya*, *stu*: 1p. *tushṭấva* et *tushṭáva*, 3p. toujours *tushṭấva*.

443. La voyelle *i* ne se fond pas avec un *i* ou *î* radical, mais change ce dernier en *y*; p. e. *cici*+*iva* ne forme pas *ciciva*, mais *cicyiva*. Après deux consonnes on mettra *iy*, p. e. de *krî*: *cikriyivá*.

U et *û* radical se change toujours en *uv* devant les voyelles: p. e. *çuçru* et *us* forme *çuçruvús*; *ṛ* devient *ar*, *ṛ* après une seule consonne *r*, après deux *ar*; p. e. on fait *tastar - ivá* de *stṛ*, *cakrús* de *kṛ*, *sasmarús* de *smṛ*.

444. Les racines finissant en *â*, *ê*, *ô*, *âi*, changent la voyelle dans les première et troisième personnes du sing., en *âu*; p. e. *gâi* forme *gagâu*, *dhâ*: *dadhâu*, *hâ*: *gahâu*, *yâ*: *yayâu*, *khyâ*: *cakhyâu*.

Dans la seconde, elles rejettent ou l'*i* intermédiaire ou l'*â* radical, p. e. *gagâtha* ou *gagitha*, *dadhâtha* ou *dadhitha*, *yayâtha* ou *yayitha*.

Dans les autres cas, la voyelle-radicale est tout simplement élidée devant toute voyelle, p. e. *dad-ivá*, *yay-âtus*, *yay-ús*.

445. Les racines finissant en simple consonne précédée de *i*, *u*, *ṛ*, prennent le guna dans les personnes fortes, p. e. *klid*: *cikléda*, *sphur*: *pusphóra*, *tup*: *tutópa*, *sṛp*: *sasárpa*.

Dans les autres personnes, la voyelle radicale est conservée.

Les racines se terminant en consonne, précédée d'une voyelle longue, conservent cette dernière, et la voyelle brève devant deux consonnes est respectée (§ 265).

446. Les racines, commençant par une consonne et renfermant la lettre *a* devant une simple consonne, ont le vriddhi ou le guna à la première, et le vriddhi à la troisième personne; p. e. *tan* forme 1 p. *tatána* ou *tatána*, 3 p. *tatána*.

447. Dans les personnes faibles, le redoublement est supprimé: les deux syllabes, mues par *a*, sont contractées en une seule, mue par *ê*, dans tous les verbes dont les consonnes initiales et finales sont simples, et dont la consonne initiale n'est ni *v*, ni remplacée par une autre dans le redoublement. La seconde personne du singulier a l'un et l'autre thème. P. e.: *tatántha* et *ténitha*, *ténivá* pour *tatanivá*, mais *cakramivá* et non *krémiva*.

Exceptions: *dad*, donner, et *çaç*, sauter, qui forment *çaçaçivá*, *dadadivá*.

448. Suivent la flexion en *ê* contre la règle § 447:

phal, *bhaǧ*, *trap*, *grath* et *çrath* qui forme *phêlivá*, *bhêǧivá*, *trêpivá*, &c.

Râdh (seulement dans la signification de nuire) forme *rêdhivá* et *tṛ̂*: *têrivá*.

449. Peuvent prendre l'une et l'autre forme contrairement à § 447:

tras, *bhram*, *çyam*, *phaṇ*, *vam*, *svan*, *râǧ*, *bhrâǧ*, *bhrâç*, *bhlâç*; p. e. on dira: *tatrasivá* et *trêsivá*, &c.

450. Les paradigmes des verbes commençant par les voyelles *i* et *u* seront इष् *ish*, souhaiter, et उष् *ush*, brûler.

Voix active.

S.	1p.	इयेष *iyésha*	उवोष *uvósha*
	2p.	इयेषिथ *iyêshitha*	उवोषिथ *uvôshitha*
	3p.	इयेष *iyésha*	उवोष *uvósha*
D.	1p.	ईषिव *íshivá*	ऊषिव *úshivá*
	2p.	ईषथुस् *ísháthus*	ऊषथुस् *úsháthus*
	3p.	ईषतुस् *íshátus*	ऊषतुस् *úshátus*
Pl.	1p.	ईषिम *íshimá*	ऊषिम *úshimá*
	2p.	ईष *íshá*	ऊष *úshá*
	3p.	ईषुस् *íshús*	ऊषुस् *úshús*

Voix moyenne.

S.	1p.	ईषे *íshé*	ऊषे *úshé*
	2p.	ईषिषे *íshishé*	ऊषिषे *úshishé*
	3p.	ईषे *íshé*	ऊषे *úshé*
D.	1p.	ईषिवहे *íshiváhê*	ऊषिवहे *úshiváhê*
	2p.	ईषाथे *ísháthê*	ऊषाथे *úshấthê*
	3p.	ईषाते *íshấtê*	ऊषाते *úshấtê*
Pl.	1p.	ईषिमहे *íshimáhê*	ऊषिमहे *úshimáhê*
	2p.	ईषिध्वे *íshidhvê*	ऊषिध्वे *úshidhvê*
	3p.	ईषिरे *íshirê*	ऊषिरे *úshirê*

451. नी *nî*, conduire, et कृ *kṛ*, faire, font ainsi:

Voix active.

S.	1p.	निनाय *ninâya*	चकार *cakâra*
		निनय *ninâya*	चकार *cakâra*
	2p.	निनयिथ *ninayitha*	चकर्थ *cakârtha*
		निनेथ *ninétha*	
	3p.	निनाय *ninâya*	चकार *cakâra*
D.	1p.	निन्यिव *ninyivá*	चक्रव *cakṛvá* (§ 438)
	2p.	निन्यथुस् *ninyáthus*	चक्रथुस् *cakráthus*
	3p.	निन्यतुस् *ninyátus*	चक्रतुस् *cakrátus*
Pl.	1p.	निन्यिम *ninyimá*	चक्रम *cakṛmá*
	2p.	निन्य *ninyá*	चक्र *cakrá*
	3p.	निन्युस् *ninyús*	चक्रुस् *cakrús*

Voix moyenne.

S.	1p.	निन्ये *ninyé*	चक्रे *cakré*
	2p.	निन्यिषे *ninyishé*	चक्रषे *cakṛshé*
	3p.	निन्ये *ninyé*	चक्रे *cakré*
D.	1p.	निन्यिवहे *ninyiváhê*	चक्रवहे *cakṛváhê*
	2p.	निन्याथे *ninyáthê*	चक्राथे *cakráthê*
	3p.	निन्याते *ninyáté*	चक्राते *cakráté*
Pl.	1p.	निन्यिमहे *ninyimáhê*	चक्रमहे *cakṛmáhê*
	2p.	निन्यिध्वे *ninyiḍhvé*	चक्रध्वे *cakṛḍhvé*
	3p.	निन्यिरे *ninyiré*	चक्ररे *cakṛré*

452. Le verbe दा *dâ*, donner, forme ainsi son PARFAIT:

		Voix active.	Voix moyenne.
S.	1p.	ददौ *dadáu*	ददे *dadé*
	2p.	ददाथ *dadâtha*	ददिषे *dadishé*
		ददिथ *daditha*	
	3p.	ददौ *dadáu*	ददे *dadé*
D.	1p.	ददिव *dadivá*	ददिवहे *dadiváhê*
	2p.	ददथुस् *dadáthus*	ददाथे *dadâthê*
	3p.	ददतुस् *dadátus*	ददाते *dadâtê*

Pl. 1p. **ददिम** *dádimá*   **ददिमहे** *dadimáhé*
   2p. **दद** *dádá*   **ददिध्वे** *dadidhvé*
   3p. **ददुस** *dadús*   **ददिरे** *dadiré*

453. Nous choisissons comme paradigme des verbes ayant les voyelles *i, u, ṛ*: **भिद्** *bhid*, fendre:

       Voix active.   Voix moyenne.

S. 1p. **बिभिद** *bibhéda*   **बिभिदे** *bibhidé*
   2p. **बिभेदिथ** *bibhéditha*   **बिभिदिषे** *bibhidishé*
   3p. **बिभेद** *bibhéda*   **बिभिदे** *bibhidé*
D. 1p. **बिभिदिव** *bibhidivá*   **बिभिदिवहे** *bibhidivahé*
   2p. **बिभिदथुस** *bibhidáthus*   **बिभिदाथे** *bibhidáthê*
   3p. **बिभिदतुस** *bibhidátus*   **बिभिदाते** *bibhidâtê*
Pl. 1p. **बिभिदिम** *bibhidimá*   **बिभिदिमहे** *bihhidimáhê*
   2p. **बिभिद** *bibhidá*   **बिभिदिध्वे** *bibhididhvé*
   3p. **बिभिदुस** *bibhidús*   **बिभिदिरे** *bibhidirê*

454. Voici le spécimen des verbes en *a*: **पच्** *pac* ($\pi\acute{\epsilon}\pi$-$\tau\omega$, *coqu-o*), cuire:

       Voix active.   Voix moyenne.

S. 1p. **पपाच** *papáca*   **पेचे** *pécé*
      पपच *papáca*
   2p. **पपचिथ(?)** *papacitha (?)*   **पेचिषे** *pêcishé*
      पपक्थ *papáktha*
      पेचिथ *pêcitha*
   3p. **पपाच** *papáca*   **पेचे** *pécé*
D. 1p. **पेचिव** *pécivá*   **पेचिवहे** *pécivahé*
   2p. **पेचथुस** *pécáthus*   **पेचाथे** *pécâthé*
   3p. **पेचतुस** *pécátus*   **पेचाते** *pécâté*
Pl. 1p. **पेचिम** *pécimá*   **पेचिमहे** *pécimáhé*
   2p. **पेच** *pécá*   **पेचिध्वे** *pécidhvé*
   3p. **पेचुस** *pécús*   **पेचिरे** *péciré*

Les verbes se terminant en deux consonnes sont ainsi fléchis: *babándha, babanditha* ou *babánddha, babándha, babandhivá,* &c.

La seconde personne du pluriel se distingue des première et troisième du singulier par l'accent: *babandhá*, de même que *ása* (de *as*, être), j'ai été, de *ásá*, vous avez été.

455. Les racines suivantes emploient des thèmes irréguliers:

Racine.	1 p. s. p.	1 p. d. p.
vac, parler	*uváca* [4] (§ 101)	*úcivá*
vad, parler	*uváda*	*údivá*
vap, disséminer	*uvápa*	*úpivá*
vaç, vouloir	*uváça*	*úçivá*
vas (I),[1] demeurer	*uvása*	*úshivá*
vah, mener	*uváha* (2 p. *uvódha*)	*úhivá*
yaǵ, sacrifier	*iyáǵa*	*îǵivá*
vyac, tromper	*vivyáca*	*vivicivá*
vyadh, blesser	*vivyádha*	*vividhivá* [2]
svap, dormir	*sushvápa*	*sushupivá*
han, tuer	*ǵaghána*	*ǵaghnivá*
ǵan, naître	*ǵaǵána*	*ǵaǵnivá*
khan, fouiller	*cakhána*	*cakhnivá*
gam, aller	*ǵagáma*	*ǵagmivá*
ghas, manger	*ǵaghása*	*ǵakshivá*
grah, prendre	*ǵagráha*	*ǵagrhivá* [3]
pracch, demander	*papráccha* [4]	*paprcchivá*
rcch, faiblir	*ânárcha*	*ânarchivá*
vraçc, lacérer	*vavráçca*	*vavrçcivá*
bhraǵǵ, frire	*babhráǵǵa* [5]	*babhrǵǵivá*
aç, obtenir	*ânaçé*	*ânaçiváhê*
ǵi, vaincre	*ǵigáya* [4]	*ǵigyivá*
hi, aller	*ǵighája*	*ǵighyivá*
ǵyâ, dépérir	*ǵaǵyáu*	*ǵiǵyivá*
hvê, appeler	*ǵuháva* [4]	*ǵuhuvivá*

[1] *vas* (II), vêtir, a *vavása*, *vavasivá*.

[2] *vyath*, affliger, forme *vivyathé*, *vivyathiváhê*.   [3] ou *ǵagrhvá* § 440.

[4] L'â long peut être raccourci partout dans la première personne.

[5] ou *babhárǵa*.

Racine.	1 p. s. p.	1 p. d. p.
dê, aimer (âtm.)	*digyé*	*digyivâhê*
vyê, tisser	*vivyâya*	*vivyayivá* ou *vivyivá*
vê, id.	*uvâya*	*ûvivá* ou *ûyivá* [1]
mi (V), croire	*mamáu*	*mamivá* [2]
mî (I) aller, (IX) détruire	id.	id.
lî, fondre	*laláu*	*lalivá*
dî, périr	*dadáu*	*dadivá*
bhû, être	*babhûva*	*babhûvivá*
r̥, aller	*ára*	*ârivá*
çr̥, briser	*çaçára*	*çaçarivá* ou *çaçrivá*
dr̥, déchirer	*dadára*	*dadarivá* ou *dadrivá*
pr̥, remplir	*papára*	*paparivá* ou *paprivá*
g̑r̥, vieillir	*g̑ag̑ára*	*g̑ag̑arivá* ou *g̑êrivá*
tr̥, franchir	*tatára*	*têrivá*
i, aller	*iyâya*	*îyivá*
ûrṇu, couvrir	*ûrṇunâva*	*ûrṇunuvivá*

456. La racine défective *ah*, parler, n'existe que dans ce temps, et se conjugue ainsi:

	1 p.	2 p.	3 p.
S.	—	*áttha*	*áha*
D.	—	*âháthus*	*âhátus*
Pl.	—	—	*âhús*

457. Le PARFAIT de la racine *vid*, savoir, a la signification du présent, et se conjugue ainsi sans redoublement:

S.	वेद *véda* (οἶδα)	वेत्थ *véttha*	वेद *véda*
D.	विद्व *vidvá*	विदथुस् *vidáthus*	विदतुस् *vidátus*
Pl.	विद्म *vidmá*	विद *vidá*	विदुस् *vidús*

Dans les Védas, le redoublement est supprimé encore ailleurs.

458. L'accent n'est jamais, selon l'usage moderne du moins, sur le redoublement; dans les formes fortes, il est sur la syllabe amplifiée, et sur la terminaison dans les autres cas.

---

[1] ou *vaváu, vavivá.*   [2] 3 p. pl. *mimyús.*

459. Dans le langage des Védas, la voyelle de la désinence est souvent allongée, p. e. *cakrá*, vous avez fait; et au lieu de *iré*, on dit souvent *ré* et *riré*, p. e. au lieu de *dadhiré* on trouve *dadhré* et *dadhriré*.

460. En outre, la voyelle *i* est souvent élidée, dans le langage antique, là où la langue moderne l'exigerait, p. e. dans *bubhuǵmahê* pour *bubhuǵimahê*.

La voyelle radicale *a* est également rejetée là où le sanscrit classique demanderait le changement en *ê*, p. e. *paptús* (de *papatús*) au lieu de *pêtús*, *saçciré* (de *sasaciré*) au lieu de *sêciré*.

Les changements prescrits au sujet de *ṛ̂* ne sont pas toujours observés, et lui sont substitués *ir* et *ur*, p. e. de *tṛ̂*: *titirús*, de *ǵṛ̂*: *ǵuǵurús*.

Quelquefois il y a, dans le langage des Védas et même dans celui des épopées, un guna inconnu à l'idiome plus récent, et le thème du présent est parfois substitué à la racine, p. e. *mamardus* au lieu de *mamṛdús*, *sídátus* au lieu de *sêdátus*.

461. Les modes se trouvent également dans les hymnes sacrés. Le SUBJONCTIF est rare, il est ordinairement formé selon la conjugaison moderne, p. e. de *vṛt*:

ववृतानि *vavṛtâmi, &c.*   बवृते *vavṛté, &c.*

Le POTENTIEL est plus fréquent:

ववृत्याम् *vavṛtyâm, &c.*   ववृतीय *vavṛtîyá, &c.*

L'IMPÉRATIF n'est pas très-usité; il serait:

ववृतानि *vavṛtâni, &c.*   ववृतै *vavṛtái, &c.*

Les flexions dérivées du parfait coïncident du reste souvent avec celles de la troisième forme de l'aoriste.

PARFAIT PÉRIPHRASTIQUE.

462. Cette forme du parfait est usitée pour les verbes dérivés et ceux dont le redoublement souffrirait quelques difficultés. Ce sont:

Ceux qui commencent par une voyelle, longue de nature ou de position,

Les verbes de la dixième classe, les causatifs, intensifs, désidératifs, et les verbes polysyllabiques, sauf *ûrṇu*,

Les racines *i* et *dî*, ainsi que *vid*, *kâç*, *kâs*, *ush*.

463. La syllabe *âm* accentuée se joint au thème, et cette formation est conjuguée avec les parfaits de *as*: *âsa*, de *kṛ*: *cakâra*, de *bhû*: *babhûva*.

La syllabe devant *âm* est gunifiée, dans les cas permis par § 265, dans les intensifs 1re classe, dans *ĝâgṛ* (*ĝâgárâm*), &c.

Les désidératifs ajoutent *âm* simplement, p. e. *bubôdhishâm*.

Vid forme *vidâm*, *i*: *ayâm*, *dîdhî*: *dîdhyâm*, *vêvî*: *vêvyâm*, *bhî*: *bibhayâm*, *hrî*: *ĝihriyâm*, *hu*: *guhuvâm*, *bhṛ*: *bibharâm*.

Ainsi l'on conjugue:

चोर्यमास *côrayâm âsa*   चोर्यामासे *côrayâm âsé*
चोर्यमासिथ *côrayâm âsitha* &c.   चोर्यामासिषे *côrayâm âsishé* &c.

चोर्याम्बभूव *côrayâm babhûva* &c.   चोर्याम्बभूवे *côrayâm babhûvé* &c.
चोर्याञ्चकार *côrayâñ cakâra* &c.   चोर्याञ्चक्रे *côrayâñ cakré* &c.

C. FUTUR SIMPLE.

464. Le FUTUR SIMPLE se forme par le thème *sya*, fléchi comme un présent régulier ainsi:

Voix active.			Voix moyenne.		
S. *syâmi*	*syâsi*	*syâti*	*syê*	*syâsê*	*syâtê*
D. *syâvas*	*syâthas*	*syâtas*	*syâvahê*	*syêthê*	*syétê*
Pl. *syâmas*	*syâtha*	*syânti*	*syâmahê*	*syâdhvê*	*syântê*

465. Le *s* devient *sh* cérébral d'après les règles connues:

1° quand la lettre précédente nécessite cette altération,

2° quand la racine et le thème sont reliés par la lettre *i*.

NB. Les diphthongues finales deviennent *â*.

466. La voyelle radicale, sauf les cas du § 265, est gunifiée.

Exemples de ces règles:

dâ	forme	*dâsyâmi* (dor. δωσῶ de δωσίω)
nî	„	*nêshyâmi*
stu	„	*stôshyâmi*
budh	„	*bhôtsyâmi*
vac	„	*vakshyâmi*
lih	„	*lêkshyâmi* (dor. λειξῶ de λειξίω)
dṛç	„	*drakshyâmi*
cur (**X**)	„	*côray-i-shyâmi*
kṛ	„	*kar-i-shyâmi.*

467. Prennent *i* devant la terminaison:

1°. Toutes les racines en *ṛ*, p. e. *bhar-i-shyâmi* de *bhṛ*.

2°. Celles en *ṝ*, qui peuvent prendre *i* et *î*, p. e. *tarishyâmi* et *tarîshyâmi* (véd. *tarushyâmi* avec *u*).

    Vṛ peut également former *varishyâmi* et *varîshyâmi*.

3°. Les causatifs, dérivatifs, intensifs, passifs.

4°. Presque toutes les racines en *kh, g, gh, ǵh, ṭ, ṭh, ḍ, ḍh, ṇ, t, th, ph, b, y, r, l, v.*

5°. *Han*, tuer, et *gam*, aller (au parasm.).

    Grah forme *gṛhîshyé.*

D'autres verbes intercalent encore le *i* dans le langage antique des Védas et des épopées.

Beaucoup de racines peuvent admettre et rejeter la voyelle.

Nous donnerons les règles spéciales § 476 seqq.

468. Voici comme paradigmes: बुध् *budh*, savoir, कृ *kṛ*, faire.

Voix active.

S. 1p.	भोत्स्यामि *bhôtsyâmi*		करिष्यामि *karishyâmi*
2p.	भोत्स्यसि *bhôtsyási*		करिष्यसि *karishyási*
3p.	भोत्स्यति *bhôtsyáti*		करिष्यति *karishyáti*
D. 1p.	भोत्स्यावस् *bhôtsyâvas*		करिष्यावस् *karishyâvas*
2p.	भोत्स्यथस् *bhôtsyáthas*		करिष्यथस् *karishyáthas*
3p.	भोत्स्यतस् *bhôtsyátas*		करिष्यतस् *karishyátas*

Pl. 1p. भोत्स्यामस् *bhôtsyâmas*   करिष्यामस् *karishyâmas*
2p. भोत्स्यथ *bhôtsyátha*   करिष्यथ *karishyátha*
3p. भोत्स्यन्ति *bhôtsyánti*   करिष्यन्ति *karishyánti*

Voix moyenne.

S. 1p. भोत्स्ये *bhôtsyé*   करिष्ये *karishyé*
2p. भोत्स्यसे *bhôtsyásê*   करिष्यसे *karishyásê*
3p. भोत्स्यते *bhôtsyátê*   करिष्यते *karishyátê*
D. 1p. भोत्स्यावहे *bhôtsyâvahê*   करिष्यावहे *karishyâvahê*
2p. भोत्स्येथे *bhôtsyéthê*   करिष्येथे *karishyéthê*
3p. भोत्स्येते *bhôtsyétê*   करिष्येते *karishyétê*
Pl. 1p. भोत्स्यामहे *bhôtsyâmahê*   करिष्यामहे *karishyâmahê*
2p. भोत्स्यध्वे *bhôtsyádhvê*   करिष्यध्वे *karishyádhvê*
3p. भोत्स्यन्ते *bhôtsyántê*   करिष्यन्ते *karishyántê*

469. L'accent est toujours sur la voyelle qui suit le thème *sy*.

470. Les modes du futur sont très-rares; le subjonctif se conjuguerait ainsi:

Par. भोत्स्यामि *bhôtsyâmi*   करिष्यामि *karishyâmi*
भोत्स्यासि *bhôtsyâsi*, &c.   करिष्यासि *karishyâsi*, &c.
Atm. भोत्स्यै *bhôtsyái*, &c.   करिष्यै *karishyái*, &c.

Le potentiel ainsi:

Par. भोत्स्येयम् *bhôtsyéyam*, &c.   करिष्येयम् *karishyéyam*, &c.
Atm. भोत्स्येय *bhôtsyéya*, &c.   करिष्येय *karishyéya*, &c.

L'impératif du futur n'existe pas.

D. CONDITIONNEL.

471. Le conditionnel est formé du futur, comme l'imparfait du présent, par l'augment et les terminaisons de ce temps.

La conjugaison est ainsi qu'il suit, du verbe बुध् *budh*:

Voix active.   Voix moyenne.

S. 1p. अभोत्स्यम् *ábhôtsyam*   अभोत्स्ये *ábhôtsyê*
2p. अभोत्स्यस् *ábhôtsyas*   अभोत्स्यथास् *ábhôtsyathâs*
3p. अभोत्स्यत् *ábhôtsyat*   अभोत्स्यत *ábhôtsyata*

D. 1p. अभोत्स्याव *ábhôtsyâva* अभोत्स्यावहि *ábhôtsyâvahi*

 2p. अभोत्स्यतम् *ábhôtsyatam* अभोत्स्येथाम् *ábhôtsyêthâm*

 3p. अभोत्स्यताम् *ábhôtsyatâm* अभोत्स्येताम् *ábhôtsyêtâm*

Pl. 1p. अभोत्स्याम *ábhôtsyâma* अभोत्स्यामहि *ábhôtsyâmahi*

 2p. अभोत्स्यत *ábhôtsyata* अभोत्स्यध्वम् *ábhôtsyadhvam*

 3p. अभोत्स्यन् *ábhôtsyan* अभोत्स्यन्त *ábhôtsyanta*

472. Il se trouve un SUBJONCTIF du CONDITIONNEL VÉDIQUE:

भोत्स्याम् *bhôtsyâm*, &c. भोत्स्यै *bhôtsyái*, &c.

भोत्स्यास् *bhôtsyâs*, &c. भोत्स्याथास् *bhôtsyâthâs*, &c.

473. L'accent, dans les formes non-augmentées, tombe sur la même place qu'au futur (§ 469).

E. FUTUR COMPOSÉ.

474. Ce futur est formé par l'adjonction du présent de *as*, être, au nom d'agent तार् *târ* (lat. *tor, turus*).

Le nominatif *tâ* se fond avec le verbe substantif; p. e. *dâtâ* et *ásmi* donne *datâsmi*, je donnerai.

Les troisièmes personnes se forment, sans verbe, par les simples singulier, duel, pluriel, ता *tâ*, तारौ *târâu*, तारस् *târas*, p. e. *dâtâ, dâtârâu, dâtâras*.

475. Comme au premier futur, la voyelle est gunifiée, si cela peut se faire; p. e. *ĝi* forme *ĝêtâ*, *stu*: *stôtâ*.

476. Le *tâ* est ajouté sans ou avec *i* (ou *î* pour *vṛ* et les verbes en *ṝ*) selon les règles qui régissent le futur simple, et que nous faisons suivre.

Prennent l'*i* intermédiaire:

1°. Tous les verbes de la dixième classe, et les dérivés;

2°. Les racines *çvi*, croître, *çî*, être couché, *ḍî*, voler, après le guna;

3°. Les racines *kshu*, éternuer, *yu*, joindre, *kshṇu*, aiguiser, snu, couler, et facultativement: *ru*, retentir, *tu*, croître, *su*, engendrer, *nu*, louer, *du*, aller, *stu*, louer;

4°. Toutes les racines en *û*; *dhû*, agiter, *sû*, engendrer, peuvent former *dhavitấ* et *dhôtấ*, *savitấ* et *sôtấ*;

5°. Toutes les racines en *ŕ* (et *vŗ*) qui peuvent insérer *i* et *î*; *bhŗ*, porter, et *svŗ*, retentir, peuvent aussi, au futur composé seul, former *bhartấ*, *svartấ*;

6°. En principe, les racines finissant en consonne (sauf les exceptions qui suivent) et notamment celles qui finissent en *kh, g, gh, ǵh, ṭ, ṭh, ḍ, ḍh, n, t, th, ph, b, y, r, l, v*;

7°. *Dêdhî*, briller, *vêvî*, obtenir, *daridrâ*, être pauvre, dont la voyelle finale est élidée, et les racines polysyllabiques.

477. Ne prennent pas d'*i*:

1°. Les racines finissant en voyelle, sauf les exceptions de § 476, 2° – 5°.

Les diphthongues finales sont changées en *mâ*.

Mi et *mî* (§ 423) substituent *â*.

2°. Les racines suivantes (voir §§ 408, note [2], 467):

çak, pouvoir	qui forme	*çaktấ*
pac, cuire	„	*paktấ*
muc, délivrer	„	*môktấ*
ric, mouiller	„	*rêktấ*
vac, parler	„	*vaktấ*
vic, séparer	„	*vêktấ*
sic, mouiller	„	*sêktấ*
pracch, demander	„	*prashṭấ*
tyaǵ, abandonner	„	*tyaktấ*
niǵ, laver	„	*nêktấ*
bhaǵ, manger, partager	„	*bhaktấ*
bhaṅǵ, briser	„	*bhaṅktấ*
bhuǵ, jouir	„	*bhôktấ*
bhraǵǵ, frire	„	*bhrashṭấ* ou *bharshṭấ*
maǵǵ, submerger	„	*maṅktấ* ou *maǵǵitấ*
yaǵ, sacrifier	„	*yashṭấ*
yuǵ, joindre	„	*yôktấ*

raṅ, colorer	qui forme	*raṅktâ*
ruǵ, briser, être malade	„	*rôktâ*
viǵ (III), séparer	„	*vêktâ*
saṅ, adhérer	„	*saṅktâ*
sṛǵ, jeter	„	*srashṭâ*
svaṅǵ, embrasser	„	*svaṅktâ*
mṛǵ, essuyer	„	*mârshṭâ* ou *mârǵitâ*
ad, manger	„	*attâ*
kshud, broyer	„	*kshôttâ*
khid, vexer	„	*khêttâ*
chid, couper	„	*chêttâ*
tud, frapper	„	*tôttâ* et *tôditâ*
nud, amuser	„	*nôttâ*
pad, marcher	„	*pattâ*
bhid, fendre	„	*bhêttâ*
vid, trouver	„	*vêttâ*
çad, tomber	„	*çattâ*
sad, être assis	„	*sattâ*
skand, monter	„	*skanttâ*
svid, suer	„	*svêttâ*
had, chier	„	*hattâ*
krudh, être en colère	„	*krôddhâ*
kshudh, avoir faim	„	*kshôddhâ*
bandh, lier	„	*banddhâ*
budh, éveiller	„	*bôddhâ*
yudh, combattre	„	*yôddhâ*
râdh, offenser	„	*râddhâ*
rudh, empêcher	„	*rôddhâ*
vyadh, frapper	„	*vyaddhâ*
çudh, être pur	„	*çôddhâ*
sâdh, être fini	„	*sâddhâ*
sidh, préparer	„	*sêddhâ*
man, croire	„	*mantâ*

han, frapper	qui forme	*hantá*
âp, acquérir	„	*âptá*
kship, jeter	„	*kshêptá*
chup, toucher	„	*chôptá*
tap, être chaud	„	*taptá*
tip, exsuder	„	*têptá* ou *têpitá*
lip, graisser	„	*lêptá*
lup, couper	„	*lôptá*
vap, disséminer	„	*vaptá*
çap, maudire	„	*çaptá* ou *çapitá*
srp, ramper	„	*sarptá*
svap, sommeiller	„	*svaptá*
trp, réjouir	„	*tarptá* ou *traptá*
drp, être fier	„	*darptá*, *draptá* ou *darpitá*
yabh, s'accoupler	„	*yabdhá*
rabh, commencer	„	*rabdhá*
labh, prendre	„	*labdhá*
lubh, vouloir	„	*lôbdhá* ou *lôbhitá*
klp, faire	„	*kalptá* (ou *kalpitá*)
gam, aller	„	*gantá*
yam, s'efforcer	„	*yantá*
nam, se fléchir	„	*nantá*
ram, réjouir	„	*rantá*
kram, marcher	„	*krantá* (âtmanêp.)
kruç, crier	„	*krôshtá*
dañç, mordre	„	*dañshtá*
diç, montrer	„	*dêshtá*
drç, voir	„	*darshtá* ou *drashtá*
mrç, considérer	„	*marshtá*
riç, blesser	„	*rêshtá*
ruç, blesser	„	*rôshtá*
liç, s'amoindrir	„	*lêshtá*
viç, entrer	„	*vêshtá*

spṛç, toucher	qui forme	*sparshṭắ* et *sprashṭắ*
kṛsh, tirer	„	*karshṭắ*
tush, être content	„	*tôshṭắ*
tvish, briller	„	*tvêshṭắ*
dush, pécher	„	*dôshṭắ*
dvish, haïr	„	*dvêshṭắ*
pish, broyer	„	*pêshṭắ*
push, nourrir	„	*pôshṭắ* et *pôshitắ*
vish, embrasser	„	*vêshṭắ*
çish, rester	„	*çêshṭắ*
çush, être sec	„	*çôshṭắ*
çlish, embrasser	„	*çlêshṭắ*
taksh, façonner	„	*taktắ* et *takshitắ*
tvaksh, id.	„	*tvaktắ* et *tvakshitắ*
nir-kush, extraire	„	*nirkôshṭắ* et *nirkôshitắ*
rush, être en colère	„	*rôshṭắ* et *rôshitắ*
rish, blesser	„	*rêshṭắ* et *rêshitắ*
ish, souhaiter	„	*êshṭắ* et *êshitắ*
ghas, manger	„	*ghastắ*
vas (I), demeurer	„	*vastắ* et *vasitắ*
dah, brûler	„	*dagdhắ*
dih, polluer	„	*dêgdhắ*
duh, traire	„	*dôgdhắ*
ṅah, lier	„	*naddhắ*
mih, pisser	„	*mêḍhắ*
ṛuh, croître	„	*rôḍhắ*
lih, lécher	„	*lêḍhắ*
luh, désirer	„	*lôḍhắ*
vah, mener	„	*vôḍhắ*
sah, porter	„	*sôḍhắ* et *sahitắ*
gâh, troubler	„	*gâḍhắ* et *gâhitắ*
druh, infester	„	*drôgdhắ* et *drôhitắ*
drâh, s'éveiller	„	*drâgdhắ* et *drâhitắ*

muh, confondre, qui forme *môḍhá* et *môhitá*
snih, aimer   „   *snêgdhá* et *snêhitá*
snuh, vomir   „   *snôgdhá* et *snôhitá*

478. Le FUTUR se fléchit donc ainsi:

	Voix active.	Voix moyenne.
S. 1p.	दातास्मि *dâtásmi*	दाताहे *dâtâhê*
2p.	दातासि *dâtâsi*	दातासे *dâtâsê*
3p.	दाता *dâtá*	दाता *dâtá*
D. 1p.	दातास्वस् *dâtásvas*	दातास्वहे *dâtásvahê*
2p.	दातास्थस् *dâtásthas*	दातासाथे *dâtásâthê*
3p.	दातारौ *dâtárâu*	दातारौ *dâtárâu*
Pl. 1p.	दातास्मस् *dâtásmas*	दातास्महे *dâtásmahê*
2p.	दातास्थ *dâtástha*	दाताध्वे *dâtádhvê*
3p.	दातारस् *dâtáras*	दातारस् *dâtáras*

Quelquefois le nom d'agent seul désigne aussi la seconde
personne.

F. PRÉCATIF.

479. Les flexions de ce mode qui a la signification de l'optatif
grec sont les suivantes:

	Voix active.			Voix moyenne.	
yásam	*yás*	*yát*	*sîyá*	*sîshṭhás*	*sîshṭá*
yásva	*yástam*	*yástâm*	*sîvâhi*	*sîyásthâm*	*sîyástâm*
yásma	*yásta*	*yásus*	*sîmáhi*	*sîdhvám*	*sîrán*

Au lieu de *dhvam* on ajoute *ḍhvam* derrière tout thème finissant en voyelle autre que *á*, et qui nécessite le changement du
s en *sh*, p. e. कृषीढ्वम् *kṛshîḍhvám*.

La dentale est conservée facultativement dans les thèmes
finissant en sémivoyelle, et après un *i* intermédiaire.

480. Les deux voix ne semblent pas avoir la même origine
linguistique, aussi voyons-nous des lois d'euphonie parfaitement
distinctes pour chacune d'elles.

481. Voici les changements subis au parasmâipadam.:

1°. Les racines suivantes se terminant en *â* ou en diphthongue précédée d'une simple consonne, changent la voyelle en *ê*; ce sont les verbes *dâ*, donner, *dê*, aimer, *dô*, détruire, *dhâ*, mettre, *dhê*, boire, *gâ*, aller, *gâi*, chanter, *pâ*, boire, *mâ*, mesurer, *sthâ*, être debout, *hâ*, abandonner: ils forment *dêyâsam, dêyâsam, dêyâsam, dhêyâsam*, &c.

Sthâ forme aussi *sthâyâsam*, *pâ*, dominer, toujours *pâyâsam*.

2°. Les racines se terminant en *â* ou en diphthongue précédée d'un groupe consonantique, conservent l'*â*, p. e. *glâi*, se fatiguer, *pyâi*, être gras, forme *glâyâsam, pyâyâsam*, &c.

Les intensifs en *â* suivent la même règle.

Les racines en *ô* peuvent former *â* et *ô*, p. e. *çô*, aiguiser, *çâyâsam* et *çôyâsam*.

Les trois racines *vê*, tisser, *vyê* tisser, *hvê*, appeler, forment *ûyâsam, vîyâsam, hûyâsam*.

3°. Les voyelles *i* et *u* finales sont allongées; p. e. *ci*, accumuler, forme *cîyâsam*, *stu*, louer: *stûyâsam*.

La voyelle *ṛ* après une consonne est changée en *ri*, après deux en *ar*, p. e. *dhriyâsam, kriyâsam*, mais *smâryâsam, dhvaryâsam*. *Ṛ*, aller, forme *aryâsam*.

La voyelle *ṝ* après une labiale devient *ûr*, après toute autre voyelle *îr*, p. e. *pûryâsam, bhûryâsam*, mais *kîryâsam, stîryâsam, gîryâsam*.

4°. Le *y* dans les causatifs et dénominatifs est élidé, p. e. *côryâsam* de *côray*, voler, *kumâryâsam* de *kumâray*.

Ceux qui prennent *aya* peuvent rejeter le *y*, ou le conserver; ce sont *gup*, garder, *dhûp*, agiter, *vicch*, s'approcher, parler, *paṇ*, engager, *pan*, louer, qui peuvent former *gupyâsam* ou *gôpâyyâsam*, *dhûpyâsam* ou *dhûpâyyâsam*, *vicchyâsam* ou *vêcchâyyâsam*, &c.

5°. Les verbes finissant en consonne, précédée d'une nasale

élident cette dernière; ainsi l'on dira *badhyásam* de *bandh*, lier, *grathyásam* de *granth*, nouer.

6°. Les voyelles *i* et *u* devant des sémivoyelles sont allongées, p. e. *kur*: *kûryásam*, &c.

7°. Sont irrégulières les formations suivantes:

vac, parler,	forme	*ucyásam*
vad, dire	"	*udyásam*
vap, disséminer	"	*upyásam*
vaç, vouloir	"	*uçyásam*
vas, demeurer	"	*ushyásam*
vah, mener	"	*uhyásam*
svap, dormir	"	*supyásam*
yaǵ, sacrifier	"	*iǵyásam*
vyac, séparer	"	*viçyásam*
vyadh, blesser	"	*vidhyásam*
grah, prendre	"	*gr̥hyásam*
pracch, demander	"	*pr̥cchyásam*
bhraǵǵ, frire	"	*bhr̥ǵyásam*
vraçc, aller	"	*vr̥çcyásam*
ǵyâ, dépérir	"	*ǵîyásam*
ǵyô, instruire	"	*ǵîyásam*
çâs, dominer	"	*çishyásam*

482. Voici les changements dans l'âtmanêpadam:

1°. Toutes les diphthongues sont changées en *â*; p. e. *vê* forme *vâsîyá*, *dhê*: *dhâsîyá*, *mi*: *mâsîyá* (§ 477, 1°).

2°. Les racines en *i, î, u, û* prennent le guna, avec ou sans *i* intermédiaire (voir § 476); p. e. *ci* forme *cêshîyá*, *bhî*: *bhêshîyá*, *stu*: *stôshîyá*, *pû*: *pavishîyá*. Les exceptions mentionnées au sujet du futur sont également ici en vigueur.

3°. Les racines en *r̥* insèrent *i* précédé du guna, d'autres ajoutent la désinence sans *i*, p. e. *kr̥shîyá*, *bhr̥shîyá* (*vr̥* forme *varishîyá* ou *varishîyá*). Celles qui commencent par deux consonnes peuvent prendre les deux formes.

Les racines en *ṛ* admettent deux formations:

Ou elles gunifient la voyelle, et ajoutent *ishîyá* ou *ishíyá*,
ou celles qui sont précédées de labiales changent *ṛ* en *ûr*,
tandis que les autres le changent en *îr*.

Ex.: *pṛ* forme *parishîyá*, *parishíyá* ou *pûrshíyá*
   tṛ   „   *tarishîyá*, *tarishíyá* ou *tîrshíyá*.

4°. Les racines se terminant en consonne suivent l'analogie
du futur pour l'insertion de l'*i*, p. e. on dira *pakshîyá* de *pac*,
mais *arcishîyá* de *ṛc*.

5°. Les intensifs en *ya* rejettent ce dernier.

483. Nous prenons बुध् (IV) *budh*, s'éveiller, pour paradigme:

	Voix active.		Voix moyenne.	
S. 1p.	बुध्यासम्	*budhyâsam*	भुत्सीय	*bhutsîyá*
2p.	बुध्यास्	*budhyâs*	भुत्सीष्ठास्	*bhutsîshṭhâs*
3p.	बुध्यात्	*budhyât*	भुत्सीष्ट	*bhutsîshṭá*
D. 1p.	बुध्यास्व	*budhyâsva*	भुत्सीवहि	*bhutsîváhi*
2p.	बुध्यास्ताम्	*budhyâstam*	भुत्सीयास्थाम्	*bhutsîyâsthâm*
3p.	बुध्यास्ताम्	*budhyâstâm*	भुत्सीयास्ताम्	*bhutsîyâstâm*
Pl. 1p.	बुध्यास्म	*budhyâsma*	भुत्सीमहि	*bhutsîmáhi*
2p.	बुध्यास्त	*budhyâsta*	भुत्सीध्वम्	*bhutsîdhvám*
3p.	बुध्यासुस्	*budhyâsus*	भुत्सीरन्	*bhutsîrán*

ou de बुध् (I), savoir:

बोधिषीय *bôdhishîyá*
बोधिषीष्ठास् *bôdhishîshṭhâs*
बोधिषीष्ट *bôdhishîshṭá*
बोधिषीवहि *bôdhishîváhi*
बोधिषीयास्थाम् *bôdhishîyâsthâm*
बोधिषीयास्ताम् *bôdhishîyâstâm*
बोधिषीमहि *bôdhishîmáhi*
बोधिषीध्वम् *bôdhishîdhvám*
बोधिषीरन् *bôdhishîrán*

484. Dans le langage védique où ce mode paraît plus fréquemment que dans les monuments postérieurs, le thème *êyâs* en *êyâsam*, *êyâsma*, &c. est contracté en *êsh*, p. e. *êsham*, *êshma*. Au lieu de *îran* se trouve quelquefois *îrata*.

Dans la formation du mode, des normes spéciales sont souvent observées, p. e. *gmishîyá* au lieu de *gañsiyá* (ou *gasiyá*) de *gam*, *masîyá* de *man*, *râsîyá* de *ram*.

CHAPITRE TROISIÈME.

FORMES DÉRIVÉES DE LA RACINE PRIMITIVE.

I. PASSIF.

485. Le passif sanscrit est formé, dans les temps spéciaux, par la lettre य *y*, ajoutée à la racine; p. e. द्विष् *dvish*, haïr, forme द्विष्य *dvishyá*. Cette syllabe est accentuée.[1]

Le passif est conjugué à l'âtmanêpadam;[2] il ressemble, pour la forme, aux verbes de la quatrième classe dans la voix moyenne.

Quand le verbe a une signification réciproque ou réfléchie, on emploie cette même forme au paraismâipadam, p. e. द्विष्यन्ते *dvishyántê*, ils sont haïs, mais द्विष्यतस् *dvishyátas*, les deux se haïssent mutuellement, द्विष्यन्ति *dvishyánti*, ils se haïssent mutuellement.

486. Les temps généraux du passif sont formés par la voix moyenne de la racine, et ne se distinguent pas, d'ordinaire, des mêmes flexions du verbe primitif.

487. Il existe une forme spéciale et appartenant exclusivement à la voix passive, c'est la *troisième personne du singulier de l'aoriste* qui est formée par *i*, ajoutée au thème radical vriddhifié;

---

[1] L'accent peut être rejetée sur la racine, si une voyelle précède le *y*.
[2] Quelquefois dans les épopées, on lit la voix active.

p. e. अतौदि *átâudi*, il fut frappé, अकारि *ákâri*, il fut fait, अनायि *ánâyi*, il fut conduit, &c.

488. Les racines se terminant en *â* ou en diphthongue ajoutent simplement le *y* caractéristique.

Changent la voyelle finale en *î*:

> *dâ*, donner, *dhâ*, tenir, *pâ*, boire (non *pâ*, dominer), *mâ*, mesurer, *sthâ*, être debout, *hâ*, abandonner, *dê*, aimer, *dhê*, boire, *mê*, échanger, *dô*, trancher, *çô*, aiguiser, *sô*, finir, *gâi*, chanter, *dâi*, nourrir, *râi*, retentir, *kâi*, crier; p. e. *dîyâtê*, *dhîyâtê*, *pîyâtê* (mais *pâyâtê*, il est dominé).

489. Les voyelles *i* et *u*, se trouvant à la fin ou devant *r* et *v* sont allongées; p. e. *ci*, cueillir, forme *cîyâtê*, *stu*, louer: *stûyâtê*, *div*, jouer: *dîvyâtê*, *mur*, revêtir: *mûryâtê*.

Çvi, croître, forme *çûyâtê*, *çî*, être couché: *çayyâtê*.

Dîdhî, briller, et *vêvî*, souhaiter, font *dîdhyâtê* et *vêvyâtê*, *daridrâ*, être pauvre: *daridryâtê*.

490. La voyelle *ṛ* après une voyelle est changée en *ri*, p. e. क्रियते *kriyâtê*, il est fait, après deux en *ar*, p. e. स्मर्यते *smaryâtê*, il est rappelé. *Gṛ*, asperger, et *dhṛ*, tenir, forment *grîyâtê*, *dhrîyâtê* et *dhriyâtê*.

491. La voyelle *ṝ* est changée en *ûr* après une labiale, en *îr* après toute autre consonne (comp. § 482, 3°), p. e. पूर्यते *pûryâtê*, il est rempli, तीर्यते *tîryâtê*, il est franchi.

492. Les verbes cités en § 481, 4°, 5° au sujet du précatif, forment leur passif d'une manière analogue; ainsi les causatifs et dénominatifs perdent leur *y*; également les verbes *gup*, *dhûp*, *vicch*, *paṇ*, *pan* peuvent faire *gupyá* et *gôpâyyá*, &c.

493. De même, les verbes cités en § 481, 7°:

> *vac*, *vad*, *vap*, *vaç*, *vas*, *vah*, *svap*, *yaǵ*, *vyac*, *vyadh*, *grah*, *pracch*, *bhraǵǵ*, *vraçc*, *ǵyâ*, *ǵyô*, *çâs*, forment: *ucyá*, *udyá*, *upyá*, *uçyá*, *ushyá*, *uhyá*, *supyá*, *iǵyá*, *vicyá*, *vidhyá*, *gṛhyá*, *pṛcchyá*, *bhṛǵǵyá*, *vṛçcyá*, *ǵîyá*, *çishyá*.

494. Les verbes *khan*, fouiller, *ǵan*, engendrer, *tan*, étendre, *san*, donner (et dans les Védas *kan*, retentir, et *man*, penser), peuvent changer *an* en *â*; ainsi l'on dit *khâyâtê* (ou *khâyatê*) et *khanyâtê*, *ǵâyâtê* (ou *ǵâyâtê*) et *ǵanyâtê*.

495. Les racines *çri*, aller, *snu*, couler, *brû*, dire, *granth*, nouer, *çranth*, dénouer, *nam*, s'incliner, ne prennent pas de *ya*, mais expriment le passif par l'âtmanêpadam seul.

496. Les verbes finissant en consonne ne se distinguent pas, dans les autres temps, de l'âtmanêpadam, sauf à la troisième personne de l'aoriste, formée en *i* précédé de la voyelle radicale vriddhifiée.

Quelquefois *i* et *u* brefs ne prennent que le guna.

Les voyelles longues, par nature, ou par position, sont con-servées.

Quand une voyelle brève est suivie d'une nasale et d'une autre consonne, la nasale peut être élidée et la voyelle vriddhifiée.

Quelquefois la voyelle *a* est vriddhifiée, même devant une double consonne.

Han, tuer, forme *ághâni*, *budh*: *âbôdhi*.

497. Dans les verbes finissant en voyelle, celle-ci est vriddhi-fiée; p. e. *ǵi* forme *áǵâyi*, *nu*: *ánâvi*, *vṛ*: *ávâri*, *kṛ*: *ákâri*. (*Ákâri* est aussi 3p. s. aor. du causatif.)

Quelquefois cette même forme des verbes en *ṛ* ne présente que le guna, p. e. *ádari* et *ádâri*.

Les verbes se terminant en *â* ou en diphthongue forment cette flexion en *âyi*.

498. Toutes les autres personnes de l'aoriste prennent la cinquième forme à l'*âtmanêpadam* en *ishi* (voir §§ 410 et suivants), mais la terminaison peut s'ajouter à la voyelle *gunifiée* ou *vriddhi-fiée*, p. e. actif: *ápavishi*, passif: *ápavishi* ou *ápâvishi*.

Gṛh forme *ágrâhishi* ou *ágrahîshi*, *han*: *ághânishi*, *dṛç*: *ádarçishi* ou *ádṛkshi*.

Les verbes en *â, ê, ô, âi,* peuvent former leur aoriste en *âyishi.*

499. Le parfait ne se distingue en rien de l'âtmanêpadam de l'actif.

500. Les autres temps, les futurs, le conditionnel et le précatif insèrent toujours *i,* et vriddhifient ordinairement la voyelle qu'ils peuvent aussi gunifier, ainsi on dit *karishyé* et *kârishyé, karitâhê* et *kâritâhê, akarishyê* et *akârishyê, karishîyá* et *kârishîyá.*

501. Nous choisissons le verbe प्री *prî* (§ 365), aimer, à l'âtmanêpadam de l'actif et au passif, pour montrer la différence.

Actif.   Passif.

PRÉSENT INDICATIF.

S. 1p. प्रीणि *prîné*   प्रीये *prîyé*

PRÉSENT POTENTIEL.

S. 1p. प्रीणीय *prîņîyá*   प्रीयेय *prîyéya*

PRÉSENT IMPÉRATIF.

S. 1p. प्रीणै *prîņâi*   प्रीयै *prîyâi*

IMPARFAIT.

S. 1p. अप्रीणि *áprîņi*   अप्रीये *ápriyê*

AORISTE.

S. 1p. अप्रेषि *áprêshi*   अप्रायिषि *áprâyishi*

   3p. अप्रेष्ट *áprêshṭa*   अप्रायि *áprâyi*

PARFAIT.

S. 1p. पिप्रिये *pipriyé*   पिप्रिये *pipriyé*

FUTUR SIMPLE.

S. 1p. प्रेष्ये *prêshyé*   प्रायिष्ये *prâyishyé*

CONDITIONNEL.

S. 1p. अप्रेष्ये *áprêshyê*   अप्रायिष्ये *áprâyishyê*

FUTUR COMPOSÉ.

S. 1p. प्रेताहि *prêtâhê*   प्रायिताहि *prâyitâhê*

PRÉCATIF.

S. 1p. प्रेषीय *prêshîyá*   प्रायिषीय *prâyishîyá*

II. CAUSATIF ou FACTITIF.

502. Le causatif est une forme dérivée du verbe qui implique la notion de causalité; p. e. de विद् *vid*, savoir, se forme वेदय् *vêday*, faire savoir.

503. La marque caractéristique du causatif est la désinence *áya* ou *ya*, ajoutée à la racine, gunifiée selon § 265, quand elle finit en consonne, et vriddhifiée, quand elle finit en voyelle.

Ex.: बुध् *budh*, savoir, forme बोधय् *bôdháy*, faire savoir

नृत् *nṛt*, danser „ नर्तय् *nartáy*, faire danser

श्रु *çru*, entendre „ श्रावय् *çrâváy*, faire entendre.

504. Les racines qui ont *a* pour voyelle radicale, l'allongent ordinairement; p. e. पद् *pad*, aller, fait पादय् *pâdáy*.

Celles qui se terminent en *am*, et beaucoup de celles qui finissent en *akh*, *ag*, *aṭ*, *aṇ*, *ath*, les racines *stan*, tonner, et *svan*, orner, n'allongent pas la voyelle.

Les grammairiens ne sont pas, quant à ces dernières, toujours d'accord sur la question du non-allongement.

505. Forment les causatifs en *âpáy*:

1°. Les racines se terminant en *â*, *ê*, *ô*, *âi*; p. e. दा *dâ*, दे *dê*, दो *dô* forment दापय् *dâpáy*.

2°. Les verbes मि *mi*, dissiper, मी *mî*, tuer, दी *dî*, et अधी (*adhi* + *i*), lire, qui forme अध्यापय् *adhyâpáy*.

3°. जि *ji*, vaincre, क्री *krî*, vendre, qui élident la voyelle.

506. Les racines *hrî*, avoir honte, *rî*, tuer, *vlî*, soutenir, *vrî*, élire, *ṛ*, aller, gunifient la voyelle devant *p* et forment:

hrêpáy, *rêpáy*, *vlêpáy*, *vrêpáy* ou *vrâyáy*, *arpáy*.

Knûy, puer, forme *knôpáy*; *kshmây*, secouer: *kshmâpáy*.

507. Les racines *pâ*, boire, *vê* et *vyê*, tisser, *pâi*, se faner, *chô*, couper, *çô*, aiguiser, *sô*, finir, forment

pâyáy, *vâyáy*, *vyâyáy*, *pâyáy*, *châyáy*, *çâyáy*, *sâyáy*.

508. Nous notons les anomalies suivantes:

ǵnâ, connaître, tuer, forme *ǵnapáy*

kshâi, dépérir,	forme	*kshapáy*
çrâ (I), cuire	„	*çrapáy*
çrâi, id.	„	*çrapáy*
snâ, laver	„	*snapáy* et *snâpáy*
glâi, être eu deuil	„	*glapáy* et *glâpáy*
pâ, dominer	„	*pâláy*
vâ, agiter	„	*vâǵáy*
ci, accumuler	„	*câpáy, capáy, câyáy, cayáy*
ruh, monter	„	*rôháy* et *rôpáy*
li, adjoindre	„	*lâpáy* et *lâyáy*
li, fondre	„	*lâláy, lináy, lîlay, lâyáy*
vî, concevoir	„	*vâpáy* et *vâyáy*
smi, rire	„	*smâpáy* (à l'âtm., au par. *smâyáy*)
bhî, avoir peur	„	*bhâpáy* et *bhisháy* (à l'âtm., au par. *bhâyáy*)
sphây, être épais	„	*sphâváy*
dhû, agiter	„	*dhûnáy* et *dhâváy*
prî, aimer	„	*prîṇáy, prâyáy* et *prapáy*
smṛ, se souvenir	„	*smaráy*
ǵṛ (IV), digérer	„	*ǵaráy*
dṛ, fendre	„	*daráy*
mṛǵ, essuyer	„	*mârǵáy*
guh, cacher	„	*gúháy*
dush, être mauvais	„	*dúsháy*
sphur, trembler	„	*sphôráy* ou *sphâráy*
sidh, parfaire	„	*sâdháy* et *sêdháy*
hêḍ, vêtir	„	*hiḍáy*
han, tuer	„	*ghâtáy*
çad, tomber	„	*çâtáy*

509. La conjugaison du présent et de l'imparfait est régulière.

510. La troisième forme de l'aoriste est adoptée pour les causatifs (voir §§ 390 et suiv.), p. e.:

taksháy de *taksh*, façonner, forme *átatakshàm*

aṅǵáy de *aṅǵ*, oindre,	forme	*áṅǵiǵam*	
nàyáy de *nî*, conduire	„	*anînayam*	
lôpáy de *lup*, couper	„	*álûlupam* ou *álulôpam*	
kshâyáy de *kshi*, finir	„	*ácikshayam*	
pâváy de *pû*, être pur	„	*ápîpavam*, &c.	

511. Une mention spéciale méritent les verbes:

cyáváy de *cyu*, précipiter,	forme	*ácucyavam* ou *ácicyavam*
prâváy de *pru*, atteindre	„	*ápupravam* ou *ápipravam*
plâváy de *plu*, flotter	„	*ápuplavam* ou *ápiplavam*
çrâváy de *çru*, entendre	„	*áçuçruvam* ou *áçiçravam*
vêshṭáy de *vêshṭ*, entourer	„	*ávivêshṭam* ou *ávavêshṭam*
cêshṭáy de *cêshṭ*, penser	„	*ácicêshṭam* ou *ácacêshṭam*
sthâpáy de *sthâ*, être debout	„	*átishṭhipam* ou *átishṭhapam*
ghrâpáy de *ghrâ*, flairer	„	*áǵighripam* ou *áǵighrapam*
hvâváy de *hvê*, appeler	„	*áǵûhavam* ou *áǵûhâvam*
sváyáy de *çvi*, croître	„	*áçûçavam* ou *áçiçvayam*
svâpáy de *svap*, dormir	„	*ásûshupam*
êláy de *il*, dormir	„	*áililam* ou *áilayisham* [1]
ûnáy de *ûn*, diminuer	„	*áuninam* ou *áunayisham* [1]
ardáy de *ard*, tourmenter	„	*árdidam* ou *árdayisham* [1]
dhvanáy de *dhvan*, retentir	„	*ádhvanisham* [1]

512. Le parfait est formé par la flexion périphrastique, p. e. *çyâvayâm babhûva*, &c. (voir §§ 462 et suiv.).

513. Les autres temps insèrent *i* après *áy*, le précatif du parasmâipadam seul l'élide. Le passif ajoute *ya* én élidant *ay*, ériger, p. e. *pâtay* forme *pâty*.

514. Voici comme paradigme le verbe स्थापय् de स्था *sthâ*, être debout.

Voix active.   Voix moyenne.

PRÉSENT INDICATIF.

S. 1p. स्थापयामि *sthâpáyâmi* स्थापचे *sthâpáyê*

----

[1] Cinquième forme.

PRÉSENT POTENTIEL.

S. 1p. स्थापयेयम् *sthâpáyêyam*   स्थापयेय *sthâpáyêya*

PRÉSENT IMPÉRATIF.

S. 1p. स्थापयानि *sthâpâyâni*   स्थापयै *sthâpáyâi*

IMPARFAIT.

S. 1p. अस्थापयम् *ásthâpayam*   अस्थापयै *ásthâpayê*

AORISTE.

S. 1p. अतिष्ठिपम् *atishṭhipam*   अतिष्ठिपे *átishṭhipê*

PARFAIT.

S. 1p. स्थापयामास *sthâpayâmâsa*   स्थापयामासे *sthâpayâmâsê*

FUTUR SIMPLE.

S. 1p. स्थापयिष्यामि *sthâpayishyâmi*   स्थापयिष्ये *sthâpayishyê*

CONDITIONNEL.

S. 1p. अस्थापयिष्यम् *ásthâpayishyam*   अस्थापयिष्ये *ástâpayishyê*

FUTUR COMPOSÉ.

S. 1p. स्थापयितास्मि *sthâpayitâsmi*   स्थापयिताहे *sthâpayitâhê*

PRÉCATIF.

S. 1p. स्थाप्यासम् *sthâpyâsam*   स्थापयिषीय *sthâpayishîyá*

Passif.

PRÉSENT INDICATIF.	PRÉSENT POTENTIEL.
S. 1p. स्याप्ये *sthâpyé*	स्याप्येय *sthâpyéya*
PRÉSENT IMPÉRATIF.	IMPARFAIT.
S. 1p. स्याप्यै *sthâpyâi*	अस्याप्ये *ásthâpyê*
AORISTE.	PARFAIT.
S. 1p. अस्यापिषि *ásthâpishi*	तिष्ठिपे *tishṭhipé*
3p. अस्यापि *ásthâpi*	ou स्याप्यामासे *stâpyâmâsê*
FUTUR SIMPLE.	CONDITIONNEL.
S. 1p. स्यापिष्ये *sthâpishyé*	अस्यापिष्ये *ásthâpishyê*
FUTUR COMPOSÉ.	PRÉCATIF.
S. 1p. स्यापिताहे *sthâpitâhê*	स्यापिषीय *sthâpishîyá*

III. DÉSIDÉRATIF.

515. Les verbes désidératifs indiquent l'intention de faire, p. e. बुध् *budh*, savoir, बुभुत्स *bubhuts*, vouloir savoir.

516. Le désidératif se forme par l'adjonction à la racine d'un *s*, ajouté ou immédiatement, ou par un *i* intermédiaire.

La racine est redoublée: la syllabe du redoublement a l'accent dans les temps spéciaux.

517. Si la racine commence par une consonne, on la répète, elle ou son représentant, avec la voyelle *i*, à moins que la voyelle radicale ne soit *u, û, ô, âu*, et alors l'on répète *u*.

518. Si la racine commence par une voyelle, on observe le principe dont nous avons parlé lors de l'exposition de l'aoriste (voir §§ 396). De deux consonnes, la dernière est remplacée par *i après* la racine, p. e. *úndidish* de *und*, *árdidish* de *ard*.

Les racines finissant en *ksh* répètent en premier lieu *c*; p. e. *îksh* forme *îcikshish*.

Celles qui finissent en *ch* peuvent substituer en premier lieu *t*; ainsi *uch* forme *úticchish* et *úcicchish*, *ṛch*: *ṛ́ticchish* et *ṛ́cicchish*.

519. Les voyelles radicales *i, u* et *ṛ* sont souvent gunifiées quand la lettre caractéristique est annexée par *i*; ainsi

<blockquote>

dṛç, voir,   forme *dídṛksh* ou *didarçish*

budh, savoir „   *búbhuts* ou *búbôdhish*.
</blockquote>

Souvent la gunation n'est pas appliquée.

520. Quand la sifflante s'ajoute immédiatement à la racine, la voyelle est conservée; p. e. *dih* forme *dídhiksh*, comme *ghas*: *gíghats*.

Les voyelles finales *i* et *u* sont allongées, *ṛ* et *ṝ* sont changées en *îr*, à moins qu'une labiale précédente ne détermine le changement en *ûr*.

Ainsi *ci* forme *cicîsh;* *su*: *súsûsh*, *mṛ*: *múmûrsh*, *kṛ*: *cíkîrsh*, *hvṛ*: *gúhûrsh*, *pṝ*: *púpûrsh*.

521. *Smi* forme *sismayish*, *ṛ*: *árirish*, *dṛ* (VI): *didarish*, *dhṛ*: *dídharish*, *çri*: *çiçrayish* et *çiçrîsh*; *yu*: *yúyavish* et *yúyûsh*, *pû*:

pipavish, bhṛ: bibharish ou *búbhúrsh, svṛ: sisvarish* ou *súsvúrsh,
vṛ: vivarish, vivarish, vúvúrsh, tṛ̂: titarish, titarîsh, titîrsh, kṛ̂:
cikarish, gṛ̂: gígarish* et *gígalish.*

Ṛ, aller, forme *arirish, îrshish, ararsh, alarsh.*

522. Les racines se terminant en diphthongue changent cette
dernière en *â*; p. e. *dê, dô* forme *didâs.* Dans le Védas on trouve
aussi *gígîsh* et *pipîsh* de *gâ* et de *pâ.*

523. Nous donnons les désidératifs anomaux suivants:

i et *î*, aller,	forme	*íshish*
u, retentir	„	*úshish*
dâ, donner, et *dê*, aimer	„	*dits*
dhâ, mettre, et *dhê*, boire	„	*dhits* (véd. *didhish*)
mâ, mesurer *(mi* et *mí)*	„	*mits*
ci, cueillir	„	*cikîsh*
gi, vaincre	„	*gígîsh*
hi, aller	„	*gíghîsh*
çvi, croître	„	*çíçvâyish* ou *çúçâvish*
dî, périr	„	*didâs* et *didîsh*
daridrâ, être pauvre	„	*didaridrâs* et *didaridrish*
dîdhî, briller	„	*didîdhîsh*
vêvî, aller, concevoir	„	*vivêvish*
çî, être couché	„	*çiçâs*
div, jouer	„	*didévish* et *dúdyúsh*
dyut, luire	„	*didyutish* et *didyôtish*
han, tuer	„	*gíghâñs*
svap, dormir	„	*súshups*
pracch, demander	„	*pipṛcchish*
grah, prendre	„	*gíghṛksh* [et *bibhraksh*
bhragg, frire	„	*bibharggish, bibhraggish, bibharksh*
çak, pouvoir	„	*çiksh* et *çíçakish*
magg, submerger	„	*mâmanksh*
naç, tuer	„	*ninanksh*

pat, voler	forme	*pits* et *pipatish*
rabh, commencer	„	*rips* et *rírabhish* (véd. *raps*)
labh, prendre,	„	*lips* et *lílabhish*
râdh, offenser	„	*rits* et *rírâts*
ǵnap, faire connaître	„	*ǵnîps* et *ǵíǵnapish*
dambh, léser	„	*dîps* et *dídambhish*
âp, atteindre	„	*îps* (véd. *aps*)
aksh, voir	„	*îksh*
ṛdh, prospérer	„	*îrts*
îrshy, envier	„	*îrshyayish* et *îrshyiyish*
ûrṇu, couvrir	„	*ûrṇunûsh*, *ûrṇunavîsh*, *ûrṇunuvîsh*. [1]

DÉSIDÉRATIFS DE CAUSATIFS.

524. Les causatifs forment les désidératifs en ajoutant *ish*, et en faisant précéder la racine du redoublement, d'après les règles des §§ 516 — 522.

Exemples:

tôdáy de *tud*, frapper, forme *tútôdayish*, vouloir faire qu'on frappe					
dâpáy de *dâ*, donner	„	*dídâpayish*	„	„	„ donne
sphâráy de *sphur*, trembler	„	*púsphârayish*	„	„	„ tremble
svâpáy de *svap*, dormir	„	*súshvâpayish*	„	„	„ dorme.

La voyelle du redoublement se rapporte généralement à celle de la racine; p. e. de *hvê* on forme *hâváy* et de là *júhâvayish*, de *çvi*, *çâváy*: *çúçâvayish* et *çíçâvayish*.

CONJUGAISON DES DÉSIDÉRATIFS.

525. Le désidératif se fléchit, dans les temps spéciaux, selon la conjugaison moderne; l'aoriste s'emploie dans la cinquième forme; nous choisissons le désidératif du causatif de *sthâ*, être debout, *tishṭhâpayish*, vouloir ériger.

[1] On trouve d'autres exemples dans BENFEY, *vollständige Grammatik der Sanskritsprache*, p. 91.

Voix active.   Voix moyenne.

PRÉSENT INDICATIF.

S. 1p. तिष्ठापयिषामि *tíshthâpayishâmi*   तिष्ठापयिषे *tíshthâpayishê*

PRÉSENT POTENTIEL.

S. 1p. तिष्ठापयिषेयम् *tishthâpayishêyam*   तिष्ठापयिषेय *tishthâpayishêya*

PRÉSENT IMPÉRATIF.

S. 1p. तिष्ठापयिषाणि *tishthâpayishâni*   तिष्ठापयिषै *tishthâpayishâi*

IMPARFAIT.

S. 1p. अतिष्ठापयिषम् *átishthâpayisham*   अतिष्ठापयिषे *átishthâpayishê*

AORISTE.

S. 1p. अतिष्ठापयिषिषम् *átishthâpayishisham*   अतिष्ठापयिषिषि *átishthâpayishishi*

PARFAIT.

S. 1p. तिष्ठापयिषामास *tishthâpayishâmâsa*   तिष्ठापयिषामासे *tishthâpayishâmâsê*

FUTUR SIMPLE.

S. 1p. तिष्ठापयिषिष्यामि *tishthâpayishishyámi*   तिष्ठापयिषिष्ये *tishthâpayishishyé*

CONDITIONNEL.

S. 1p. अतिष्ठापयिषिष्यम् *átishthâpayishishyam*   अतिष्ठापयिषिष्ये *átishthâpayishishyé*

FUTUR COMPOSÉ.

S. 1p. तिष्ठापयिषितास्मि *tishthâpayishitâsmi*   तिष्ठापयिषिताहे *tishthâpayishitâhê*

PRÉCATIF.

S. 1p. तिष्ठापयिष्यासम् *tishthâpayishyásam*   तिष्ठापयिषिषीय *tishthâpayishishîyá*

526. Il y a quelques désidératifs qui ne le sont plus que par leur forme, mais qui sont, en réalité, employés comme des verbes primitifs, ce sont:

> *júgups*, blâmer, de *gup*, défendre
>
> *cikits*, guérir, de *kit*, penser (le désid. est *cikitsish*)
>
> *titiksh*, tolérer, de *tig*, tolérer, aiguiser

> *mimẫs*, chercher, de *man*, penser
> *bíbhats*, blâmer, de *badh*, frapper
> *dídẫs*, trancher, de *dẫ*, diminuer
> *çíçẫs*, aiguiser, *de çân*, aiguiser.

527. Du reste, beaucoup de racines simples se terminant en *ksh, ts, ps, rsh* et *sh* ne semblent provenir que de désidératifs ayant perdu leur redoublement, fait qui se voit souvent dans le langage védique; p. e. *íksh*, voir, de *aksh, caksh*, voir, de *cak, taksh*, façonner, de *tac, bhaksh*, manger, de *bhaǵ, bharts*, menacer, de *bhṛt*, &c.

528. Il est possible, en principe, mais très-rare dans l'application, que se forment des causatifs et des intensifs provenant des désidératifs; p. e. स्था *sthâ*, être debout, स्थापय् *sthâpáy*, mettre debout, fixer, poser, तिष्ठापयिष् *tishṭhâpayish*, vouloir poser, तिष्ठापयिषय् *tishṭhâpayisháy*, faire que quelqu'un veuille poser.

Un passif des désidératifs n'est pas possible, à moins qu'il ne se trouve, comme celui des intransitifs, à l'impersonnel; p. e. तिष्ठापयिष्यताम् *tishṭhâpayishyátâm*, littér. qu'il soit voulu poser, c'est-à-dire, qu'on veuille poser.

529. Il existe un adjectif dérivé du thème désidératif, en *ú* qui se joint directement à cette forme secondaire, p. e.:

> दिदृक्षु *didṛkshú*, celui qui veut voir
> पिपासु *pipâsú*, celui qui veut boire
> जिगीषु *ǵigîshú*, celui qui veut vaincre
> तिष्ठापयिषु *tishṭhâpayishú*, celui qui veut ériger, &c.

IV. INTENSIF.

530. L'intensif exprime la notion du verbe renforcée.

Quelquefois l'intensif implique une nuance spéciale, souvent celle du mauvais sens.

Cette dérivation, très-usitée dans les Védas, l'est beaucoup moins dans le langage classique.

Il y a deux formations de l'intensif; toutes les deux sont effectuées par un redoublement, caractérisé ou par la voyelle gunifiée (quand même celle de la racine est longue) ou par la voyelle suivie d'une nasale. *A* devient *â* long ou *an* et *ani*.

Souvent même, surtout dans les Védas, ce redoublement est affixé à la racine par les voyelles *i* ou *î*.

Exemple: *Bhû* forme *bô-bhû*, *nṛt*: *nar-nṛt*, ou *nar-i-nṛt* ou *nar-î-nṛt*, *cal*: *câcal*, *cañcal*, *canical*, *kḷp*: *calkḷp*, *calikḷp*, *calîkḷp*.

Les représentants des consonnes dans le redoublement sont les mêmes que partout ailleurs, excepté dans les Védas où l'on trouve la répétition anomale de quelques articulations, p. e. *kar-i-kr* au lieu de *carikr*, *bhar-i-bhr* au lieu de *baribhr*.

Ku forme *kôku* au lieu de *côku*.

531.   Voici les deux formes de l'intensif:

1°. La première se contente de la racine, quelquefois modifiée dans la voyelle radicale, et du redoublement; elle se fléchit, au parasmâipadam seul, selon les normes de la conjugaison ancienne, presque comme quelques verbes de la troisième classe;

2°. La seconde, usitée seulement à l'âtmanêpadam, ajoute à la racine redoublée *y*, et suit la flexion de la quatrième classe dans les temps spéciaux; dans les temps généraux, le *y* est élidé après tout thème finissant en consonne, sans affecter, par son retranchement, la voyelle radicale (voir §§ 545, 547).

Cette forme s'emploie aussi pour le passif de l'intensif.

En réalité, les deux formes n'en forment qu'une, seulement la voix active suit la troisième, et la voix moyenne la quatrième classe.

FORMATION DU THÈME DE L'INTENSIF.

532.   Les verbes commençant par une voyelle, ceux qui sont polysyllabiques ou dérivés (même ceux de la dixième classe) n'ont pas d'intensif.

Les racines contenant *a* ou *â* ou se terminant en diphthongue prennent d'ordinaire *â* au redoublement, p. e. *pac: pâpac, yat: yâyat, ǵnâ: ǵâǵnâ, mlâi: mâmlâ.*

533. Celles qui contiennent *i, î, é, âi* prennent *ê*; p. e. *kship* forme *cêkship, krîḍ: cêkrîḍ, hêḍ: ǵêhêḍ, pâiṇ: pêpâiṇ.*

534. Celles qui contiennent *u, û, ô, âu* prennent *ô* dans la syllabe de redoublement, p. e. *krudh: côkrudh, pûr: pôpûr, stu: tôshṭu, rôḍ: rôrôḍ, ḍhauk: ḍôḍhâuk,* &c.

535. Celles qui contiennent *ṛ* ou *ḷ* prennent *ar, ari, arî* ou *al, ali, alî* au parasmâipadam, et *arî* ou *alî* à l'âtmanêpadam; p. e. *ǵṛ* forme *ǵarǵṛ, ǵariǵṛ, ǵarîǵṛ, kḷp: calkḷp, calikḷp, calîkḷp.*

536. Les racines qui finissent en *ṛ* forment le redoublement au paraismâipadam en *â*, p. e. *tâtṛ, pâpṛ.* Mais à l'âtmanêpadam, on substitue *îr* et *ûr*, et alors les formes seront *têtîryá, pôpûryá.*

537. Quand la voyelle radicale est *â* suivie d'une nasale, on répète celle-ci sans allonger la voyelle; *tan* forme *tantan,* चण *kshaṇ:* चङ्क्षण *caṅkshaṇ, han: ǵaṅghan, yam: yañyam.*

Dans le langage védique cette règle n'est pas toujours observée.

538. Les racines *bhaṅǵ*, briser, *ǵap*, parler, *çap*, maudire, *ǵabh*, bailler, *car*, aller, *phal*, fructifier, *dañç*, mordre, *paç*, lier, *dah*, brûler, forment avec l'anusvâra *bambhaṅǵ, ǵaṅǵap, çañçap, ǵaṅgabh, cañcar, pamphal, dandañç, pampaç, dandah.*

Celles qui finissent en *al, av* ou *ay* peuvent former le redoublement en *â* avec la nasale; p. e. *cal* peut faire *cancal* et *câcal, khav: caṅkhav* et *câkhav, day: danday* et *dâday.*

539. Les racines *vañc*, vouloir, *skand*, monter, *bhrañç, dhvañs, srañs*, tomber, *kañs, kas, kaç*, fuire, *pat*, tomber, *pad*, aller, forment la syllabe réduplicative en *anî*, en élidant la nasale devant le *y* de l'âtmanêpadam: *vanîvañc (vanîvacyá), caniskand, banîbhrañç, dhanîdhvañs, sanîsrañs, kanîkas, panîpat, panîpad.*

Dans le langage védique, *anî* et *ani* se montrent encore chez d'autres verbes, p. e. en *sanishvan* de *svan, kanikrand* de *krand,* &c.

Quelques intensifs répètent toute la racine; p. e. *aç*, pénétrer, forme *açâç, aṭ*: *aṭâṭ* (seules racines commençant par une voyelle qui aient un intensif (avec *ûrṇu*), encore *gadgad* de *gad, badbadh.*

540. Dans l'usage des Védas, un *î* ou *i* sert quelquefois à relier les diphthongues du guna à la racine; p. e. au lieu de *nônu* on dit *nav-i-nu*, de *tôtu*: *tavîtu*, de *dêdyut*: *davîdyut*, &c.

Au lieu de *ar* paraît quelquefois *al*; au lieu de *â* (de *ṛ̂*): *ar*, *ari, arî*, comme *â* au lieu de *ar*; ainsi *ṛ* forme *arâryâ, araryâ* et *alaryâ*, mais *mṛg*: *mâmṛg*, *tṛ̂*: *tariṭṛ̂* et *tartur*, *gṛ̂*: *ǵalgul.*

541. Dans les deux voix, les racines se terminant en diphthongue sont traitées, comme si elles finissaient en *â*; p. e. *mlâi* forme *mâmlâ; chô*: *câcchâ*, *glâi*: *ǵâglâ.*

Quelques racines en *â* peuvent avoir à l'âtmanêpadam le redoublement en *ê*; ainsi on dit de *dâ*: *dêdîyâ*, de *sthâ*: *têshṭhîyâ*, de *ghrâ*: *ǵêghrîyâ*, de *dhmâ*: *dêdhmîyâ*, de *pyâi*: *pêpîyâ*, de *hâ*: *ǵêhîyâ*, de *sô*: *sêshîyâ.*

Han, tuer, forme *ǵaṅghanyâ* et *ǵêghnîya.*

542. A l'âtmanêpadam, on allonge la voyelle *i* et *u* devant *yâ*; ainsi *ri* forme *rêrîyâ, nu*; *nônûyâ, sku*: *côshkûyâ.*

Ṛ après une consonne est changé en *rî*, et la racine est traitée, comme si elle finissait ainsi; p. c. *kṛ* forme *cêkrîyâ (sañskṛ*: *sáncêshkrîya)*, &c.

Ṛ après deux consonnes se change en *ar*, *smṛ* forme *sâsmaryâ*, *dhvṛ*: *dâdhvaryâ.*

La voyelle longue *ṛ̂* suit la règle connue; *vṛ̂* forme *vôvûryâ*, *kṛ̂*: *cêkîryâ*, *gṛ̂*: *ǵêgilyâ.*

Ûrṇu forme *ûrṇônûyâ*, au parasmâipadam *ûrṇônu, ûrṇunu.*

543. Voici quelques anomalies à l'âtmanêpadam:

<table>
<tr><td>*câi*, révérer,</td><td>forme</td><td>*cêkîyâ*</td></tr>
<tr><td>*car*, aller</td><td>„</td><td>*cañcuryâ*</td></tr>
<tr><td>*phul*, fleurir</td><td>„</td><td>*pamphulyâ*</td></tr>
<tr><td>*hvê*, appeler</td><td>„</td><td>*ǵôhûyâ*</td></tr>
</table>

vyadh, frapper,	forme	*vévidhyá*
vyác, tromper	„	*vévicyá*
gyâ, dépérir	„	*géǵîya*
vraçc, blesser	„	*varîvṛçcya*
pracch, demander	„	*parîpṛcchyá*
bhraǵǵ, frire	„	*barîbhṛǵǵyá*
grah, prendre	„	*garîgṛhyá*
çî, être couché	„	*çâçayyá*
vyê, tisser	„	*vévîyá* (*vâvyâ* et *vévî* par.)
svap, dormir	„	*sôshupyá* (*sâsvap* par.)
syam, proférer un son	„	*sêshim* (*sâsyam* par.)
çvi, croître	„	*çéçvîyá* et *çôçûyá*
khan, fouiller	„	*câkhâyá* et *cankhanyá*
ǵan, naître	„	*ǵâǵâyá* et *ǵanganyá*
san, honorer, donner	„	*sâsâyá* et *sañsanyá*

CONJUGAISON DE L'INTENSIF.

544. Le parasmâipadam suit en tout la flexion de la troisième classe.

Les formes amplifiées prennent le guna.

Celles dont les terminaisons commencent par une consonne, peuvent insérer *î* entre le thème et la désinence, sans guna dans les racines finissant en consonne.

Les lois euphoniques de combinaison reprennent leur droit en entier; p. e. दुह् *duh* forme दोदुहीमि *dóduhîmi* ou दोदौह्मि *dódôhmi*, दोदुहीषि *dóduhîshi* ou दोधौक्षि *dódhôkshi*; भू *bhû*: बोभवीमि *bóbhavîmi* ou बोभोमि *bóbhômi*; स्फुर्छ् *sphurch*: पोस्फोर्ति *pósphôrti*.

545. L'âtmanêpadam qui ajoute *ya,* suit la quatrième classe.

Dans les temps généraux ce *ya* est élidé, dans les thèmes se terminant en consonne, devant des désinences vocaliques; p. e. हन् *han* forme जङ्घन्य *ǵanghanyá* et जेघ्नीय *ǵéghnîyá*. Le futur se formera ou जङ्घनिता *ǵanghanitá*, ou जेघ्नीयिता *ǵéghnîyitá*.

La voyelle thématique n'est pas changée (v. §§ 462, 467, 3°, 482, 5°).

546. Au parasmâipadam, l'accent se place sur le redoublement dans les formes amplifiées; à l'âtmanêpadam, sur la syllabe
yá dans les temps spéciaux.

Les autres temps suivent, pour l'accent, les règles générales.

547. Nous choisissons, pour le paradigme, le verbe भुज्
bhuǵ, jouir.

PRÉSENT INDICATIF.

<table>
<tr><td colspan="2" align="center">Voix active.</td><td colspan="2" align="center">Voix moyenne.</td></tr>
<tr><td>S. 1p.</td><td>बोभोज्मि *bóbhôǵmi*
बोभुजीमि *bóbhuǵîmi*</td><td>बोभुज्ये *bóbhuǵyé*</td></tr>
<tr><td>2p.</td><td>बोभोज्षि *bóbhôkshi*
बोभुजीषि *bóbhuǵíshi*</td><td>बोभुज्यसे *bóbhuǵyásê*</td></tr>
<tr><td>3p.</td><td>बोभोक्ति *bóbhôkti*
बोभुजीति *bóbhuǵíti*</td><td>बोभुज्यते *bóbhuǵyátê*</td></tr>
<tr><td>D. 1p.</td><td>बोभुज्वस् *bóbhuǵvás*</td><td>बोभुज्यावहे *bóbhuǵyávahê*</td></tr>
<tr><td>2p.</td><td>बोभुक्थस् *bóbhukthás*</td><td>बोभुज्येथे *bóbhuǵyéthê*</td></tr>
<tr><td>3p.</td><td>बोभुक्तस् *bóbhuktás*</td><td>बोभुज्येते *bóbhuǵyétê*</td></tr>
<tr><td>Pl. 1p.</td><td>बोभुज्मस् *bóbhuǵmás*</td><td>बोभुज्यामहे *bóbhuǵyámahê*</td></tr>
<tr><td>2p.</td><td>बोभुक्थ *bóbhukthá*</td><td>बोभुज्यध्वे *bóbhuǵyádhvê*</td></tr>
<tr><td>3p.</td><td>बोभुजति *bóbhuǵati*</td><td>बोभुज्यन्ते *bóbhuǵyántê*</td></tr>
</table>

PRÉSENT SUBJONCTIF.

<table>
<tr><td>S. 1p.</td><td>बोभोजानि *bóbhôǵámi*</td><td>बोभुज्यै *bóbhuǵyé*</td></tr>
<tr><td>2p.</td><td>बोभोजसि *bóbhôǵasi*, &c.</td><td>बोभुज्यासे *bóbhuǵyásê*, &c.</td></tr>
</table>

PRÉSENT POTENTIEL.

<table>
<tr><td>S. 1p.</td><td>बोभुज्याम् *bóbhuǵyám*, &c.</td><td>बोभुज्येय *bóbhuǵyéya*, &c.</td></tr>
</table>

PRÉSENT IMPÉRATIF.

<table>
<tr><td>S. 1p.</td><td>बोभुजानि *bóbhuǵáni*</td><td>बोभुज्यै *bóbhuǵái*</td></tr>
<tr><td>2p.</td><td>बोभुग्धि *bóbhugdhi*</td><td>बोभुज्यस्व *bóbhuǵyásva*</td></tr>
<tr><td>3p.</td><td>बोभोक्तु *bóbhôktu*
बोभुजीतु *bóbhuǵítu*</td><td>बोभुज्यताम् *bóbhuǵyátâm*</td></tr>
<tr><td>D. 1p.</td><td>बोभुजाव *bóbhuǵáva*</td><td>बोभुज्यावहै *bóbhuǵyávahái*</td></tr>
<tr><td>2p.</td><td>बोभुक्ताम् *bóbhuktám*</td><td>बोभुज्येथाम् *bóbhuǵyéthâm*</td></tr>
<tr><td>3p.</td><td>बोभुक्ताम् *bóbhuktâm*</td><td>बोभुज्येताम् *bóbhuǵyétâm*</td></tr>
</table>

Pl. 1p. बोभुजाम *bôbhuǵâma* · बोभुज्यामहि *bôbhuǵyâmahâi*
2p. बोभुक्त *bôbhuktá* बोभुज्यध्वम् *bôbhuǵyádhvam*
3p. बोभुजतु *bôbhuǵatu* बोभुज्यन्ताम् *bôbhuǵyántâm*

IMPARFAIT.

S. 1p. अबोभुजम् *ábôbhuǵam* अबोभुज्ये *ábôbhuǵyê*
2p. अबोभोक् *ábôbhôk* अबोभुज्यथास् *ábôbhuǵyathâs*
     अबोभुजीस् *ábôbhuǵîs*
3p. अबोभोक् *ábôbhôk* अबोभुज्यत *ábôbhuǵyata*
     अबोभुजीत् *ábôbhuǵît*
D. 1p. अबोभुज्व *ábôbhuǵva* अबोभुज्यावहि *ábôbhuǵyâvahi*
2p. अबोभुक्तम् *ábôbhuktam* अबोभुज्येथाम् *ábôbhuǵyéthâm*
3p. अबोभुक्ताम् *ábôbhuktâm* अबोभुज्येताम् *ábôbhuǵyêtâm*
Pl. 1p. अबोभुज्म *ábôbhuǵma* अबोभुज्यामहि *ábôbhuǵyâmahi*
2p. अबोभुक्त *ábôbhukta* अबोभुज्यध्वम् *ábôbhuǵyadhvam*
3p. अबोभुजुस् *ábôbhuǵus* अबोभुज्यन्त *ábôbhuǵyanta*

AORISTE.

S. 1p. अबोभोजिषम् *ábôbhôǵisham* अबोभुजिषि *ábôbhuǵishi*

PARFAIT.

S. 1p. बोभोजामास *bôbhôǵâmâsa* बोभुजामासे *bôbhuǵâmâsé*

FUTUR SIMPLE.

S. 1p. बोभोजिष्यामि *bôbhôǵishyâmi* बोभुजिष्ये *bôbhuǵishyé*

CONDITIONNEL.

S. 1p. अबोभोजिष्यम् *ábôbhôǵishyam* अबोभुजिष्ये *ábôbhuǵishyê*

FUTUR COMPOSÉ.

S. 1p. बोभोजितास्मि *bôbhôǵitâsmi* बोभुजिताहे *bôbhuǵitâhê*

PRÉCATIF.

S. 1p. बोभुज्यासम् *bôbhuǵyâsam* बोभुजिषीय *bôbhuǵishîyá*

548. Les intensifs peuvent donner naissance à des causatifs et
à des désidératifs; p. e. *bôbhuǵ* peut former un désidératif sans redoublement बोभुजिष् *bôbhuǵish*, vouloir beaucoup jouir; on en
peut former le causatif बोभुजिषय *bôbhuǵishây*, faire que quelqu'un

veuille beaucoup jouir, et de nouveau un désidératif बीभुजिषयिष *bóbhuǵishayish*, &c.

549. Dans les Védas, où l'intensif joue un rôle beaucoup plus considérable que dans le sanscrit classique, on rencontre un grand nombre de formes de ce genre, et qui ne trouvent pas d'analogie ailleurs sous le rapport de la flexion et du redoublement.

V. DÉNOMINATIF.

550. On appelle *dénominatifs* les verbes dérivés surtout de mots déclinables et impliquant l'idée d'imiter la notion originaire, la vouloir, la raconter, &c. Le dénominatif est formé ou directement du thème ou par des terminaisons affixées.

Ce nom peut même être un pronom; p. e. de *idám*, celui-ci, on forme *idám*, vouloir la même chose.

551. Les terminaisons affixées au thème nominal sont *y*, *ay*, *sy*, *asy* et *kámy*. (*Liddhudhátu* ou racines *liddhu*.)

Exemples: *açva*, cheval, *açváy*, chevaucher, *açvasy*, vouloir un cheval (d'une jument), *kshíra*, lait, *kshíráy*, ressembler au lait, *tápas*, mortification, *tapasy*, subir une mortification, *dadhi*, lait, *dadhisy* ou *dadhyasy*, vouloir du lait.

552. Les dénominatifs formés directement du thème nominal ne se conjuguent généralement qu'au parasmâipadam. La voyelle, étant finale, est gunifiée; suivie d'une nasale, elle est souvent allongée; p. e. *pitárámi*, j'agis en père, de *pitṛ*; *kámínatas*, ils se conduisent en amants, de *kámín*.

553. Les dénominatifs qui ajoutent *y* signifient ou le désir du nom ou une comparaison avec ce dernier; p. e. *patní*, épouse, forme *patníy*, désirer une épouse, ou: avoir comme une épouse.

554. Devant *y*, le thème subit les changements suivants:

A et *á* deviennent souvent *í*; p. e. *sutá* et *sutá* forment *sutíy*, désirer un fils ou une fille.

I et *u* sont allongés à la fin et devant *r* et *v*; p. e. *agni*, feu, forme *agniy*, *guru*, vénérable: *guruy*, *gir*, voix: *gíry*, *dhur*, timon: *dhúry*.

Ṛ se change en *ri*, *ô* en *av*, *âu* en *âv*; p. e. *pitṛ*, père, forme *pitríy*, *gô*, vache: *gavy*, *nâu*, vaisseau: *nâvy*.

Un *n* final est élidé, et la voyelle précédente traitée selon les règles exposées tout à l'heure; p. e. *râǵan*, roi, forme *râǵíy*, *dhanin*, riche: *dhaníy*.

555. Les verbes signifiant un désir ne sont ordinairement fléchis qu'au parasmâipadam, ceux qui dénotent une ressemblance, à l'âtmanêpadam.

Ces derniers substituent *áy* à *a* et *â*; p. e. *brâhmaṇa*, Brahmane, forme *brâhmaṇáy*. *N* est élidé, et la voyelle allongée; p. e. *râǵan* forme *râǵáy*. Quelquefois on trouve le suffixe *âpay*. Les règles du § 554 s'appliquent également pour ces mots.

S est ou traité comme *n*, ou conservé; on fait de *saras*: *sarấy* ou *sarasy*; d'autres terminaisons sont également rejetées, p. e. *yuvan* fait *yavấy* (du superlatif *yávishṭha*), *ṛǵu*: *raǵấy*, *vṛhat*: *vṛhấy*.

556. Les dénominatifs qui ajoutent *ay* ont une signification analogue. Les monosyllabes se terminant en *i*, *î*, *u*, *û*, *ṛ* et *ṛ̂* prennent le *vriddhi*, ceux qui finissent en *a* et *â* ajoutent *p*; p. e. *ka*, air, forme *kâpáy*, *vi*: *vâyáy*, *bhrû*: *bhrâváy*, *nṛ*: *nâráy*.

Les monosyllabes qui se terminent en consonne gunifient la voyelle, p. e. de *kshudh*, faim, se forme *kshôdháy*.

557. Les noms polysyllabiques rejettent devant *ay* la voyelle ou les consonnes finales; p. e. *kshamâ*, patience, forme *kshamáy*, *giri*: *giráy*, *vadhû*: *vadháy*, *çarad*: *çaráy*, *carman*: *carmáy*.

Les terminaisons formant des adjectifs sont rejetées, et le reste est traité selon les règles exposées § 556; p. e. *dhîmat* forme *dhâyáy*, &c.

Ces dérivations se trouvent fléchies dans les deux voix.

558. Les affixes *sy* et *asy* sont surtout fréquents dans les Védas avec une idée désidérative. Il s'y trouve des adjectifs en

syú et *asyú* qui expriment cette même notion, et qui ont avec le verbe le même rapport que les adjectifs désidératifs en *sú* ont avec le désidératif ordinaire; p. e. *budh* forme *bhutsy*, désirer de l'instruction, *bhutsyú*, désireux d'instruction.

559. La syllabe *kamy* ou *kâmy* est affixée au thème, pour expliquer un souhait, p. e. *putrakâmy*, souhaiter un fils.

Ces verbes se conjuguent généralement au parasmâipadam, comme ceux de la dixième classe.

CHAPITRE QUATRIÈME.
FORMATION DES PARTIES NON-CONJUGUÉES DU VERBE.

I. PARTICIPES.

a. PARTICIPES DU PRÉSENT ET DU FUTUR.

560. Les terminaisons des participes du présent et du futur (ce dernier suivant la conjugaison moderne du présent) sont:

Dans la voix active: *at* (acc. *antam*), f. *antî* (f. *atî*), *at*.

Dans la voix moyenne: *mâna* dans la conjugaison moderne, *âna* dans la conjugaison ancienne.

Note. Seule la racine आस् *âs*, être assis ($A\Sigma$, ἄσται) a आसीन *âsîna*, dans les Védas pourtant aussi *âsâná*.

Dans les hymnes sacrés et les épopées on trouve aussi *âna*, affixé aux thèmes de la conjugaison moderne, surtout dans les verbes de la dixième classe.

561. La terminaison *at* se met à la place de *anti* (*ati*) de la troisième personne du pluriel, dont elle suit l'accent.

Le thème ancien de ce participe est *ant* (gr. *οντ*, lat. *ent*, germ. *end*) et nous en avons exposé la flexion § 133. Les cas forts ont le thème *ant*, p. e. बोधत् *bódhat*, acc. बोधन्तम् *bódhantam*.

Mais selon la règle de l'élision de la nasale *n* dans *anti*, *antu* (§ 323) dans les verbes redoublés, on adopte *at* seul dans les mêmes cas, p. e. बिभ्रति *bíbhrati*, ils portent, acc. बिभ्रतम् *bíbhratam*, ferentem.

La racine *çâs* suit cette règle (§ 302).

562. Les verbes de la conjugaison moderne forment les féminins en *antî* plutôt qu'en *atî*, et ceux de la conjugaison ancienne en *atî* plutôt qu'en *antî*. La forme *atî* est oxytone, sauf dans les verbes redoublés, qui ont toujours *atî*, p. e. ददती *dádatî*, celle qui donne, बेभिदती *bébhidatî*, celle qui fend fortement.

563. Le futur forme *syát*, *syántî*, *syát*, en substituant *at* &c. à *anti* de la troisième personne, p. e. भोत्स्यत् *bhôtsyát*; f. भोत्स्यन्ती *bhôtsyántî*, ou भोत्स्यती *bhôtsyátî*.

564. Le passif prend *at* aussi bien que la véritable forme de l'âtmanêpadam *mâna*; ainsi l'on dit क्रियत् *kriyát* aussi bien que क्रियमाण *kriyámâṇa* de *kṛ*.

565. L'âtmanêpadam se forme en *mâṇa* et *âna* (v. § 560).

L'accent suit, au sujet de *mâṇa*, f. *mânâ*, la forme du présent; *âna* (f. *â*) est oxyton, quand la troisième personne du pluriel accentue la terminaison, en cas contraire (c'est-à-dire, dans tous les verbes redoublés), l'accent tombe sur la première syllabe.

566. Nous donnons les exemples suivants:

Conjugaison moderne.

Voix active.	Voix moyenne.
बोधत् *bódhat*	बोधमान *bódhamâna*
f. बोधन्ती *bódhantî*	
तुदत् *tudát*	तुदमान *tudámâna*
f. तुदन्ती *tudántî* ou तुदती *tudatí*	
माद्यत् *mâdyat* de मद् *mad*, être ivre (§ 273)	माद्यमान *mâdyamâna*
f. माद्यन्ती *mâdyantî*	
चोरयत् *côráyat*	चोरयमाण *côráyamâṇa*
f. चोरयन्ती *côráyantî* ou चोरयती *côrayatí*	[ou चोरयाण *côráyâṇa*

Conjugaison ancienne.

द्विषत् *dvishát*　　　　　　द्विषाण *dvishâṇá*
　f. द्विषती *dvishatí*

सत् *sat* de अस् *as*, être
　f. सती *satí*

ददत् *dádat*　　　　　　ददान *dádâna*
　f. ददती *dádatî*

घ्नत् *ghnat* de हन् *han*, tuer　　घ्नान *ghnâná*
　f. घ्नती *ghnatí*

चर्क्रत् *cárkrat* (Int. de कृ *kṛ*)　चर्क्राण *cárkrâṇa*
　f. चर्क्रती *cárkratî*

उश्रत् *uçát* de वश् *vaç*, vouloir　उश्रान *uçâná*
　f. उश्रती *uçatí* ou उश्रन्ती *uçántî*

भिन्दत् *bhindát*　　　　　भिन्दान *bhindâná*
　f. भिन्दती *bhindatí*

शक्नुवत् *çaknuvát*　　　　शक्नुवान *çaknuvâná*
　f. शक्नुवती *çaknuvatí*

कुर्वत् *kurvát*　　　　　कुर्वाण *kurvâṇá*
　f. कुर्वती *kurvatí* ou कुर्वन्ती *kurvántî*

प्रीणत् *prîṇát*　　　　　प्रीणान *prîṇâná*
　f. प्रीणती *prîṇatí*

FUTUR.

नेष्यत् *nêshyát*　　　　　नेष्यमाण *nêshyámâṇa*
　f. नेष्यन्ती *nêshyántî* ou नेष्यती *nêshyatí*

PASSIF.

क्रियत् *kriyát*　　　　　क्रियमाण *kriyámâna*
　f. क्रियती *kriyatí* ou क्रियन्ती *kriyántî*

567. Toutes les fléxions dérivées forment leurs participes d'après les mêmes règles.

b. PARTICIPES DE L'AORISTE.

568. Les participes de l'aoriste ne se trouvent que dans le langage védique, en *at*, *mâna* et *âna*.

On fera de la première forme:

सृपत् *srpát*   सृपमाण *srpámâṇa*

  f. सृपती *srpatí*

De la seconde:

दत् *dat*   दान *dâná*

  f. दती *datí*

क्रत् *krat*   क्राण *krâṇá*

  f. क्रती *kratí*

De la troisième:

ददरत् *dádarat*   ददराण *dádarâṇa*

  f. ददरती *dádaratí*

शुशुचत् *çúçucat*   शुशुचान *çúçucâna*

  f. शुशुचती *çúçucatí*

De la quatrième:

श्रोषत् *çróshat*   श्रोषमाण *çróshamâṇa*

  f. श्रोषती *çróshatí*

De la cinquième:

पाविषत् *pávishát*   पविषमाण *pavishámâṇa*

  f. पाविषती *pávishatí*

De la sixième:

यासिषत् *yâsishát*   यासिषाण *yâsishâṇa*

  f. यासिषती *yâsishatí*

De la septième:

दिचत् *dikshát*   दिचमाण *dikshámâṇa*

  f. दिचती *dikshatí*

Ces participes sont du reste très-rares.

c. PARTICIPES DU PARFAIT.

569. Le participe du parfait parasmâipadam se forme en ajoutant *vás* (N. *vấn*, *úshî*, *vát*, gr. ώς, ῦα, ός), dont la déclinaison se trouve au § 135;

Le participe de l'âtmanêpadam en ajoutant *âná*.

Ces terminaisons s'ajoutent à la forme faible du parfait.

570. La terminaison *vás* intercale un *i* (mais seulement dans les cas commençant par un *v*) dans les verbes en *â* ou diphthongues, et dans les thèmes monosyllabiques du parfait.

Devant les désinences commençant en *u* ou devant *âna* la voyelle *â* ou les diphthongues sont élidées (comparez § 452).

571. En voici des exemples:

निनीवस् *ninîvás*
  f. निन्युषी *ninyúshî*

निन्यान *ninyâná*

तत्रस्वस् *tatrasvás* (§ 449)
  f. तत्रसुषी *tatrasúshî*
ou चेसिवस् *trésivás*
  f. चेसुषी *trésúshî*

तत्रसान *tatrasâná*
ou
चेसान *trésâná*

तेनिवस् *ténivás* de तन् *tan*, étendre
  f. तेनुषी *ténúshî*

तेनान *ténâná*

बिभिद्वस् *bibhidvás*
  f. बिभिदुषी *bibhidúshî*

बिभिदान *bibhidâná*

तुतुद्वस् *tutudvás*
  f. तुतुदुषी *tutudúshî*

तुतुदान *tutudâná*

ईजिवस् *îǵivás* de यज् *yaǵ* (§ 455), sacrifier
  f. ईजुषी *îǵúshî*

ईजान *îǵâná*

वेसिवस् *vésivás* de वस् (II) *vas*, vêtir
  f. वेसुषी *vésúshî*; mais:

वेसान *vésâná*

जषिवस् *ûshivás* de वस् (I) *vas*, demeurer
  f. जषुषी *ûshúshî*

जषाण *ûshâná*

तस्थिवस् *tasthivás* de स्था *sthâ*, être debout
  f. तस्थुषी *tasthúshî*

तस्थान *tasthâná*

शिशिष्वस् *çiçishvás* de शास् *çâs*, dominer
  f. शिशिषुषी *çiçishúshî*

शिशिषाण *çiçishâná*

572. Le verbe *i* forme *îyivás*, f. *îyúshî*, âtm. *îyâná*

   »   *r*   »   *ârivás, ârúshî, ârâná*

   »   *ghas*   »   *cakshivás, cakshúshî, cakshâná*

   »   *gam*   »   *ǵagmivás, ǵagmúshî, ǵagmâná*
           ou *ǵaganvás*

        han forme *ǵaghnivás, ǵaghnúshī, ǵaghnáná*

             ou *ǵaghanvás.*

573. Les verbes finissant en consonne précédée d'une nasale, élident celle-ci, quand *vas* est immédiatement ajouté; p. e. *bhañǵ* forme *babhaǵvás, skambh: caskabhvás,* &c.

574. Nous notons les irrégularités suivantes:

    vid   forme   *vidvás, vividvás* ou *vividivás*

    viç   „   *viviçivás*

    dṛç   „   *dadṛçivás*

    daridrá „   *dadaridrivás*

    dáç   „   *dáçvás*

    mih   „   *mīḍhvás*

    sah   „   *sáhvás*

    bhú   „   *babhúvás,* f. *babhúvushī.*

575. Il existe un autre participe du parfait, formé du participe passif par l'adjonction de *vat,* p. e. ज्ञतवत् *kṛtávat,* ayant fait.

d. PARTICIPE PASSIF.

576. Le participe passif se forme en *ta* ou en *na (tas, tá, tam,* lat. *tus, ta, tum,* ou *nas, ná, nam).*

Formée de verbes intransitifs, cette flexion n'implique que la notion du prétérit ordinaire.

La voyelle *i* est quelquefois intercalée devant la terminaison *ta,* mais jamais devant *na.*

577. Devant les deux terminaisons les diphthongues finales deviennent *á,* दो *dô,* forme दात *dátá,* à l'exception de *çyái,* être froid, qui forme *çītá* et *çiná, çrái,* bouillir: *çṛtá* et *çráná, sthá,* être debout: *sthitá, dá,* donner: *dattá, dhá,* tenir: *hitá, há,* abandonner: *híná, mê,* échanger: *mītá, dhê,* boire: *dhītá, vê,* tisser: *utá, vyê,* tisser: *vītá, hvê,* appeler: *hútá, gái,* chanter: *gītá, sái,* languir: *sīta, styái,* rassembler: *stītá, styámá, styátá, styáná, stímá.*

Les verbes en *ô* peuvent former le participe en *átá* et *itá.*

578. Les racines se terminant en *ŗ* le changent en *ir* ou en *ûr*; p. e. स्तृ *stŗ*, répandre, forme स्तीर्ण *stîrṇá*, तॄ *tŗ*, franchir: तीर्ण *tîrṇá*, पॄ *pŗ*, remplir: पूर्ण *pûrṇá*.

Cette classe prend toujours *na* (*ṇa* selon § 74).

579. Les racines finissant en consonne ajoutent *ta* ou *na* directement, ou *ta* après insertion de la lettre *i*. Les verbes qui ne prennent pas *i* au participe sont à-peu-près ceux que nous avons énumérés § 477, 2°.

580. Les règles du *samprasâraṇa* ou contraction de la racine sont également admissibles pour la formation du participe en *ta*.

P. e.: *vac*   forme *uktá*

vad   „   *uttá* ou *uditá*

vap   „   *uptá*

vaç   „   *uçitá*

vas (I)   „   *ushitá* ou *ushṭá*

vah   „   *ûḍhá* ऊढ

pracch   „   *pṛshṭá*

yaǵ   „   *ishṭá*, &c.

581. Les participes qui insèrent *i* ont quelquefois le guna dans la syllabe radicale, p. e. *tôpitá* ou *tupitá* de *tup*, *marshitá* et *mŗshitá* de *mŗsh* (dans le premier dans la signification de tolérer).

582. Les racines se terminant en plusieurs consonnes dont la première est une nasale, élident celle-ci quand la terminaison s'ajoute sans *i*, p. e.:

भ्रष्ट *bhrashṭá* de *bhrañç*, tomber

बद्ध *baddhá* de *bandh*, lier

इद्ध *iddhá* de *indh*, allumer, &c.

Quelques racines en *nth*, quoique ajoutant un *i*, élident la nasale; p. e. *manth* forme *mathitá*.

583. Quand de plusieurs consonnes finales l'avant-dernière n'est pas une nasale, on la rejette, en cas d'élision de l'*i*; ainsi *turv* forme *tûrṇá*.

Une exception est *cashṭá* de *cakṣh*, voir.

584. Un *m* final est rejeté, p. e.:

गत *gatá* de *gam*, aller

यत *yatá* de *yám*, restreindre

नत *natá* de *nam*, fléchir

रत *ratá* de *ram*, jouir.

Quelques-unes de ces racines pourtant conservent la nasale, et allongent la voyelle, p. e.:

क्रान्त *krântá* de *kram*, aller

दान्त *dântá* de *dam*, dompter

कान्त *kântá* de *kam*, aimer, &c.

585. Un *n* est également élidé, p. e.:

हत *hatá* de *han*, tuer

मत *matá* de *man*, penser.

Gan et *khan* forment *gâtá* et *khâtá*.

586. Les racines en *y* le rejettent; p. e. *sphây*, épaissir, forme *sphâtá*, *sphîtá*; *pyây*, être gras: *pîtá*, *pînâ*, *pyânâ*; *kshmây*, secouer: *kshmîtá*.

587. Les verbes qui se terminent en aspirée subissent les règles générales, p. e.:

बुद्ध *buddhá* de *budh*, savoir

दुग्ध *dugdhá* de *duh*, traire.

Les verbes qui finissent en *h*, regardé comme cérébral, fondent l'aspirée avec le *t* en *ḍh* cérébral, qui ordinairement détermine l'allongement de la voyelle, p. e.:

लीढ *lîḍhá* de *lih*, lécher

मीढ *mîḍhá* de *mih*, mouiller

रूढ *rûḍhá* de *ruh*, croître, monter

गाढ *gâḍhá* de *gâh*, troubler

दृढ *dṛḍhá* de *dṛh*, croître.

Sah, porter, forme *sôḍhá*.

588. Les verbes de la dixième classe, les causatifs et les dénominatifs ajoutent *i* au thème du verbe, ainsi:

चोरित *côritá* de *côráy*

नायित *náyitá* de *náyáy*

मालायित *máláyitá* de *máláy.*

589. Prennent la terminaison *na:*

1°. Les racines se terminant en *d* et énumérées au § 477, 2°; e *d* se change en *n*, p. e.:

अन्न *anná* de *ad*, manger

छिन्न *chinná* de *chid*, couper

चुन्न *kshunná* de *kshud*, broyer

सन्न *sanná* de *sad*, être assis

mais निषन्न *nishanná* de *ni-shad*, id.

En dehors de ces racines prennent *na:*

chad, couvrir: *channá*, *hlád*, se réjouir: *hlanná* (avec l'*á* raccourci), *bund*, apercevoir: *bunná*, *ard*, tourmenter: *arṇṇá* अर्त्त et *arditá.*

Nud, se réjouir, forme *nunná* et *nuttá*, *vid*, trouver: *vinná* et *vittá.*

2°. Quelques racines en *g, ç, rch, j, y, r* et *rv*, au moins dans le langage plus récent.

Celles en *rch* et *rv* perdent la dernière consonne, et allongent la voyelle, p. e. ऊर्ण *úrṇá* de *urv*, blesser.

3°. Toutes les racines en *r* (voir § 578).

4°. Celles qui se terminent en *á* ou en diphthongue, et commencent par une consonne double, p. e. *glâná* de *glâi.*

5°. Un grand nombre de racines finissant en voyelle longue.

590. Quelques verbes ajoutent d'autres syllabes, ainsi:

çush, sécher,	ajoute *ka:*	*çúshka*
pac, cuire	„ *va:*	*pakvá*
kshâi, dépérir	„ *ma:*	*kshîmá*
pra-styâi, agréger	„ *ma:*	*prastîmá* ou *prastîtá*
phal, fleurir	„ *la:*	*phullá*
krç, maigrir	„ *a:*	*krçá*

> *kshîv*, être ivre, ajoute *a*: *kshîvá*
> *ullâgh*, suffire „ *a*: *ullâghá*.

591. Le participe du passif a ordinairement l'accent sur la dernière syllabe, à moins d'être composé. Quelquefois aussi le participe est distingué par l'accent d'un nom, formé de la même manière, mais ayant une autre acception.

Quant à la formation exacte du participe, il faut l'apprendre pour chaque verbe, parce qu'il n'y a pas de règles à ce sujet sans de nombreuses exceptions, de sorte que ce chapitre appartient plutôt au dictionnaire qu'à la grammaire.

e. PARTICIPES DU FUTUR PASSIF.

592. Le participe du futur passif se forme en *távya* (ou *tavyà*) (grec τεος), *aníya* (*aṇíya*), *élima*, *yá*.

La désinence *távya* est ajoutée avec ou sans *i*, et réclame ordinairement le guna de la voyelle.

La désinence *aníya* demande aussi le guna précédent.

Elíma est très-rare.

Voici des exemples:

कर्तव्य *kartavyà* ou करणीय *karaṇíya* de कृ *kṛ*, faire

स्तोतव्य *stôtavyà* ou स्तवितव्य *stavitavyà* ⎫
स्तवेलिम *stavélima* ⎬ de स्तु *stu*, louer
स्तवनीय *stavaníya* ⎭

पक्तव्य *paktavyà* ⎫
पचनीय *pacaníya* ⎬ de पच् *pac*, cuire
पचेलिम *pacélima* ⎭

दातव्य *dâtavyà* ⎫
दानीय *dânîyá* ⎭ de दा *dâ*, donner

सोढव्य *sôḍhavyà* ⎫
सहनीय *sahaníya* ⎭ de सह *sah*, porter

593. Pour la formation de *távya*, presque toutes les règles du futur composé en *tâ* prennent place (§§ 476, 477).

Dans les Védas on trouve au lieu d'*anîya* souvent la forme *énya*, p. e. ईकेन्य *iténya,* ईषेन्य *içénya.*

594. Une autre forme du participe futur est *ya* (f. *yâ*) dont la formation est moins simple.

Toutes les diphthongues et *â* changent en *e,* p. e.:

देय *déya* de *dâ,* donner

श्रेय *çéya* de *çô,* aiguiser, &c.

I et *î* se changent en *é* ou *ay, u* et *û* en *av,* p. e.:

जेय *ǵéya* de *ǵi,* vaincre

नेय *néya* de *nî,* conduire

नव्य *navyà* de *nu,* louer

भव्य *bhavyà* de *bhû,* être.

Une autre forme prend le vriddhi, quand elle implique de la nécessité absolue:

नाव्य *nâvyà,* भाव्य *bhâvyà,* &c.

Les voyelles brèves prennent aussi *tya,* p. e. नुत्य *nutya,* &c.

Les racines finissant en *r* forment *ṛtya* ou *âryà,* celles en *ṛ̂: âryà,* p. e.:

कृत्य *kṛtya* ou कार्य *kâryà* de *kṛ,* faire

तार्य *târyà* de *tṛ̂,* franchir, &c.

595. Les racines qui ont pour voyelle *a* ont ou *â* ou *a,* p. e.:

त्याज्य *tyâǵyà* de *tyaǵ,* abandonner

लाप्य *lâpyà* de *lap,* parler, mais

नम्य *námya* de *nam,* fléchir

बध्य *bádhya* ou घात्य *ghâtyà* de *han,* tuer.

Khan, fouiller, forme *khayá.*

Daridrî, être pauvre, forme *daridryà, vêvî,* aller: *vévyà, dîdhî,* briller: *dîdhyà.*

596. *I* et *u* sont ou conservés ou gunifiés.

Dans le second cas, les palatales sont changées en gutturales, p. e.:

युज्य *yuǵya* ou योग्य *yôgyà* de *yuǵ,* joindre

भुज्य *bhúǵya* ou भोग्य *bhôgyà* de *bhuǵ*, jouir

दुह्य *dúhya* ou दोह्य *dóhya* de *duh*, traire

क्षेप्य *kshêpyà* de *kship*, jeter.

Ṛ est tantôt conservé et tantôt gunifié, p. e.:

मृश्य *mṛ́çya* de *mṛç*, toucher

वृत्य *vṛ́tya* de *vṛt*, tourner

अर्च्य *arcyà* de *ṛc*, louer.

En général, la formation est tellement peu sujette à des règles certaines, qu'il faut également s'assurer de la forme en *ya* pour chaque cas donné.

Du reste beaucoup de flexions ainsi formées acquièrent des acceptions substantives, p. e. *bhôgya*, blé, *bhôgyâ*, courtisane.

II. GÉRONDIF.

597. Le gérondif se forme par l'adjonction de *tvá* pour les verbes simples, de *ya* pour les verbes composés.

Tvá, qui est originairement un instrumental de *tu*, s'ajoute avec ou sans *i* à la racine, d'après les règles que nous connaissons: c'est-à-dire, après le changement en *â* des diphthongues, la substitution de thèmes raccourcis aux thèmes pleins, &c., p. e:

कृत्वा *kṛtvá* de *kṛ*, faire

जित्वा *ǵitvá* de *ǵi*, vaincre

ग्लात्वा *glâtvá* de *glâi*, se fatiguer

दत्त्वा *dattvá* de *dâ*, donner

हित्वा *hitvá* de *dhâ*, mettre

धात्वा *dhâtvá* de *dhê*, boire

उक्त्वा *uktvá* de *vac*, parler

उक्त्वा *uttvá* de *vad*, parler

इष्ट्वा *ishṭvá* de *yaǵ*, sacrifier

सुप्त्वा *suptvá* de *svap*, dormir

हूत्वा *hûtvá* de *hvê*, appeler.

598. L'insertion de l'*i* peut facultativement occasionner la gunation de la voyelle; on dit p. e.:

लेखित्वा *lêkhitvá* et

लिखित्वा *likhitvá* de *likh*, écrire

क्षोधित्वा *kshôdhitvá* et

क्षुधित्वा *kshudhitvá* de *kshudh*, avoir faim

रोदित्वा *rôditvá* et

रुदित्वा *ruditvá* de *rud*, pleurer.

599. En général, on peut, sauf les exceptions à l'endroit des verbes qui font le participe passif en *na*, être sûr de ne pas se tromper dans la formation du gérondif en *tvá*, en changeant le *tá* en *tvá*.

Il y a, du reste, beaucoup d'incertitudes même pour les grammairiens indiens qui, à leur tour, sont démentis par l'usage des Védas et des épopées. Nous nous bornons, du reste, à enrégistrer les faits suivants.

600. Les racines en *ṛ* forme en *aritvá* ou *arîtvá*.

Les racines se terminant en *d*, l'élident souvent quand il est ajouté sans *i*, p. e. *bhitvá* au lieu de *bhittvá*.

Quoique les racines finissant en consonne précédée d'une nasale, élident cette dernière, *skand*, monter, et *syand*, distiller, forment *skantvá* et *syantvá* ou *syanditvá*.

Sah, porter, forme *sahitvá* et *sôḍhvá*

vraçc, couper „ *vraçcitvá*

çâs, dominer „ *çishṭvá*

gyâ, se faner „ *ǵitvá*

vyac, séparer „ *vyacitvá*

naç, tuer „ *nashṭvá, nañshṭvá, naçitvá*

maǵǵ, submerger „ *maṅktvá* et *maktvá*

dhâv, laver „ *dhâvitvá* et *dhâutvá*

grah, prendre „ *gṛhîtvá*

ad, manger „ *ǵagdhvá* de *ghas*

duh, traire „ *duhitvá* et *dugdhvá*

lih, lécher „ *lihitvá* et *líḍhvá*.

601. Le gérondif en *tvâ* est toujours oxyton, à moins qu'il ne soit composé avec l'*a* privatif qui alors reçoit le ton, p. e.:

> *kṛtvâ* mais *ákṛtvâ*, n'ayant pas fait
> *bhûtvâ* mais *ábhûtvâ*, n'ayant pas été
> *itvâ* mais *ánitvâ*, n'étant pas allé.

602. Dans les verbes composés, *tvâ* est remplacé par *ya* qui après des voyelles brèves devient *tya*. Les gérondifs ainsi formés sont paroxytons.

Les racines finissant en *ṝ* prennent après les labiales *ûr*, après les autres consonnes *îr*.

Celles qui finissent en *iv*, *uv*, *ir*, *ur*, allongent la voyelle.

Celles qui se terminent en diphthongue changent celle-ci en *â*.

Celles qui finissent en consonne précédée d'une nasale, élident celle-ci, à moins qui la consonne soit une gutturale.

Les contractions du *samprasâraṇa* sont également appliquées.

Les causatifs et dénominatifs élident le *y*, si la syllabe précédente a une longue voyelle.

Exemples:

अनुकृत्य *anukṛtyá* de *anu-kṛ*, imiter
निधाय *nidhâya* de *ni-dhâ*, déposer
निश्रय्य *niçáyya* de *ni-ci*, se coucher
उत्तीर्य *uttîrya* de *ut-tṝ*, franchir, monter
सम्पूर्य *sampûrya* de *sam-pṝ*, remplir
निबध्य *nibádhya* de *ni-bandh*, lier
परिशङ्क्य *pariçáṅkya* de *pari-çaṅk*, suspecter
विस्फूर्य *visphûrya* de *vi-sphur*, trembler
व्युष्य *vyúshya* de *vi-vas*, revêtir
विकार्य *vikârya* de *vi-kâray*, changer, &c.

603. Les causatifs et dénominatifs, quoique composés, ajoutent quelquefois *tvâ*, p. e.:

निवेदयित्वा *nivêdayitvâ* pour निवेद्य *nivédya* de *ni-vêday*.

604. Nous notons les anomalies suivantes:

â-hvê	forme	*âhûya*, ayant appelé
ava-sô	„	*avasyâ*, ayant fini
pra-ṇam	„	*praṇámya* et *praṇátya*, ayant adoré
â-gam	„	*âgámya* et *âgátya*, étant allé
vi-ram	„	*virámya* et *virátya*, ayant reposé
ava-man	„	*avamánya* et *avamátya*, ayant méprisé
prati-han	„	*pratihátya*, ayant riposté
san-ǵan	„	*sanǵánya* ou *sanǵáya*, étant né
vi-khan	„	*vikhánya* et *vikháya*, ayant miné
pra-ad	„	*praǵágdhya*, ayant mangé
pra-kshi	„	*prakshíya*, ayant détruit
vi-yu	„	*viyúya*, ayant disjoint
pari-plu	„	*pariplúya*, ayant navigué
sam-úh	„	*samúhya*, ayant assemblé, &c.

605. Au lieu de *tvâ*, le langage védique nous montre d'autres terminaisons provenant du même thème *tu*, ce sont:

tvâya p. e. *gantvâya*, *dattvâya*

tvî p. e. *bhûtvî*, *pîtvî*, *gûḍhvî* de *guh*

tvânam p. e. *pîtvânam* (de *pâ*)

tvínam p. e. *ishṭvínam* de *yaǵ*

yâ au lieu *ya*, p. e. *vimúcyâ*.

606. Une autre forme du gérondif est *am*, l'accusatif d'un nom dérivé. Elle s'emploie surtout répétée, pour indiquer une continuation, p. e. *kâraṅ kâram*, faisant toujours.

Ordinairement les racines se terminant en voyelle sont vriddhifiées, celles qui finissent en consonne sont gunifiées, p. e.:

कारम् *kâram* de *kṛ*

नायम् *nâyam* de *nî*

भावम् *bhâvam* de *bhû*

चेतम् *cétam* de *cit*.

Ces formations sont ordinairement paroxytones; étant répétées, la première perd l'accent, p. e. *kshépam*, mais *kshépaṅkshépam*.

III. INFINITIF.

607. La forme ordinaire de l'infinitif est *tum*, accusatif de *tu*.

L'adjonction de cet affixe suit les règles du participe *tavyà* et du futur composé. La voyelle *i* est insérée, comme dans ces cas.

L'accent est sur la syllabe radicale dans les formes simples, dans la composition il se rejette sur le préfixe (§ 643).

La forme rappelle le supin latin.

Exemples:

श्रोतुम् *çrótum* de *çru*

भवितुम् *bhávitum* de *bhû*

कर्तुम् *kártum* de *kṛ*

तरितुम् *táritum*, तरीतुम् *tárîtuu* et तर्तुम् *tártum* de *tṛ*

भेत्तुम् *bhéttum* de *bhid*

पक्तुम् *páktam* de *pac*

वक्तुम् *váktum* de *vac*

वोढुम् *vóḍhum* de *vah*

सोढुम् *sóḍhum* de *sah* (ou *sáhitum*)

लेढुम् *léḍhum* de *lih*

ग्रहीतुम् *gráhîtum* de *grah*

सष्टुम् *sráshṭum* de *sṛǵ*

द्रष्टुम् *dráshṭum* de *dṛç*

जीवातुम् *ǵivátum* (véd.) de *ǵiv*

विकर्तुम् *víkartum* de *vi-kṛ*.

608. Les Védas fournissent encore d'autres formes de l'infinitif qui sont évidemment des cas d'anciens noms d'agent; ce sont:

tu, neutre, p. e. *dhátu*, *hántu* (douteux);

avê, datif de *tu*, p. e. *pátavê*, *étavê*, *yáshtavê*, *hávitavê*, *ǵivátavê*;

avái, datif fém. de *tu* avec un accent double, p. e. *kártavái*, *sártavái*, *ótavái* de *vê*, *srávitavái*;

tôs, gén. ou abl. de *tu*, p. e. *kártôs*, *sthátôs*, *étôs*, *máthitôs*, *róddhôs* (de *rudh*), *právaditôs*;

am (toujours paroxyton), p. e. *rábham*, *árábham*;

ê, datif du thème radical, p. e. *dṛçé*, *vikhyé*, de *vi-khyâ*, mais *pramíyê*, *atikrâmê*;

sê, datif de *as* avec syncope, p. e. *vakshé* (pour *vahâsê*), *ǵêshé* (pour *ǵayâsê*), *stushé* (pour *stuvâsê*);

as, accus. de *as*, p. e. *visṛpas*, *vilikhas*;

âsê, datif fém., p. e. *ǵîvâsê*, *âyasê* (de *i*), *dôhâsê*;

âi, datif fém., p. e. *vikhyâi*, *pratimâi*;

syâi, datif, p. e. *rôhíshyâi*, *avyathíshyâi*;

adhyâi, datif de *adhi (εσϑαι)*, ajouté au thème spécial, p. e. *bhâradhyâi*, *pibadhyâi*, *ishayâdhyâi*, *pṛṇâdhyâi* (9me cl. de *pṛ̂*) *dhyâi: sâḍhyâi*.

609. A la rigueur, on peut compter comme infinitifs quelques formations en *an*, *ana* et *ti*, ainsi que leurs cas.

Nous donnons comme exemple de toutes les formes verbales, le verbe द्विष् *dvish*, haïr, qui suit dans les temps généraux, les conjugaisons ancienne et moderne, quoiqu'il soit usité seulement à la voix active.

PRÉSENT.

Parasmâipadam.

	INDICATIF.		SUBJONCTIF.		POTENTIEL.		IMPÉRATIF.	
	C. A.	C. M.	C. A.	C. M.	C. A.	C. M.	C. A.	C. M.
S. 1p.	*dvéshmi*	*dvéshâmi*	*dvéshâmi*	*dvéshâmi*	*dvishyâm*	*dvéshêyam*	*dvéshâṇi*	*dvéshâṇi*
2p.	*dvékshi*	*dvéshasi*	*dvéshasi*	*dvéshâsi*	*dvishyâs*	*dvéshês*	*dviḍḍhi*	*dvésha*
3p.	*dvéshṭi*	*dvéshati*	*dvéshati*	*dvéshâti*	*dvishyât*	*dvéshêt*	*dvéshṭu*	*dvéshatu*
D. 1p.	*dvishvás*	*dvéshâvas*	*dvéshâvas*	*dvéshâvas*	*dvishyâva*	*dvéshêma*	*dvéshâva*	*dvéshâva*
2p.	*dvishṭhás*	*dvéshathas*	*dvéshathas*	*dvéshâthas*	*dvishyâtam*	*dvéshêtam*	*dvishṭâm*	*dvéshatam*
3p.	*dvishṭás*	*dvéshatas*	*dvéshatas*	*dvéshâtas*	*dvishyâtâm*	*dvéshêtâm*	*dvishṭâm*	*dvéshatâm*
P. 1p.	*dvishmás*	*dvéshâmas*	*dvéshâmas*	*dvéshâmas*	*dvishyâma*	*dvéshêma*	*dvéshâma*	*dvéshâma*
2p.	*dvishṭhá*	*dvéshatha*	*dvéshatha*	*dvéshâtha*	*dvishyâta*	*dvéshêta*	*dvishṭá*	*dvéshata*
3p.	*dvishánti*	*dvéshanti*	*dvéshanti*	*dvéshânti*	*dvishyús*	*dvéshêyus*	*dvishántu*	*dvéshantu*

PARTICIPE *dvishát*   *dvéshat*

Atmanêpadam.

	INDICATIF.		SUBJONCTIF.		POTENTIEL.		IMPÉRATIF.	
	C. A.	C. M.	C. A.	C. M.	C. A.	C. M.	C. A.	C. M.
S. 1p.	*dvishé*	*dvéshê*	*dvéshâi* [1]	*dvéshâi* [1]	*dvishîyá*	*dvéshêya*	*dvéshâi*	*dvéshâi*
2p.	*dvikshé*	*dvéshasé*	*dvéshasâi*	*dvéshâsâi*	*dvishîthâs*	*dvéshêthâs*	*dvikshvá*	*dvéshasva*
3p.	*dvishṭé*	*dvéshatê*	*dvéshatâi*	*dvéshâtâi*	*dvishîtá*	*dvéshêta*	*dvishṭâm*	*dvéshatâm*
D. 1p.	*dvishváhé*	*dvéshâvahê*	*dvéshâvahâi*	*dvéshâvahâi*	*dvishîváhi*	*dvéshêvahi*	*dvéshâvahâi*	*dvéshâvahâi*
2p.	*dvishâthê*	*dvéshêthê*	*dvéshâithé*	*dvéshâithê*	*dvishîyâthâm*	*dvéshêyâthâm*	*dvishâthâm*	*dvéshêthâm*
3p.	*dvishâtê*	*dvéshêtê*	*dvéshâitê*	*dvéshâitê*	*dvishîyâtâm*	*dvéshêyâtâm*	*dvishâtâm*	*dvéshêtâm*
P. 1p.	*dvishmâhê*	*dvéshâmahê*	*dvéshâmahâi*	*dvéshâmahâi*	*dvishîmâhi*	*dvéshêmahi*	*dvéshâmahâi*	*dvéshâmahâi*
2p.	*dviḍḍhvé*	*dvéshadhvé*	*dvéshadhvâi*	*dvéshâdhvâi*	*dvishîdhvám*	*dvéshêdhvam*	*dviḍḍhvám*	*dvéshadhvam*
3p.	*dvishâtê*	*dvéshantê*	*dvéshantâi*	*dvéshântâi*	*dvishîrán*	*dvéshêran*	*dvishâtâm*	*dvéshantâm*

PARTICIPE *dvishâná*   *dvéshamâna*

IMPARFAIT.

Parasmâipadam.   *Atmanêpadam.*

	INDICATIF.		SUBJONCTIF.		INDICATIF.		SUBJONCTIF.	
S. 1p.	*ádvésham*	*ádvésham*	*dvésham*	*dvéshâm*	*ádvishi*	*ádvéshê*	*dvéshê*	*dvéshê* [2]
2p.	*ádvék*	*ádvéshas*	*dvéshas*	*dvéshâs*	*ádvishṭhâs*	*ádvéshathâs*	*dvéshathâs*	*dvéshâthâs*
3p.	*ádvék*	*ádvéshat*	*dvéshat*	*dvéshât*	*ádvishṭa*	*ádvéshata*	*dvéshata*	*dvéshâta*
D. 1p.	*ádvishva*	*ádvéshâva*	*dvéshâva*	*dvéshâva*	*ádvishvahi*	*ádvéshâvahi*	*dvéshâvahi*	*dvéshâvahi*
2p.	*ádvishṭam*	*ádvéshatam*	*dvéshatam*	*dvéshâtam*	*ádvishâthâm*	*ádvéshêthâm*	*dvéshêthâm*	*dvéshâithâm*
3p.	*ádvishṭâm*	*ádvéshatâm*	*dvéshatâm*	*dvéshâtâm*	*ádvishâtâm*	*ádvéshêtâm*	*dvéshêtâm*	*dvéshâitâm*
P. 1p.	*ádvishma*	*ádvéshâma*	*dvéshâma*	*dvéshâma*	*ádvishmahi*	*ádvéshâmahi*	*dvéshâmahi*	*dvéshâmahi*
2p.	*ádvishṭa*	*ádvéshata*	*dvéshata*	*dvéshâta*	*ádviḍḍhvam*	*ádvéshadhvam*	*dvéshadhvam*	*dvéshâdhvam*
3p.	*ádvishan*	*ádvéshan*	*dvéshan*	*dvéshân*	*ádvishata*	*ádvéshanta*	*dvéshanta*	*dvéshânta* [3]

AORISTE.

Parasmâipadam.   *Atmanêpadam.*

	INDICATIF.	SUBJONCTIF.	POTENTIEL.	IMPÉRATIF.	INDICATIF.	SUBJONCTIF.	POTENTIEL.	IMPÉRATIF.

Première forme.

	INDICATIF.	SUBJONCTIF.	POTENTIEL.	IMPÉRATIF.	INDICATIF.	SUBJONCTIF.	POTENTIEL.	IMPÉRATIF.
S. 1p.	*ádvisham* &c.	*dvishâmi, dvishâm, dvishâm* &c.	*dvishyâm* &c.	*dvishâṇi* &c.	*ádvishé* &c.	*dvishé* [2] &c.	*dvishîyá* &c.	*dvishâi* &c.

Troisième forme.

	INDICATIF.	SUBJONCTIF.	POTENTIEL.	IMPÉRATIF.	INDICATIF.
S. 1p.	*ádidvisham* &c.	*didvishâmi* &c.	*didvishyâm* &c.	*didvishâṇi* &c.	*ádidvishé* &c.

Quatrième forme.

	INDICATIF.	SUBJONCTIF.	POTENTIEL.	IMPÉRATIF.	INDICATIF.	SUBJONCTIF.	POTENTIEL.	IMPÉRATIF.
S. 1p.	*ádvâiksham*	*dvékshâm* &c.	*dvikshyâm* &c.	*dvikshâṇi* &c.	*ádvikshi*	*dvikshé* [2] &c.	*dvikshîyá* &c.	*dvikshâi* &c.
2p.	*ádvâikshîs*				*ádvishṭhâs*			
3p.	*ádvâikshît*				*ádvishṭa*			
D. 1p.	*ádvâikshva*				*ádvikshvahi*			
2p.	*ádvâishṭam*				*ádvikshâthâm*			
3p.	*ádvâishṭâm*				*ádvikshâtâm*			
P. 1p.	*ádvâikshma*				*ádvikshmahi*			
2p.	*ádvâishṭa*				*ádviḍḍhvam*			
3p.	*ádvâikshus*				*ádvikshata*			

[1] Le *âi* final peut partout au subjonctif permuter avec *é*.   [2] ou *âi*.   [3] Les dernières formes sont peu certaines.

	Parasmâipadam.				**Atmanêpadam.**			
	INDICATIF.	SUBJONCTIF.	POTENTIEL.	IMPÉRATIF.	INDICATIF.	SUBJONCTIF.	POTENTIEL.	IMPÉRATIF.

Cinquième forme.

	INDICATIF.	SUBJONCTIF.	POTENTIEL.	IMPÉRATIF.	INDICATIF.	SUBJONCTIF.	POTENTIEL.	IMPÉRATIF.
S. 1 p.	*ádvêshisham* &c.	*dvêshishâmi* &c.	*dvêshishyâm* &c.	*dvêshishâni* &c.	*ádvêshishi* &c.	*dvêshishé* [1] &c.	*dvêshishîyá* &c.	*dvêshishái* &c.

Septième forme.

S. 1 p.	*ádviksham* (voir § 426)	*dvikshâmi* &c.	*dvikshéyam* &c.	*dvikshâni* &c.	*ádvikshi* (voir § 426)	*dvikshé* [1] &c.	*dvikshîyá* &c.	*dvikshái* &c.

PARFAIT.

	INDICATIF.	SUBJONCTIF.	POTENTIEL.	IMPÉRATIF.	INDICATIF.	SUBJONCTIF.	POTENTIEL.	IMPÉRATIF.
S. 1 p.	*didvésha*	*didvishâmi* &c.	*didvishyâm* &c.	*didvishâni* &c.	*didvishé*	*didvishé* [1] &c.	*didvishîyá* &c.	*didvishái* &c.
2 p.	*didvéshṭha*				*didvishishé*			
3 p.	*didvésha*				*didvishé*			
D. 1 p.	*didvishivá*				*didvishiváhê*			
2 p.	*didvishâthus*				*didvishâthê*			
3 p.	*didvishâtus*				*didvishâtê*			
P. 1 p.	*didvishimá*				*didvishimáhê*			
2 p.	*didvishá*				*didvishiḍhvé*			
3 p.	*didvishús*				*didvishiré*			

PART. *didvishvân, didvishúshî, didvishvát*   PART. *didvishâṇá*

FUTUR SIMPLE.

	INDICATIF.	SUBJONCTIF.	POTENTIEL.	IMPÉRATIF.	INDICATIF.	SUBJONCTIF.	POTENTIEL.	IMPÉRATIF.
S. 1 p.	*dvêkshyâmi* &c.	— —	*dvêkshyéyam* &c.	— —	*dvêkshyé* &c.	— —	*dvêkshyéya* &c.	— —

PART. *dvêkshyát*   PART. *dvêkshyâmâna*

CONDITIONNEL.

	INDICATIF.	SUBJONCTIF.	POTENTIEL.	IMPÉRATIF.	INDICATIF.	SUBJONCTIF.	POTENTIEL.	IMPÉRATIF.
S. 1 p.	*ádvêkshyam* &c.	*dvêkshyâm* &c.	— —	— —.	*ádvêkshyê* &c.	— —	— —	— —

FUTUR COMPOSÉ.

	INDICATIF.	SUBJONCTIF.	POTENTIEL.	IMPÉRATIF.	INDICATIF.	SUBJONCTIF.	POTENTIEL.	IMPÉRATIF.
S. 1 p.	*dvêshṭâsmi*	— —	— —	— —	*dvêshṭâhê*	— —	— —	— —
2 p.	*dvêshṭâsi*				*dvêshṭâsê*			
3 p.	*dvêshṭá*				*dvêshṭá*			
D. 1 p.	*dvêshṭâsvas*				*dvêshṭâsvahê*			
2 p.	*dvêshṭâsthas*				*dvêshṭâsâthê*			
3 p.	*dvêshṭârâu*				*dvêshṭârâu*			
P. 1 p.	*dvêshṭâsmas*				*dvêshṭâsmahê*			
2 p.	*dvêshṭâstha*				*dvêshṭâdhvê*			
3 p.	*dvêshṭâras*				*dvêsṭâras*			

PRÉCATIF.

	INDICATIF.	SUBJONCTIF.	POTENTIEL.	IMPÉRATIF.	INDICATIF.	SUBJONCTIF.	POTENTIEL.	IMPÉRATIF.
S. 1 p.	— —	— —	*dvishyâsam*		— —	— —	*dvikshîyá*	— —
2 p.			*dvishyâs*				*dvikshishṭhâs*	
3 p.			*dvishyât*				*dvikshishṭá*	
D. 1 p.			*dvishyâsva*				*dvikshîváhi*	
2 p.			*dvishyâstam*				*dvikshîyâsthâm*	
3 p.	— —		*dvishyâstâm*				*dvikshîyâstâm*	
P. 1 p.			*dvishyâsma*				*dvikshîmáhi*	
2 p.			*dvishyâsta*				*dvikshîḍhvám*	
3 p.			*dvishyâsus*				*dvikshîrán*	

PART. PASSÉ *dvishṭá*

PART. FUTUR *dvêshaṇîya*
dvêshṭavyá
dvêshélima
dvishya, dvêshyà

INFINITIF *dvêshṭum.*   GÉRONDIF *dvishṭvâ, pra-dvishya, dvésham.*

THÈMES DES VERBES DÉRIVÉS.

PASSIF.	CAUSATIF.	DÉSIDÉRATIF.	INTENSIF.	DÉSIDÉRATIF DU CAUSATIF.
dvishyá	*dvêshdya*	*didviksha* ou *didvêshisha*	*dédvish* ou *dédvishyá*	*dídvêshayisha*

[1] ou *di.*

LIVRE QUATRIÈME.

INDÉCLINABLES.

(*Avyaya.*)

610. Les mots indéclinables sont ou adverbes, ou prépositions, ou conjonctions, ou interjections.

I. ADVERBES.

611. Les adverbes se forment des subjectifs et adjectifs en *a* par la syllabe *am*, accusatif du neutre; car une terminaison exclusivement adverbiale manque au sanscrit.

Tout adjectif qualitatif en *a* peut ainsi former son adverbe; et quelques adjectifs en *u* peuvent également donner à leurs neutres une idée adverbiale.

Exemples:

क्षिप्रम् *kshipram*, vîte, de *kshipra*, rapide

नित्यम् *nityam*, toujours, de *nitya*, sempiternel

कामम् *kâmam*, avec plaisir, de *kâma*, amour, &c.

साधु *sâdhu*, bien, de *sâdhu*, bon.

612. Quelquefois, ce sont d'autres cas qui s'emploient comme des adverbes, surtout l'instrumental du singulier et du pluriel, le datif et l'ablatif du singulier, mais plus rarement le locatif qui de sa nature s'approche déjà de l'adverbe.

L'accusatif du féminin est également employé.

L'accent est souvent changé par l'acception adverbiale.

Les adverbes les plus fréquents de ce genre sont:

náktam, nuitamment

túshṇîm, silencieusement

sâmpratám, maintenant

mâcirám, immédiatement

ráhas, clandestinement

kim, pourquoi

tat, pour cela

yat, pourquoi

tâvat, autant

yâvat, aussi longtemps.

Voici des exemples de l'instrumental:

ciréṇa, longtemps

ácirêṇa, peu de temps

dakshinéṇa, vers le midi

uttarêṇa, vers le nord

dívâ, le jour

téna, pour cela

yéna, pourquoi

sahasấ, vîte, avec force

aṅgasấ, vîte

tarasấ, vîte.

Des datifs sont:

ahnâya, bientôt

cirâya, longtemps après.

Des ablatifs:

yât, pourquoi

tât, ât, pour cela

ârât, près

balât, de force

cirât, depuis longtemps

acirât, vîte

akasmât, sans raison.

paçcât, après.

Un génitif est *cirásya*, enfin.

Voici des locatifs:

prahṇé, avant-midi

êkapadé, une fois

ṛté, en dehors de

vêlâyâm, appartenant.

Au pluriel *çandis*, lentement, *makshú*, *maṅkshú*, rapidement.

613. Des adverbes se forment par les suffixes suivants:

i, p. e. *sapadi*, d'une fois

êdyús, p. e. *aparêdyús*, à un autre jour

tarâm, tamâm v. § 615

tas, p. e. *sarvátas*, de tout côté, *anyátas*, d'autre part

tra, p. e. *sarvátra*, partout, *anyátra*, ailleurs

tham, p. e. *kathám*, comment, *itthám*, ainsi

thâ, p. e. *avúthâ*, ainsi, *táthâ*, ainsi

dâ, p. e. *sarvadấ*, de tout temps, *êkadấ*, une fois, *idấ*, maintenant

dânîm, p. e. *tadânîm*, alors, *idânîm*, maintenant
dha, ha, p. e. *dvâidhá*, doublement
dhâ, p. e. *dvidhá*, doublement (§ 236)
rhi, p. e. *êtarhi*, alors
vat, p. e. *yâvát*, autant que, *dêvavát*, comme un dieu
ças (κις), p. e. *bahuçás*, de beaucoup de manières
s, p. e. *dvis*, deux fois, *tris*, trois fois, *âvis*, publiquement
sât, p. e. *agnisât*, plein de feu
stât, p. e. *parástât*, ailleurs, *upárishṭât*, au-dessus.

614. D'autres adverbes sont:

a, comme (préfix privatif)	*na*, non
atíva, beaucoup	*nânâ*, beaucoup
adyá, aujourd'hui	*nâma*, de nom
adhás, au-dessous	*nûnam*, certainement
adhúnâ, maintenant	*nô*, non
alám, assez	*parám*, après
ânushák, successivement	*púnar*, de nouveau
âçu, vîte	*puras*, avant
iti, ainsi	*purâ*, jadis, avant que
itthám, ainsi	*pṛthak*, séparément
iva, comme (postpos. atone)	*prabhṛti*, à partir de
ihá, ici	*prâtár*, au matin
ishád, peu	*prâdús*, manifestement
êvá, ainsi	*prâyas*, la plupart
evám, ainsi	*prêtya*, après décès
kaccid, an, num?	*bhûyas*, plus
kinna, bien?	*mâ, mâtya*, non
kila, certainement	*mithyâ*, à tort
kvà, kúha, où?	*mudhâ*, en vain
kvacid, quelque part	*muhus*, répété
khalu, certes	*mṛshâ*, faussement
ǵâtu, jamais	*çvas*, demain
dishṭyá, heureusement	*çâçvat*, toujours

vṛthâ, en vain	*samantât*, de tout côté
sadyás, aussitôt	*híruk*, à l'exception
sanat et *sanấ*, continuellement	*hyas*, hier
samprati, maintenant	&c. &c.

615. D'autres adverbes sont ceux qui sont du genre *avyayî-bhâva*, des compositions faites avec des adverbes.

Les grammairiens du reste comptent parmi les adverbes quelques uns qui ne se trouvent que très-rarement dans les monuments littéraires, et le langage des Védas en connaît beaucoup d'autres; mais cette nomenclature appartient plutôt au dictionnaire qu'à la grammaire.

Les comparatifs et superlatifs se forment par *tarấm* et *tamấm* ajoutés aux cas, p. e. उच्चैस् *uccáis*, उच्चैस्तराम् *uccâistarấm*, उच्चैस्तमाम् *uccâistamấm*.

II. PRÉPOSITIONS.
(Upasarga.)

616. Les prépositions sont ou ceux qui servent comme préfixes dans les compositions verbales, ou des prépositions indépendantes.

617. Les prépositions préfixées sont:

áti (avec l'acc. et gén.), au-delà

ádhi (avec le loc., dans les Védas avec l'instr. et l'abl.), au-dessus

ánu (postposé, avec l'acc.), selon, le long de, au-dessous

ápa (avec l'abl.), en dehors de

abhí (postposé, avec l'acc.), après, selon

â (avec l'abl.), jusqu'à

â — â, depuis — jusqu'à (avec le double ablatif)

úpa (avec l'acc.), selon, (avec le loc.) au-dessus

pári (avec l'acc.), autour de, selon; (avec l'abl.) comme *ápa*

práti (avec l'acc.), selon, (avec l'abl.) au lieu de.

618. Les autres préfixes se trouvant dans les compositions verbales, sans être employées comme prépositions indépendantes, sont:

antár, dans

áva, contre

ud, sus

ni, dans

nis, en dehors

párá, à côté

pra, pour

vi, lat. *dis-*

sam, lat. *com-*

et *dus*, gr. δυσ-

su, gr. εὐ-

Ces prépositions peuvent être combinées entre elles, p. e.
sam-ati, sam-adhi, atyá, adhyá, anvá, apá, abhyá, upá, paryá, &c.;
samatyá, vyatyá, samupá, pratyupá, &c. (§§ 636, 643).

619. Des prépositions indépendantes sont:

1°. avec l'accusatif:

   adhòdhas, au-dessous de

   antár, antará, antaréṇa, dedans

   yéna — téna, comme contre — ainsi contre

   abhítas, selon

   upáryupari, au-dessus de

   ubhayatás, de deux côtés de

   nikashá, entouré de

   paritas, autour

   samáyá, avec

   sarvátas, de tout côté de.

2°. Avec l'accusatif ou le génitif se construisent les prépositions
   dérivées d'instrumentaux, tels que:

   dakshiṇéna, au midi de

   úttaréṇa, au nord de

   ádharéṇa, au-dessous de, &c. et

   ṛté, sans, en dehors de.

3°. avec l'accusatif ou le locatif le mot védique *tirás*.

4° avec l'accusatif ou l'instrumental ou l'ablatif:

   pṛthak, sans, séparé de

nânâ, beaucoup de

vinâ, sans.

5°. avec l'accusatif ou l'ablatif ou le génitif:

dûrâm, dûré, loin

antikâm, antiké, en présence.

6°. avec l'instrumental:

amâ, en même temps que, avec

alâm, assez de

sacâ, avec (dans les Védas aussi avec l'ablatif et le locatif)

saǵú, avec

satrâm, satrâ, samâm, sahâ, sâkâm, sârddhâm, avec

smat, avec (védique).

7°. avec le datif:

nâmas, salut à

vashaṭ, exclamation usitée pendant le sacrifice

svadhâ, exclamation s'adressant aux mânes

svasti, bénédiction à

svâhâ, exclamation des sacrificateurs.

8°. avec le datif ou le génitif: *çam,* en faveur de, avec (lat. *cum*)

9°. avec l'ablatif:

ârât, près

vahís, en dehors de

prâk, devant, à l'orient de

avâk, au midi de

pratyâk, à l'ouest de

udâk, au nord de

et ceux en *âhi.*

10°. avec l'ablatif ou le génitif

les adverbes qui se terminent en *â,* tels que *antarâ, dakshinâ.*

11°. avec le génitif seul:

upâri (aussi avec le locatif et l'accusatif) au-dessus de

upárishṭât, au-dessus de

paçcât, après.

les mots en *atas, as, astât* et *ât*, p. e. *adhástât*, au-dessous de.

12°. Les substantifs employés comme prépositions, se construisent ordinairement avec le génitif, p. e.:

artham, arthéna, arthâya, arthê, à cause de

kṛtê, à cause de

nimittám, id.

agré, agrátas, devant

samáksham, pratyáksham, abhimukhám, sânnidhyam, en présence de, &c.

III. CONJONCTIONS.
(Nipâta.)

620.   Les conjonctions les plus fréquemment employées sont:

átas, pour cela, alors

átha, aussi

athákim, aussi

áthô (átha et u), donc

addhâ, vraiment

ádha, alors

ápi, aussi, même

apitu, aussi

id (véd.) explétif

iti, ainsi

iva, comme (atone)

îm, donc

u explétif

uta explétif

utâhô, ou

êvá, de même

êvám, ainsi

káçcit, même, quoique

kiṅkila, kiñca, kintu, kinnu, quoique, mais

kim, kimu, kimuta, kis (véd.), mais, aussi

kútra, où

kuvíd, beaucoup

khalu, certes

gha, au moins

ca (atone), et (postpositif comme le latin *que*)

caná, id.

cêt, si

caivá, mais, aussi

tat, alors, pour cela

tátra, là

tât, de là, *tásmât*, id.

26

tâvat, autant	*yátra*, puisque, parce que
tadâ, alors	*yádi*, si
tathâpi, aussi	*yadâ*, puisque, comme
tu, mais, explétif, *tvâ, tvé, tvâi,* id.	*yáthâ*, comme
na, ne — pas, *nô (na — u)*, id.	*yasmât*, parce que, *yât* (véd.), id.
nanu, bien	*yadivâ*, utrum — an
nâpi, pas même	*yadyapi*, quoique
nu, bien, explétif	*yâvat*, autant
nûnám, bien	*vâ*, ou, *vâ — vâ*, ou — ou.
nêt, à moins que	*vâi*, bien
mâ, que ne — pas, et *mâkim, sîm*, alors	
mâkis, mâkîm, mâsma	*sushṭu*, bien
yat, puisque	*sma* explétif.

Quelques-unes de ces conjonctions devront être rangées parmi les explétifs, c'est-à-dire, les particules qui ne font qu'ajouter une nuance légère à la phrase.

IV. INTERJECTIONS.

621.   Les interjections les plus usitées sont:

arê, arêrê, alalê, alê, he!

ahahâ, ahê, ahô, hé! ô!

â, ô! de l'étonnement

um, fi!

dhik, fi! avec l'accusatif

bhô, devant le vocatif

vata, ah!

svâhâ, interjection des prêtres, ceux qui font une offrande

hanta, hahî, hâ, ô!

Nous ne occupons pas ici des substantifs indéclinables, tel que *svàr,* ciel, qui appartiennent à la lexicographie.

LIVRE CINQUIÈME.

DE LA FORMATION DES MOTS ET DE LA COMPOSITION.

CHAPITRE PREMIER.
DE LA FORMATION DES MOTS.

622. Les mots sont ou formés des thèmes verbaux, ou ils proviennent d'autres noms déjà existants. Les premiers sont des *noms primitifs*, les autres des *noms secondaires*.

Les suffixes qui forment les mots primitifs se nomment suffixes *kṛdanta* et *uṇâdi*, ceux qui forment les noms secondaires des mots primitifs, s'appellent suffixes *taddhita*.

Les grammairiens indiens désignent ces suffixes en y ajoutant des lettres *(anubandha)* pour annoncer une particularité dans la formation ou la notion, p. e. *uṇ* dénote le vriddhi devant *u*.

Quant aux verbes, nous en avons déjà exposé les règles.

I. DE LA FORMATION DES NOMS PRIMITIFS.

623. Les noms primitifs se forment par les suffixes *kṛdanta* (qui finissent par *kṛt*). Les *kṛdanta* formant des noms qui, en s'éloignant de l'acception primitive, désignent un objet déterminé, s'appellent *uṇṇâdi* ou *uṇâdi* (qui commencent par *uṇ*, v. § 624, 124°).

624. Voici les thèmes et suffixes:[1]

1°. Tout thème verbal, soit simple, soit dérivé, soit composé, changé selon les règles de l'euphonie, peut se décliner.

---

[1] J'ai suivi l'excellent travail de M. BENFEY, *Gramm.* p. 133 &c.

Ex.: राज् *râġ*, nom. राट् *rât*, roi, गिर् *gir*, nom. गीर् *gîr*, voix, द्विष् *dvish*, nom. द्विट् *dvit*, ennemi.

Ainsi des thèmes dérivés *dêdvish, dîdviksh, dîdvêshish, mumûrsh*, on forme nom. *dêdvit, dîdvit, dîdvêshis* (§ 145), *mumûr*, &c.

Cette classe se montre surtout en compositions.

Les racines finissant en voyelle brève, ajoutent *t*, p. e. विश्वजित् *viçvaġit*, vainqueur de tous, कर्मकृत् *karmakṛt*, faciens facinus. *Gam, yam, man* et *tan* forment *gat, yat, mat, tat*.

Nous ne nous arrêtons pas aux différentes manières de changer les racines, et remarquons seulement que cette classe de dérivés, à l'état non-composé, se voit surtout dans les Védas.

2°. *a.* Les grammairiens indiens connaissent 23 formes des dérivés en *a* qui, dans le principe, sont les noms d'agents les plus simples de la notion verbale, et qui ensuite se restreignent aux idées spéciales.

Les voyelles brèves de la syllabe radicale sont souvent amplifiées, et les palatales finales changées en gutturales.

Les diphthongues et *â* long sont élidés.

Souvent la correption *(samprâsaraṇa)* est appliquée.

Les féminins sont formés ou par *â* ou par *i.*

Exemples:

गृह *gṛhá*, maison, de *grah*, prendre (*uṇṇ.* comme les noms suivants)

प्लव *plává*, navire, de *plu*, flotter

सर्प *sárpa*, serpent, de *sṛp*, ramper

कर *kára*, main, de *kṛ*, faire [कार *kârá* m. *(kṛdanta)*, action]

जरा *ġará* f., vieillesse, de *ġṛ̂*, vieillir

शतघ्र *çataghná*, un arme terrible, de *çata*, cent, et *han*, tuer

पुर *purá* n., ville, de *pṛ̂*, remplir

भुज *bhúġa* m., main, de *bhuġ*, être courbé

ज *ġa* a., de *ġan*, naître (en compositions), &c.

Quelquefois le nom prend la forme spéciale du verbe, p. e.:

पिब *piba*, buveur, de *pâ*, boire

इच्छा *icchá*, souhait, de *ish*, souhaiter.

Les noms formés d'après ce système sont innombrables.
L'accent varie selon les cas spéciaux.

3°. *au*, seulement तितउ *titaü*, le crible.

4°. *aka*, nom d'agent, souvent la syllabe radicale prend souvent
le guna, et le vriddhi. Le féminin des substantifs est *akí*,
des adjectifs *akâ*, p. e.:

नायक *nâyaka*, capitaine, roi, de *nî*, conduire

पाचक *pâcaka*, cuisinier, पाचकी *pâcakí*, cuisinière, de
pac, cuire

नर्तक *nártaka*, danseur, नर्तकी *nartakí*, danseuse, de *nṛt*,
danser

उदक *údaka* n., eau, de *und*, mouiller.

5°. *akrú* (*uṇṇâdi*), p. e. वचक्रु *vacakrú*, Brahmane, de *vac*, parler.

6°. *aṅkaṇa* (*uṇ.*), p. e. मृडङ्कण *mṛḍáṅkaṇa*, enfant, de *mṛḍ*, réjouir.

7°. *aṅga* (*uṇ.*), nom d'agent, p. e.:

तरङ्ग *taraṅgá* m., onde, de *tṛ́*, passer

पतङ्ग *pataṅgá* m., oiseau, de *pat*, voler.

8°. *aca* (*uṇ.*), p. e. कवच *kavacá*, tambour, de *ku*, retentir.

9°. *aǵ* (*uṇ.*), p. e. पारज *pâráǵ*, or, de *pṛ*, remplir.

10°. *aṭ* (*uṇ.*), p. e. सरट *saráṭ*, lézard, de *sṛ*, aller.

11°. *aṭa* (*uṇ.*) ou *aṭi*, *aṭu*, p. e.:

भरट *bharaṭá*, serviteur, de *bhṛ*, porter

करट *kárața*, corneille, de *kṛ*, faire.

12°. *aṭi* v. 11°.   13°. *aṭu* v. 11°.

14°. *aṭha* (*uṇ.*), p. e. कमठ *kamáṭha* m., tortue, de *kam* (?), aimer.

15°. *aṇḍa* (*uṇ.*), p. e.:

भरण्ड *bháraṇḍa*, mari, de *bhṛ*, supporter

सरण्ड *sáraṇḍa*, oiseau, de *sṛ*, aller.

16°. *at*, forme des participes présent (§ 560 et suiv.) et comme
suffixe *uṇṇâdi*, p. e.:

जगत् *ǵágat* n., monde, de *gâ*, marcher

महत् *mahát* a., grand, de *mah*, croître.

17°. *atá* (*uṇ.*), p. e. पर्वत *parvatá* m., montagne, de *parv*, remplir.

18°. *ati (uṇ.)*, p. e. वसति *vasatí* f., demeure, de *vas*, demeurer
　　　　पति *páti* m., seigneur, de *pâ*, dominer.

19°. *atu (uṇ)*, p. e. एधतु *édhatú* m., homme, feu, de *édh*, augmenter.

20°. *atni (uṇ)*, p. e. अरत्नि *aratní* m., coude, de *ṛ*, aller, s'élever.

21°. *atnú*, p. e. पीयत्नु *píyatnú*, cruel, de *pîy*, tourmenter.

22°. *atra (uṇ)*, p. e.:
　　　　नच्चत्र *nákshatra* n., mansion lunaire, de *naksh*, atteindre
　　　　कलत्र *kálatra* n., femme.

23°. *atri (uṇ)*, p. e. पतत्रि *pátatri* m., oiseau, de *pat*, voler.

24°. *atha (uṇ)*, p. e. जीवथ *gívátha* m., vie, de *gîv*, vivre.

25°. *athi (uṇ)*, p. e. सारथि *sârathí* m., cocher, de *sṛ*, aller.

26°. *athú* forme de substantif d'état, p. e.:
　　　　वेपथु *vêpathú* m., tremblement, de *vêp*, trembler
　　　　वमथु *vamathú* m., vomissement, de *vam*, vomir.

27°. *ad (uṇ.)*, p. e. शरद् *çarád* f., automne, de *çṝ*, périr.

28°. *adhi* dans la flexion de l'infinitif en *adhyâi* § 608.

29°. *an (uṇ.)*, nom d'agent, p. e.:
　　　　राजन् *râgan* m., roi, de *râg*, régner
　　　　स्नेहन् *snéhan* m., ami, de *snih*, aimer
　　　　क्लेदन् *klédan* m., lune, de *klid*, mouiller.

30°. *ana* forme *a)* des neutres abstraits, alliés aux infinitifs ger-
　　maniques en *en*:
　　　　भरण *bharáṇa* n., soutien, de *bhṛ*, porter
　　　　हर्षण *harshaṇa* n., frisson, de *hṛsh*, frissonner.
　　　　Quelquefois ces noms ont une signification spéciale, p. e.
　　नयन *nayána* n., de *ni*, conduire, l'œil, &c.　Au fém. *anâ*.
　　　b) des noms d'agents (fém. *anî*), p. e. अर्दन *ardaná*, qui
　　tourmente, de *ard*, tourmenter.
　　　Cette classe est extrêmement fréquente.

31°. *anas (uṇ.)*.

32°. *ani (anî)*, p. e. धरणि *dharáṇi* f., terre, de *dhṛ*, porter.
　　　Généralement ce sont des abstraits féminins, p. e. अजी-
　　वनी *agívanî*, terme d'imprécation.

33°. *aniya*, participe futur, § 592.　34°. *anu (uṇ.)*, assez rare.

35°. *anta (uṇ.)*, p. e. वसन्त *vasantá*, printemps, de *vas*, demeurer.

36°. *anti (uṇ.)*, rare.

37°. *anya (uṇ.)*, p. e. हिरण्य *híraṇya* n., or.

38°. *anyu (uṇ.)*, rare.　39°. *apa (uṇ.)*, rare.

40°. *abha (uṇ.)*, p. e. गर्दभ *gardabhá*, âne, de *gard*, braire.

41°. *am*, infinitif.　42°. *am (uṇ.)*, rare.　43°. *amba (uṇ.)*.

44°. *aya (uṇ.)*.　45°. *ayú (uṇ.)*, p. e. सरयु *saráyu* m., vent.

46°. *ar (uṇ.)*, adv., p. e. अन्तर् *antár*, dans.

47°. *ara (uṇ.)*.　48°. *aru (uṇ.)*.

49°. *ala (uṇ.)* forme des adjectifs, p. e. चपल *capalá*, tremblant,
de *cap*, trembler.

　　Ensuite des substantifs neutres, p. e. मङ्गल *maṅgalá*, cercle.

50°. *ali (uṇ.)*, seulement dans *aṅǵali*, la supplication.

51°. *ava* et *iva (uṇ.)*.　52°. *avaka (uṇ.)*.　53°. *avat (uṇ.)*.

54°. *aví* et *avi (uṇ.)*.

55°. *as (uṇ.)* forme des substantifs neutres, p. e. मनस् *mánas*,
mens, de *man*, penser, et beaucoup d'autres; quelques-uns
de ces mots sont des masculins et des féminins.

56°. *asa (uṇ.)*.　57°. *asâna (uṇ.)*.　58°. *asi (uṇ.)*.

59°. *asê* v. infinitif § 608.　60°. *asti* (véd.).

61°. *â (uṇ.)*, p. e. समया *samayá*, à temps.

62°. *âka (uṇ.)*, et *âka* f., *âkî*, adj.

63°. *âku (uṇ.)*, p. e. पृदाकु *pṛdâku*, panthère, de *pard*, péter.

64°. *âgú (uṇ.)*.　65°. *âṇat (uṇ.)*.　66°. *âṇáka (uṇ.)*.

67°. *âtu (uṇ.)*.　68°. *âtrika (uṇ.)*.　69°. *âna*, part. prés.

70°. *ânaka (uṇ.)*.　71°. *ânu (uṇ.)*.　72°. *ânya (uṇ.)*.

73°. *âyya (uṇ.)*.　74°. *âra (uṇ.)*, p. e. अङ्गार *aṅgâra*, charbon.

75°. *âru* forme des adjectifs, p. e. शराह *çarâru*, nuisible.

76°. *âla (uṇ.)*.　77°. *âlîyá (uṇ.)*.

78°. *âlú* forme des adjectifs, p. e.:

　　शयालु *çayâlú*, voulant se coucher, de *çî*, être couché.

79°. *âs (uṇ.)*　80°. *âsa (uṇ.)*.

81°. *i* forme des substantifs de tout genre, et des adjectifs très-fréquents, p. e.:

शुचि *çucí*, pur, de *çuc*, être pur

जघ्नि *ǵághni* m., arme, de *han*, tuer.

82°. *ika*, nom d'agent, parent d'*aka*.   83°. *ikavaka*.

84°. *iǵ* (*uṇ.*).   85°. *it* (*uṇ.*), योषित् *yôshít*, femme.

86°. *ita.*   87°. *itnu.*   88°. *itra.*   89°. *itva.*   90°. *ithi.*

91°. *in* forme des noms d'agents de verbes, p. e.:

गमिन् *gamin* de *gam*, aller.

92°. *ina*, fém. *iní* (*uṇ.*).   93°. *inas.*   94°. *indá.*

95°. *im* (pron.).   96°. *iman*, p. e. जनिमन् *ǵániman* m., naissance.

97°. *ira* forme des adjectifs, p. e. स्थिर *sthirá*, stable, de *sthá*, stare.

98°. *ila* (*uṇ.*) v. *la.*   99°. *iva.*   100°. *ivat.*   101°. *ivas.*

102°. *ishá*, p. e. अविष *avishá* m., mer, de *av*, mouvoir (?).

103°. *ishṭha.*   104°. *ishṭu.*   105°. *ishṇu* v. *snu.*   106°. *ishya* v. *sya.*

107°. *is* (*uṇ.*) forme des neutres, p. e.:

सर्पिस् *sarpís*, herbe, de *sṛp*, ramper

ज्योतिस् *ǵyótis*, splendeur, de *ǵyut*, briller.

108°. *isa* (*uṇ.*).   109°. *î*, p. e. पपी *papí*, soleil, de *pá*, protéger.

110°. *îka* (*uṇ.*).   111°. *îci* (*uṇ.*).   112°. *îṭa* (*uṇ.*).

113°. *îtu.*   114°. *îda.*   115°. *înas* (*uṇ.*).

116°. *îman* (*uṇ.*).   117°. *îra* (*uṇ.*).   118°. *îru.*   119°. *îva.*

120°. *îvát* v. *vat.*   121°. *îvân.*   122°. *îsha* (*uṇ.*).   123°. *ísa.*

124°. *u.* Ce suffixe n'est pas toujours *uṇádi* pour les adjectifs, mais il l'est pour les substantifs, p. e.:

जायु *ǵâyú* [1] m., remède, de *ǵi*, vaincre

बन्धु *bándhu*, parent, de *bandh*, lier. — Non *uṇádi* est p. e.

इच्छु *icchú*, désireux, de *icch*, vouloir, et les désidératifs en *sú* et *shú*, v. § 529.

125°. *uka*, adjectif *kṛdanta*, subst. *uṇádi*, p. e.:

कामुक *kâmuka*, amoureux, de *kam*, aimer.

126°. *uḍa.*   127°. *uṇa.*

---

[1] Ce mot est formé par le suffixe *uṇ* (v. §§ 622 et 623).

128°. *ut* (*uṇ*), p. e. गरुत् *garút*, aile. 129°. *uta*.

130°. *utrá.* 131°. *una* (*uṇ*). 132°. *unas.*

133°. *uni, unta, unti.* 134°. *upa.* 135°. *uma* (*uṇ*). 136°. *umbha.*

137°. *ura* (non *uṇ*), f. छिदुर *chidurá*, fendant

(*uṇ*) भिदुर *bhidurá*, éclair, de *bhid*, fendre.

138°. *uri* (*uṇ*).

139°. *ula* (*uṇ*), p. e. हृषुल *harshulá*, amant, de *hṛsh*, se réjouir.

140°. *uli* (*uṇ*). 141°. *ulu* (*uṇ*). 142°. *uça* (*uṇ*).

143°. *usha* (*uṇ*). 144°. *ushi* (*uṇ*).

145°. *uṣ* (*uṇ*) forme des neutres, p. e.:

चक्षुस् *cákshus*, oeil, de *caksh*, voir

तनुस् *tánus*, corps, de *tan*, étendre.

146°. *uñs*, en पुंस् *puñs*, de *pumañs*, homme.

147°. *û* (*uṇ*), p. e. नृतू *nṛtû*, danseur, de *nṛt*, danser.

148°. *ûka* forme des adjectifs. 149°. *ûkha* (*uṇ*).

150°. *ûtha* (*uṇ*). 151°. *ûnas* (*uṇ*). 152°. *ûma.*

153°. *ûra* (*uṇ*). 154°. *ûri* (*uṇ*). 155°. *ûru* (*uṇ*).

156°. *ûlá.* 157°. *ûshá* (*uṇ*).

158°. *ṛ* (*uṇ*), p. e. नृ *nṛ*, homme, de *an*, respirer.

159°. *ṛṇá* (*uṇ*). 160°. *ṛt* (*uṇ*). 161°. *ê*, inf. (§ 608).

162°. *éṇu* (*uṇ*). 163°. *éṇya* et *enya* (*uṇ*).

164°. *éṇú.* 165°. *éra* (*uṇ*). 166°. *êrú* (*uṇ*)

167°. *êlima* v. fut. pass. *êlimá* (*uṇ*). 168°. *êlú.* 169°. *ái* (*uṇ*).

170°. *âis*, adverbe. 171°. *ôta* (*uṇ*). 172°. *ôra* (*uṇ*)

173°. *ôlá* (*uṇ*). 174°. *ôs* (*uṇ*) seulement en *dôs* m., bras.

175°. *âu* (*uṇ*), p. e. नौ *nâu*, vaisseau, de *nâ*, flotter.

176°. *ka* (*uṇ*), p. e. श्लोक *çlôka* m., vers, de *çlu*, entendre.

177°. *kaṇa* (*uṇ*). 178°. *kara* (*uṇ*). 179°. *kala* (*uṇ*).

180°. *kiṇa* (*uṇ*). 181°. *ku* (*uṇ*). 182°. *kha* (*uṇ*).

183°. *ga* (*uṇ*). 184°. *c* (*uṇ*). 185°. *ca* (*uṇ*).

186°. *ṭa* (*uṇ*). 187°. *ṭha* (*uṇ*). 188°. *ḍa* (*uṇ*).

189°. *ḍha* (*uṇ*). 190°. *ṇa* (*uṇ*).

191°. *ṇu* (*uṇ*), p. e. स्थाणु *sthâṇu* a., ferme, de *sthâ*. 192°. *t.*

193°. *ta, a)* part. pass.; *b) (uṇ.)*, p. e.:

   अन्त *ánta,* fin

   वात *váta,* vent, de *vá,* souffler.

194°. *taka (uṇ.).*   195°. *tan (uṇ.).*   196°. *tana, taná (uṇ.).*

197°. *tavat,* part. parf.   198°. *tavyà,* part. du futur.

199°. *tavé,* inf. 200°. *tavai,* id. 201°. *taça (uṇ.).* 202°. *taças (uṇ.).*

203°. *tas (uṇ.)*, p. e. श्रोतस् *çrótas* n., oreille, de *çru,* entendre.

204°. *ti.* Cette syllabe forme des abstraits comparables au latin
   en *tio,* gr. σις.

   Ordinairement la syllabe radicale est traitée comme le
   participe en *ta,* p. e.:

   बुद्धि *buddhi,* science, de *budh,* savoir

   गति *gati,* manière, de *gam,* aller

   विद्धि *viddhi,* blessure, de *vyadh,* blesser

   जढि *ûḍhi,* traction, de *vah,* emporter

   कान्ति *kánti,* amour, de *kam,* aimer, &c.

   Quelques racines qui forment le participe en *na,* remplacent le *ti* par *ni,* p. e. *kírṇi, gírṇi* de *kṛ, gṛ.*

   Un autre suffixe *ti* est *uṇṇâdi* et masculin, p. e.:

   ज्ञाति *ǵñâti,* parent, de *ǵñâ,* savoir.

205°. *tika (uṇ.).*   206°. *tin (véd.).*

207°. *tu (uṇ.)* forme des noms d'agents, p. e.:

   क्रोष्टु *króshṭu,* chacal, de *kruç,* crier

   यातु *yátu,* voyageur, de *yá,* aller.

208°. *tum,* infinitif (v. § 607).

209°. *tṛ (uṇ.)* forme les noms de parenté (§ 161).

   tṛ (non *uṇ.*) forme le nom d'agent, p. e. दातृ *dâtṛ,* don-
   neur, de *dâ,* donner. स्रष्टृ *srashṭṛ,* créateur, de *sṛǵ,* créer.
   Fém. *trí,* p. e. *dâtrí, srashṭrí.*

210°. *tôs* v. 208°.

211°. *tna (uṇ.)*, p. e. रत्न *rátna* n., joyau, de *ram,* réjouir.

212°. *tnú.*   213°. *tya.*

214°. *tyu (uṇ.)*, p. e. मृत्यु *mṛtyú* mf., mort, de *mṛ,* mourir.

215°. *tra (un.)*, lat. *trum*, nom d'instruments; fém. *trî*, à l'exception de *dáñshṭrâ*, p. e.:

वक्त्र *váktra* n., face, de *vac*, parler

पत्र *pátra*, feuille, de *pat*, tomber.

216°. *tri (un.)*.　　217°. *trin (un.)*.　　218°. *trima*.

219°. *tva*, n.　　220°. *tvan (un.)*.

221°. *tvâ*, gérondif.　　222°. *tvya* (pour *tavyà*).

223°. *tha (un.)*, nom d'agent, p. e.:

तुत्थ *tutthá* m., feu, de *tud*, tourmenter

तीर्थ *tîrthá* n., étang, de *tṛ́*, franchir.

224°. *thaka*, nom d'agent.

225°. *thas (un.)*.　　226°. *thi (un.)*　　227°. *this (un.)*.

228°. *da (un.)*.　　229°. *dhu (un.)*.

230°. *na, a)* part. passif; *b) uṇṇádi* forme des substantifs, p. e.:

स्वप्न *svápna* m., sommeil, de *svap*, dormir.

231°. *naǵ* forme des adjectifs, p. e. तृष्णाज् *tṛshṇaǵ*, ayant soif.

232°. *nas (un.)*.　　233°. *nasi (un.)*.　　234°. *ni (un.)*.

235°. *nu* forme des adjectifs, p. e. त्रस्नु *trasnú*, timide, de *tras*, avoir peur; puis des substantifs comme *bhânu*, soleil.

236°. *nya*.　　237°. *pa (un.)*.　　238°. *pâsa (un.)*.　　239°. *bha (un.)*.

240°. *ma*, p. e. धर्म *dhárma* m., loi, de *dhṛ*, tenir (?).

241°. *mat*.　　242°. *mad* (v. les pronoms).

243°. *man*, nom d'agent. Comme *un.* il forme des substantifs masculins et neutres. Cette terminaison se trouve surtout dans les Védas. Nous notons

प्रेमन् *préman* m.n., amour, de *prî*, aimer

रोमन् *róman*, cheveu, de *ruh*, croître

वेश्मन् *véçman*, maison, de *viç*, entrer, &c.

ब्रह्मन् *bráhman*, Brahma.

La syllabe radicale est ordinairement gunifiée.

244°. *mana (un.)*.　　245°. *mani (un.)*.　　246". *mara (un.)*.

247°. *mala (un.)*.　　248°. *mâna*, part. âtm. (§ 560).

249°. *mi (un.)*.　　250°. *min (un.)*.　　251°. *mî (un.)*.

252°. *muka* (uṇ.).   253°. *mûta* (uṇ.).

254°. *ya, a)* part. pass. futur; *b)* comme *uṇṇâdi*, p. e. सूर्य *sûrya*, soleil, de *svàr*, ind. ciel.

Le féminin *yâ* est surtout employé pour former des abstraits, p. e.:

विद्या *vidyâ*, science, de *vid*, savoir

व्रज्या *vraǵyâ*, pélerinage, de *vraǵ*, aller; aussi

कन्या *kanyâ*, fille, de *kam*, aimer.

255°. *yatú* (uṇ.), p. e. तन्यतु *tanyatú* m., le tonnerre, de *tan*, tonner.

256°. *yu* (uṇ.), p. e. दस्यु *dasyú*, esclave.

257°. *ra* forme *a)* des adjectifs, p. e. दीप्र *dîpra*, brillant; *b)* des substantifs (uṇ.), चन्द्र *candra* m., lune.

258°. *râdânu.*   259°. *rara* (uṇ.).   260°. *ri* (uṇ.).

261°. *ru*, adj., p. e. भीरु *bhîrú*, timide, de *bhî*, craindre.

262°. *ruka.*   263°. *lá* (uṇ.), et *ilá* (uṇ.).   264°. *luka.*

265°. *êluka.*   266°. *va* (uṇ.).   267°. *vat:*

268°. *van* (fém. *varî*) forme des adjectifs, p. e. दृश्वन् *dṛçvan*, voyant. *van;* subst.

269°. *vana.*   270°. *vâni.*

271°. *vara* (adj. et uṇ.), p. e. ईश्वर *îçvára*, seigneur, de *îç*, dominer.

272°. *vala* (uṇ.).   273°. *vas*, part. parf. (§ 569).   274°. *vâla* (uṇ.).

275°. *vi* (uṇ.).   276°. *vit.*   277°. *ça* (uṇ.).   278°. *çu* (uṇ.).

279°. *çva.*   280°. *sâ* (uṇ.).   281°. *san* (uṇ.).

282°. *sara* (uṇ.).   283°. *sala* (uṇ.).   284°. *si* (uṇ.).   285°. *sika* (uṇ.).

286°. *su* forme les adjectifs désidératifs (§ 529), p. e.:

पिपासु *pipâsú*, qui veut boire.

287°. *sê*, inf.   288°. *sêyya* (uṇ.).   289°. *sna* (uṇ.).

290°. *snu* forme des adjectifs, p. e.:

स्थास्नु *sthâsnú*, stable, de *sthâ*, être debout.

Aussi *ishṇú.*

291°. *sma* (uṇ.).   292°. *sya* (uṇ.).

Beaucoup de ces suffixes n'ont été inventés que pour expliquer l'existence de certains mots.

II. DÉRIVÉS SECONDAIRES.

625. Des mots provenant directement des racines, dérivent les formations secondaires et tertiaires que la grammaire indienne désigne sous le nom de suffixes *taddhitas*; p. e. du mot primitif धन *dhaná*, richesse, vient धनिन् *dhanín*, riche, et de là धनिल्व *dhanitvá* n., la position de riche.

Les formations secondaires ne se restreignent pas aux mots simples, mais s'étendent aussi aux mots composés; p. e. de सुगन्ध *sugandhá*, odorant, dérive सौगन्ध्य *sáugandhya* n., parfum.

626. Beaucoup de suffixes *taddhitas* réclament la vriddhification de la première syllabe quelque soit la longueur du mot, p. e. पुर *pura*, ville, forme पौर *páura*, citadin, &c.

627. Les préfixes *vi, ni, si* demandent dans ces cas *vâi, nâi, sâu*, et si *vi, ni, su*, suivis, dans le mot primitif, d'une voyelle, y sont transformés en *sy, vy, sv*, le dérivé sera *vaiy, naiy, sauv*; p. e. *vyakârana* forme *vaiyakârana*, *svanghri*, ayant des beaux pieds, *sauvanghra*.

Quelques mots prennent irrégulièrement les mêmes changements, p. e. श्वापद *çvâpadá*, animal, forme *çâuvâpadám*, न्यग्रोध *nyagrôdhá*, figuier, forme *nâiyagrôdha*.

628. Le mot primitif subit quelques changements que voici:

1°. *a, â, i, î* sont élidés devant des voyelles ou *y*.

2°. *u, û* se changent en *av*.

3°. *r, ô, âu* en *r, av* et *âv*.

629. Le *n* final, devant les voyelles et *y*, est élidé avec la voyelle précédente, devant les consonnes le *n* seul est supprimé; dans quelques dérivés pourtant le *n* est conservé; p. e. *yuvan* forme *yâuvana*, jeunesse, &c.

630. Voici les différents suffixes *taddhitas* dont ceux qui réclament le vriddhi sont marqués par un astérisque:

1°. Pas de changement, sauf dans l'accent qui retombe sur la première syllabe, p. e. वासुदेव *vâsudêva*, image de Vasudêva.

2°. **a* forme

    a) les noms patronymiques (fém. *î*), p. e. कुरु *kurú*, forme कौरव *káuravá*, Kuruide;

    b) des neutres abstraits, p. e. शौच *çáucá*, pureté, de *çuci*, pur;

    c) des adjectifs dérivés (fém. *î*), p. e. आश्व *áçvá*, equinus, de *açva*, cheval;

    d) des collectifs, p. e. भैच *bháikshá* n., horde de mendiants, de *bikshú*, mendiant.

3°. **aka*, qui a les mêmes acceptions.

4°. *ak* inséré devant la terminaison, p. e. दूरके *dûraké*, de *dûra*, loin.

5°. **aki*, adj., v. i.   6°. *athá*, adj.   7°. *áḍa*, adj.   8°. *at*.

9°. *atará*, comparatif.   10°. *aṭamá*, superlatif.

11°. *atas*, ablatif, v. *tas*.   12°. *ati*.   13°. *adri*.   14°. *adhri*.

15°. *adhína*.   16°. *án*.   17°. *am*.   18°. *ayá*.

19°. *as*, adv.   20°. *ástât*, adv.   21°. *â*, adv.

22°. *áka*, adj.   23°. *ákin*.   24°. *áta*.   25°. *ât*, adv.

26°. *ânî*, f.   27°. *âm*, adv.

28°. *âmaha* (f. *î*) seulement en *pitâmahá*, *mâtâmahá*.

29°. *âmin*.   30°. **âyana* (f. *î*).   31°. **âyani*, f.

32°. **âyanya*.   33°. **ârá*.   34°. *âraka* (f. *araká* et *ariká*).

35°. *ári*, adj.   36°. *âlá*   37°. *âlu*.

38ᵇ. *âvat*, adj.   39°. *âhi*, adv.

40°. **i* forme des patronymes. Avec *ak* on forme *aki*. P. e.:

    दाशरथि *Dâçarathi*, le Daçarathide, de *Daçaratha*

    वैयासकि *Váiyâsaki*, de *Vyâsa*.

41°. **ika* v. suff. *ka*.   42°. *it*.   43°. *ita*, adj.   44°. *itha* v. *tha*.

45ᵇ. *in* forme des mots innombrables, ayant généralement l'acception de doué de quelquechose, p. e.:

    केशिन् *kêçín*, ayant une crinière, lion, de *kêçá*, cheveu

    दन्तिन् *dantín*, éléphant, de *danta*, dent.

    fém. *inî*, neutr. *i*.

46°. *iná*, adj.   47°. **inêya* v. *êya*.   48°. *ibha*.

49°. *ipha*, p. e. *rêpha* (?).   50°. *iva* v. *ma*.   51°. *imat* v. *iman*.

52°. *imán* forme des substantifs abstraits, p. e.:

गरिमन् *garimán*, lourdeur, de *gurú*, lourd.

53°. *iya*, adj. 54°. *iyat* (§ 214). 55°. *irá*, adj.

56°. *ila*, adj. 57°. *ishṭa*, superlatif (§ 185). 58°. *î*, fém.

59°. *ika*, **îka*, **îká*, adj. 60°. *îna*. 61°. *imasá*.

62°. *iya*, adj. 63°. *îyas*, comparatif (§ 185). 64°. *îrá* et *îra*.

65°. *îla*. 66°. **uká*. 67°. *út*. 68°. *upá*.

69°. *urá*. 70°. *ulá*. 71°. *ula*, *ûlá*.

72°. **éṇya*, *énya*, adj. 73°. *étya*, adj. 74°. *édgavi*.

75°. *édyús*, adv. 76°. *êdhâ*. 77°. *êṇa*, instr. adv.

78°. **êya* forme des patronymes, *êya*, des adjectifs.

79°. **êyaka*, a. 80°. **êyín*. 81°. **êrá*.

82°. *êlu*. 83°. **airá*.

84°. *ka* forme des adjectifs et substantifs (f. *â* et *î*);

tantôt *aka*, tantôt *ika*, souvent précédé du vriddhi.

85°. *kaṭá*. 86°. *kaṭyá*.

87°. *kalpa*, adj., forme des adjectifs qui indiquent une ressemblance. C'est à tort qu'il est considéré comme suffixe,
mais il forme des composés.

88°. *kâ*. 89°. *kâṇḍa*. 90°. *kâyani*.

91°. *kâra* forme les noms des lettres. 92°. *kin* v. *in*.

93°. *kîya* v. *îya*. 94°. *kuṭârá*. 95°. *kuṇa*.

96°. *kṛtvás*, adv. (§ 236). 97°. *khaṇḍa*. 98°. *khu, khya, khra, khru*.

99°. *gôyugá*, une paire (composé). 100°. *gôshṭhá* (composé).

101°. *gmin* v. *min*. 102°. *grá*. 103°. *caṇa, cuñcu*. 104°. *cara*.

105°. *ĝâtîya*. 106°. *ĝâhá* (composé). 107°. *ṭiṭá*.

108°. *ta*. 109°. *tana* forme des adjectifs du temps, abrégé *tna*.

110°. *tara*, comparatif. 111°. *tama*, superlatif.

112°. *taya* (f. *î*). 113°. *tar*, adv. 114°. *tas*, adv.

115°. *tâ*, *tâti* forme des féminins abstraits. 116°. *ti*, *ati*.

117°. *tika*. 118°. *titha*, le tantième, p. e. *tavátitha*, totus.

119°. *tîya*, nombres ordinaux (§ 233). 120°. *tu*.

121°. *tâilá* (composé). 122°. *tna* v. *tana*.

123°. *tya* ajoute aux prépositions.   **tya.*

124°. *tyaka.*   125°. *tra.*   126°. *trá, trâ,* adv.

127°. *tvá* n., forme des abstraits.   128°. *tvan,* id., dans les Védas.

129°. *tvaná,* abstrait védique.

130°. *tha* forme des nombres ordinaux (§ 232).

131°. *tham, thâ* forme des adverbes.

132°. *thama* en *prathamá.*   133°. *thya.*

134°. *da, dam, dâ,* adv.   135°. *daghná* (fém. *î*).

136°. *dánim,* adv.   137°. *di* v. *dyâ.*   138°. *dûsa* (comp.).

139°. *dêçíya* (comp.).   140°. *dêçya.*   141°. *dya,* adv.

142°. *dyas, dyus.*   143°. *dvayasá.*   144°. **dhá, dha* (§ 236).

145°. *dham, dhas, dhâ, dhi,* adv.   146°. *dhéya.*   147°. *dhya.*

148°. *na,* adj.   149°. *nâ,* adv.   150°. *nâṭá.*

151°. *nîm,* adv.   152°. *pa,* a.   153°. *paṭá.*   154°. *pâça.*

155°. *pínĝa* et *pêĝá* (comp.).   156°. *piṭá.*

157°. *ba.*   158°. *bha.*   159°. *bhakta, bhôĝina, bhraṭa* (comp.).

160°. *ma* forme des ordinaux et quelques adjectifs de cet ordre.
     Une forme spéciale est *imá* et *íma.*

161°. *mat* forme des adjectifs qui expriment la notion de doué
     de quelque chose, comme *in,* p. e. अग्निमत् *agnimát,* ayant
     du feu; *vat* a une signification identique.

162°. *man* est identique à *mat.*

163°. *maya* ou *vaya* forme des adjectifs exprimant une matière
     ou une ressemblance.

164°. *marîsá.*   165°. *mâtrá.*   166°. *min* v. *vin, amin.*

167°. *miya.*   168°. *mîya.*   169°. *mná.*

170°. **ya* forme des dérivés de beaucoup d'espèces:

     a) des noms patronymiques, p. e. मानव्य *mânavya* de
        Manu;

     b) des substantifs abstraits, p. e. स्थैर्य *sthâiryá* n., fermeté,
        de *sthira,* ferme;

     c) des substantifs collectifs, p. e. कैश्य *kâiçyá,* chevelure.

Un autre suffixe *ya* forme des adjectifs et ne vriddhifie pas

la voyelle principale, p. e. मुख्य *mukhyá*, antérieur, de
mukha, visage.

171°. *yaya.*   172°. *yat*, comme *vat*, en *kíyat*, quantus.

173°. *yáyani.*   174°. *yu.*   175°. *ra*, adj., *irá* et *íra.*

176°. *ri*, adv., p. e. *upari.*   177°. *rishṭát.*

178°. *ru.*   179°. *rûpa* (comp.).   180°. *rûpya* (comp.).

181°. *rhi*, adv.   182°. *la*, adj. et *ila, îla.*   183°. *va.*

184°. *vat*, f. *váti*, équivalent de *mat*, avec la même acception, p. e.:

    रूपवत् *rûpavát*, beau, de *rûpá*, beauté

    देववत् *dêvávat*, comme un dieu, de *dêvá*, dieu.

185°. *van*, autre forme de *vat.*

186°. *vaya*, adj., autre forme de *maya.*

187°. *valá*, adj., p. e. ऊर्जस्वल *úrgasvalá*, fort.

188°. *viḍa* (comp.).   189°. *virîsa* (comp.).   190°. *vidha*, adj.

191°. *vin*, comme *in*, surtout après des substantifs en *as*, p. e.:

    तेजस्विन् *tégasvin* de *tégas.*

192°. *vya*, adj., p. e. पितृव्य *pítṛvya* adv., de *pitṛ́.*

193°. *ça* (comp.), p. e.:

    लोमश *lômaçá* m., renard, de *lôma*, cheveu.

194°. *çákaṭá* et *çákina* forment des neutres correspondant aux
    mots latins en *etum.* D'autres suffixes sont *çála* et *cankaṭá.*

195°. *çás*, adv., gr. κίς, après des numéraux (§ 236) et des sub-
    stantifs, p. e. पच्छस् *pacchás* (§ 58), pied par pied, de *pad.*

196°. *shaḍgavá* (comp.).   197°. *s*, adv.

198°. *sa* ou *sha*, adj., p. e.:

    चापुष *trápushá*, d'étain, de *trapu.*

199°. *samas*, adv.   200°. *sât*, adv.   201°. *sôdhá* (comp.).

202°. *skandhá* (comp.)   203°. *stât*, adv.   204°. *sná*, adj.

205°. *syà* ou *shyà*, adj. et subst., p. e. मनुष्य *manushyà*, homme.

206°. *ha, his, hu*, adv.

CHAPITRE SECOND.

DE LA COMPOSITION.

631. Les composés sont ou *composés verbaux* ou *nominaux.*

I. COMPOSITION VERBALE.

632. Des préfixes, toujours accentués (§ 643), se mettent devant le verbe, et en modifient le sens originaire.

633. Ces préfixes sont (v. § 616):

áccha (véd.), gr. ἐξ, lat. *ex*

áti, au-dessus, contre, gr. ἀντι

ádhi, à travers (dans les épopées *dhi*)

ánu, selon, après, gr. ἀνα, all. *an*

antár, lat. *inter*

ápa, gr. ἀπο, lat. *ab*, goth. *af*, anglais *of*, all. *ab*

ápi, gr. ἐπι (dans les épopées *pi*)

abhí, gr. ἀμφι, germ. *be, bei*, lat. *ob*

áva, contre, selon (dans les épopées *va*)

á, à, contre

ud, sus *(sthá* et *stambh* élident le *s* et forment *utthá, uttambh)*

úpa, sur

ni, lat. *in*

nis, hors de

párâ, gr. παρα, à côté

pári, gr. περι, autour, lat. *per*

pra, gr. προ, lat. *pro*

práti, gr. προς *(προτι, ποτι,* pers. *pati)*, lat. *prae*

vi, gr. δια, lat. *dis*, all. *zer*

sam, lat. *com*

dus, gr. δυς, mal, rare devant les verbes, fréquent devant les noms

su, gr. εὐ, bien   id.

634. D'autres préfixes sont:

ástam, vers le déclin

ádas, celui-ci

tirás, clandestinement

kaṇé et *mánas*, selon le désir

çrat devant *dhá*: *çraddhá*, confier.

635. La racine *kṛ* devient *skṛ* après quelques prépositions, p. e. संस्कृ *sañskṛ*, d'où vient le nom de la langue indienne. (Probablement le *s* n'est pas intercalé, mais primitif.)

Quelques autres verbes ont la même particularité.

636. Le verbe peut être précédé de deux ou de plusieurs prépositions (§ 618) dont la dernière seule est accentuée; p. e. *samúpa*, *samupá* (de *sam-upa-á*).

637. Tout thème nominal, même indéclinable, peut former un verbe composé avec les racines *as*, être, *bhú*, être, et *kṛ*, faire.

Les thèmes finissant en *a*, *á*, *i*, *ú* deviennent *í*;

Ceux qui se terminent en *u* et *í* deviennent *ú*;

Ceux qui se terminent en *ṛ* deviennent *rí*;

Vas final devient *vat*, quelques thèmes neutres en *as* et *us* substituent *í*;

Ahas, jour, forme *aháskṛ*.

Un *n* est élidé, et la voyelle précédente est traitée comme si elle était finale, ainsi que le *ya* patronymique, p. e.:

समीभू *samíbhú*, être ensemble

समीकृ *samíkṛ*, associer, de *sama*, ensemble

लघूकृ *laghúkṛ*, alléger, de *laghú*, léger

माचीकृ *mâtríkṛ*, rendre mère, de *mâtṛ*, mère

दुर्मनीभू *durmaníbhú*, être malveillant, de *durmanas*, malveillant

राजीकृ *râǵíkṛ*, faire roi, de *râǵan*, roi

कौशलीभू *kâuçalíbhú*, être Kuçalide, de *Kauçalya*.

638. Quelques autres thèmes s'adjoignent les mêmes verbes, notamment *âvis*, manifestement, et *prâdús*, id., p. e. आविर्भू *âvírbhú*, être manifeste.

639. Le verbe *kṛ* est plus souvent employé comme second élement de composition. Tous les thèmes secondaires en *at* et *vat* peuvent l'adjoindre; de même les monosyllabes onomatopées, et une foule d'indéclinables, p. e.:

रूपवत्कृ *rûpavátkṛ*, rendre beau

अलङ्कृ *alánkṛ*, orner

सत्कृ *sátkṛ*, honorer, et असत्कृ *asátkṛ*, déshonorer

प्राध्वङ्कृ *prádhvánkṛ*, joindre.

640. Quelques noms se joignent à *kṛ* en allongeant seulement l'*a* long, p. e. *dvitîya, tritîya, víça, çamba, guṇa*, précédé d'un nom de nombre, *dushka*, désagréable, *mukha* et *priya*, agréable.

641. Dans les Védas, les préfixes sont souvent séparés des verbes par d'autres mots, tandis que le sanscrit classique ne permet ordinairement pas ces *tmèses*.

642. L'augment et les redoublements se placent entre le préfixe et le verbe, comme en grec. Ils perdent leur accent (§ 632).

De même, dans les dénominatifs dérivés de noms formés par un des préfixes cités (§ 633), l'augment et le redoublement se placent après le préfixe; p. e. *sumanáy* forme *svámanáyam*.

S en *sañskṛ* &c. est considéré comme une partie du verbe; on dira donc *sámaskaravam, sáñcaskáru*.

643. L'accent des verbes composés est rejeté sur le préfixe (§§ 632, 636). L'accent devient *svarita* en cas de crase d'une syllabe accentuée avec une syllabe atone suivante, p. e.:

अभ्येमि *abhyèmi* de *abhí-êmi*

उपागमत् *upágamat* de *upa-á-agamat*

अन्वेमि *ánvêmi* de *ánu-êmi*

सम्प्रत्यैक्षे *samprátyáikshê* de *sam-práti-áikshê*.

Le futur composé conserve l'accent sur la syllabe *tá*,[1] p. e.:

अभ्येतास्मि *abhyêtásmi* de *abhí* et *êtásmi*.

---

[1] Ce fait ne constitue qu'une exception apparente au § 632.

II. COMPOSITION NOMINALE.

644. Les grammairiens indiens divisent les composés en six classes, et nous suivrons leur division:

> *Dvandva*, composés copulatifs,
>
> *Bahuvrîhi*, composés possessifs,
>
> *Karmadhâraya*, composés déterminants,
>
> *Tatpurusha*, composés de dépendance,
>
> *Dvigu*, composés numéraux,
>
> *Avyayîbhâva*, composés indéclinables.

a. COMPOSÉS COPULATIFS.
(Dvandva.)

645. Ce genre de composés est particulier au sanscrit; il comprend des combinaisons, en un seul mot, de plusieurs noms qui ne sont entre eux que dans un rapport de juxtaposition.

Le composé, s'il est ainsi formé de deux éléments, se met au duel, si de plusieurs, au pluriel; le genre est celui du mot final.

Exemples:

सूर्यचन्द्रौ *sûryacandrâu*, soleil et lune, au lieu de *sûryaç-candraçca*

सूर्यचन्द्रतारास् *sûryacandratârâs*, soleil, lune et étoiles, au lieu de *sûryaçcandrastârâçca*.

646. Le dvandva peut être fléchi selon ces règles, on dira donc au génitif:

सूर्यचन्द्रयोस् *sûryacandrâyôs*, du soleil et de la lune

सूर्यचन्द्रताराणाम् *sûryacandratârânâm*, du soleil, de la lune et des étoiles.

647. Quelquefois le mot composé n'est pas mis au duel, mais forme un singulier neutre, quand les deux idées sont prises dans un sens plus général. Ainsi l'on dira:

सत्यासत्यम् *satyâsatyám*, le vrai et le faux (*satya, ásatya*)

दानादानम् *dânâdânám*, donner et prendre (*dâna, âdânâ*).

648. Un dvandva peut être formé également de deux éléments composés eux-mêmes.

649. Quelques mots de cette classe sont considérés comme des mots simples, p. e. *ahôrâtri*, jour et nuit, *aharniçâm* id., comme le grec νυχθήμερον qui appartient à la même catégorie peu nombreuse dans la langue hellénique.

b.   COMPOSÉS POSSESSIFS.
(Bahuvrîhi.)

650. Cette classe comprend les adjectifs qui indiquent la possession des notions exprimées dans les éléments composants; comme p. e. le latin *longimanus* signifie celui qui *a* les mains longues.

Le dernier élément de cette classe est toujours un substantif ou un adjectif ayant une acception substantive, le premier peut être ou un substantif ou un adjectif (sous-entendu à un cas quelconque), et même un mot appartenant à une autre partie du discours.

C'est à cette classe qu'appartiennent souvent les adjectifs formés par des prépositions et des préfixes.

Le principe de l'accentuation, sauf les anomalies, est que le premier élément conserve son accent originaire.

Les mots composés avec les particules et préfixes sont ordinairement oxytons.

Exemples:

पुष्करराच *pushkarâkshá*, ayant des yeux de lotus (all. *lotusäugig*)

बहुत्रीहि *bahuvrîhi*, ayant beaucoup de riz [1]

फलहस्त *phalâhasta*, ayant *dans* sa main un fruit

मेघवर्णं *mêghâvarṇa*, ayant la couleur d'une nuée

[1] C'est le mot qui a donné le nom à cette classe; mais à cause de *bahú* qui change l'accent des mots composés avec lui, il est lui-même une anomalie pour l'accent.

सदागति *sádágati*, litt. ayant une marche continuelle, de *sadâ*, toujours.

651. Les préfixes qui font des composés sont parmi d'autres: *a* privatif, devant les voyelles *an* (lat. *in*, germ. *un*), p. e.:

चमल *amalá*, sans tache

अमृत *amṛ́ta*, immortel

अनन्त *anantá*, infini.

nir également privatif, sans, p. e.:

निर्मल *nírmala*, sans tache.

vi indiquant sans:

विजन *víǵana*, désert.

śu, bien, et *dus*, mal:

सुरूप *surûpá*, ayant une belle figure

दुर्मनस् *dúrmanas*, malveillant.

652. Une mention spéciale est dûe au mot *âdi*, commencement, qui est employé comme dernier élément de beaucoup de composés, et qui peut se traduire par *et cetera*, p. e.:

ऋगादि *ṛ́gâdi*, ayant le *Rig* pour commencement, c'est-à-dire, le Rigvéda et le reste.

एवमादि *evámâdi*, ayant cela pour commencement, cela et autre chose.

ककाराद्यस् *kakârâdayas* sc. *vargâs*, les classes ayant le *k* pour commencement, les muettes (ou *kakârâdîni* sc. *vyańganâni*, les consonnes).

653. Souvent la syllabe *ka* est ajoutée au bahuvrîhi, p. e.:

कमलाचक *kamalâkshaká*, ayant des yeux de lotus.

654. Cette classe, composée exclusivement d'adjectifs, est, par cela même, soumise aux règles des trois genres, et la terminaison du substantif final est allongée au masculin et féminin, ou raccourcie au neutre (§§ 129, 172), p. e.:

sumanâs m. de *sumanás*, bienveillant

subhrú n. de *subhrû*, ayant de beaux sourcils (de *bhrû*).

c. COMPOSÉS DÉTERMINANTS.
(Karmadhâraya.)

655. Le dernier élément de ces composés est un substantif ou un adjectif, déterminé de plus près par le premier qui peut appartenir à toutes les parties du discours, p. e.:

महाबाऊ *mahâbâhú*, bras grand (distingué du bahuvrîhi: *mahâbâhu*, ayant de grands bras

सुमहत् *sumahát*, très grand

अगम्य *agamyá*, inaccessible

अतिमानुष *atimânushá*, surhumain

अधिपति *adhipatí*, le grand seigneur

मुनिशार्दूल *muniçârdúlá*, le tigre qui est sage, le plus grand des sages (peut être tatpurusha).

656. Le préfixe pronominal *ku, kim, kâ* signifie mauvais, p. e.:

कुभुक्त *kubhuktá*, (quel mangé?) une nourriture impure

किंराजन् *kiñrâgán*, (quel roi?) un mauvais roi.

Les karmadhârayas sont oxytons.

d. COMPOSÉS DE DÉPENDANCE.
(Tatpurusha.)

657. Le premier élément est dans un rapport de dépendance à l'égard du second.

Le rapport peut être interprété par un cas quelconque, les nominatif et vocatif naturellement exceptés, p. e.:

इन्द्रलोक *Indralôká*, le monde d'Indra

देवसम *dévasamá*, comparable au dieu

कामपीडित *kâmapîḍitá*, tourmenté par l'amour

Souvent les cas sont exprimés, contre la règle générale qui forme les composés des thèmes élémentaires, p. c.:

दिविषद् *divishád*, demeurant dans le ciel (de *divi* loc.); dieu

केचर *kêcará*, allant dans l'air, oiseau.

658. Cette classe, qui présente beaucoup d'anomalies au sujet de l'accent, touche souvent de très-près celle des karmadhârayas.

e. COMPOSÉS NUMÉRAUX.
(Dvigu.)

659. Cette classe qui n'est qu'un caś spécial des karmadhârayas et des tatpurushas, comprend les mots formés par un nom
de nombre.

Le composé collectif devient souvent neutre, p. e.:

पञ्चगव n. *pańcagavá,* cinq vaches

त्रिगुण n. *triguṇá,* trois qualités

षण्मास n. *shaṇmâsá,* sémestre.

Quelquefois le collectif prend la terminaison féminine *î,* p. e.:

त्रिलोकी *trilôkí,* les trois mondes.

Les mêmes mots peuvent être des bahuvrîhi, p. e. *triguṇá*
peut signifier: celui qui a trois qualités.

f. COMPOSÉS INDÉCLINABLES.
(Avyayîbhâva.)

660. Cette classe renferme des adverbes composés dont le
premier élément est toujours une particule, et le second souvent
un substantif avec une terminaison neutre, p. e.:

समच्म *samáksham,* en présence

परोच्म *paróksham,* loin

अभिमखम् *abhimukhám,* in conspectu

अनुतीरम् *anutîrám,* le long de la rive

यथास्मृति *yathâsmṛtí,* selon la coutume

अनन्तरम् *anantarám,* sans intervalle

सार्धम् *sârdhám,* avec (avec la moitié).

g. COMPOSÉS FORMÉ DES COMPOSÉS.

661. Des mots, composés eux-mêmes, peuvent entrer comme
éléments dans une autre combinaison; et cette faculté presque
infinie domine la syntaxe sanscrite. Ce qui, selon nos idées, ne

pourrait être exprimé que par une phrase entière, n'est souvent rendu que par un seul mot. Des exemples élucideront ce fait:

वेद्वेदाङ्गारट्टश्वन् *vêdavêdângapâradṛçván,* connaissant à fond les Védas et les Védangas, est un tatpurusha composé du tatpurusha *pâradṛçvan* et du dvandva *vêdavêdânga.*

Pâradṛçván veut dire: voyant l'autre rive (des Védas).

Vêdavêdângá est un dvandva composé de *vêda* et du tatpurusha *vêdângá* (de *vêda* et *anga*).

शरच्चन्द्रांशुनिर्मलः *çaraccandrânçunirmalaḥ,* sans tache comme les rayons de la lune d'automne, est un karmadhâraya composé du tatpurusha *çaraccandrânçu* et du bahuvrîhi *nirmala.*

Le premier mot est lui-même composé du tatpurusha *çaraccandra* et de *añçu* (de *çarad* et *candra*).

वेद्वेदाङ्गारगधर्मशास्त्रपरायणः *vêdavêdângapâragadharmaçâstraparâyaṇaḥ,* connaissant à fond les Védas et les Védangas et érudit dans le livre des lois, est un dvandva formé des deux tatpurushas *vêdavêdângapâraga* et *dharmaçâstraparâyaṇa.*

Tous ces mots sont déclinables, quelque soit leur longueur.

h. RÈGLES GÉNÉRALES.

662. La composition des noms s'effectue en général par celle des thèmes, sauf quelques exemples, surtout de tatpurushas, où les cas eux-mêmes figurent dans la combinaison.

Souvent le thème originaire est quelque peu changé dans les compositions: un *n* final est souvent rejeté, p. e. en *mahârâjá,* grand roi; des mots en *i* le changent en *a,* p. e. *aksha* de *akshi,* oeil; des neutres en *as* sont altérés en *asa;* mais ces cas isolés n'appartiennent plus à la grammaire, et rentrent dans le domaine de la lexicographie.

QUELQUES RÈGLES POUR RETROUVER LES RACINES DIFFICILES A RECONNAITRE.

Les désinences de tout genre, les augments, redoublements, prépositions, préfixes doivent être séparés d'abord. Souvent le reste, ainsi dégagé, n'est pas la racine, mais une altération déterminée par les lois phonétiques.

Il faut donc *souvent* chercher, dans le dictionnaire, quand on trouve dans le texte des thèmes finissant

en *a*, des racines finissant en *an*, *am* (rarement *as*)
en *â*   *ê*, *ô*, *âi* (rarement *âs*)
en *î*   *i*
en *û*   *u*
en *ṛ*   *ṝ*
en *ê*, *âi*, *ay*, *ây*   *i*, *î*, *ê*, *âi*
en *ô*, *âu*, *av*, *âv*   *u*, *û*, *ô*, *âu*
en *r*, *ar*, *âr*   *ṛ*, *ṝ*
en *îr*, *ûr*   *ṝ* (rarement *ṛ*)
en *ir*, *ur*   *ṛ*, *ṝ*
en *ê-y*, *î-y*   *â*, *ê*, *ô*, *âi*
en *Cya*[1]   *Cô*
en *C* (consonne seule)   *Câ*, *Cê*, *Cô*, *Câi*
en *C-i*   id.

Dans la recherche des racines finissant en consonne, il faut dépouiller du guna ou du vriddhi les formes qui en sont affectées.

Il faut quelquefois changer le *ra*, *râ* en *ṛ*.

Il faut substituer aux thèmes finissant

en *k*, *g*   : *k*, *kh*, *g*, *gh*, *c*, *ǵ*, *ç*, *sh*, *h*
en *ṭ*, *ḍ*   : *ṭ*, *ṭh*, *ḍ*, *ḍh*, *ch*, *ǵ*, *ç*, *sh*, *h*
en *â-ḍh*, *î-ḍh*, *û-ḍh*, &c. : *ah*, *âh*, *ih*, *uh*

---

[1] *C* indique consonne.

  en *t*   : *th, d, dh, s*
  en *d*   : *t, dh*
  en *n*   : *d, m*
  en *ân* : *am*
  en *p, b* : *p, ph, b, bh*
  en *sh* : *s, ç, ch, ǵ*
  en anusvâra: *n, m.*

Il faut souvent convertir une racine commençant par une aspirée moyenne et finissant par une tenuis (ou moyenne) en une autre commençant par la moyenne et finissant par l'aspirée correspondante, p. e.:

  à *bhut, bhôt, bhâut* il faut substituer *budh*
  à *dhuk, dhôk, dhâuk* „ *duh*
  à *ghṛk*, &c.   „ *gṛh*
  à *ghuk*   „ *guh*, &c.

Quand au lieu de *t, th* des terminaisons on rencontre *dh*, la racine finit en aspirée; quand on voit *ḍh*, elle se termine en h.

Voici quelques-uns des thèmes et formes avec leur renvoi:

asth v. *as* 378 [1]	*ut, ud, ûd* v. *vad*
âttha 456	*utâ* v. *vê* 580
ânaC v. *aC* 435	*up, ûp* v. *vap*
ânṛC v. *ṛC* 435	*ûy, ûv* v. *vê*
ânaç v. *aç* 455	*uvôC* v. *uC* 435
ârya v. *ṛ* 273	*uç, ûç* v. *vaç*
icch v. *ish* 279	*ush, ûsh* v. *vus*
iǵ, ish v. *yaǵ*	*uh, ûh* v. *vah*
iyar, iyṛ v. *ṛ* 333	*ûrṇunu* v. *ûrṇu*
iyêC v. *iC* 435	*ṛcch* v. *ṛ* 268
iǵ v. *yaǵ* 455	*karô, kuru* v. *kṛ*
irts v. *ṛdh* 523	*kir* v. *kṝ*
uk, uc, ûc v. *vac*	*khâ* v. *khan*

----

[1] Les chiffres désignent les paragraphes, *C* une consonne quelconque.

shup v. svap

shaṇṇa v. sad

shim v. syam

s v. as 300

sa v. sas

sâḍh v. sah

sîd v. sad 268

sup v. svap

ṣtî v. styâi

sthitá v. sthâ 577

ha v. haṇ

hitá v. dhâ 577

hî v. hâ

hû, hav v. hvê

hûr v. hvṛ

CêC v. CaC 447.

CC v. CaC.

EXERCICE DE LECTURE.

Quelques Çlôkas du Ramâyana.

———

R. I, 5. 1. कोश्लो नाम मुदितः स्फीतो जनपदो महान् ।
निविष्टः सरयूतीरे पशुधान्यधनर्द्धिमान् ॥
अयोध्था नाम तचासीन्नगरी लोकविश्रुता ।
मनुना मानवेन्द्रेण पुरैव परिनिर्मिता ॥

6. 1. पुर्यां तस्खामयोध्थायां वेद्वेदाङ्गवित्तमः ।
राजा दग्ररथो नाम बभूव त्रिद्ग्रोपमः ॥

19. 9. कीश्ल्या सद्ग्री चैव कैकेयी चाभवच्छुभा ।
सुमिचा वामदेवस्थ बभूव करणीसुता ॥

S. *Kôçálô náma muditáḥ sphító ǵanapadó mahán*
P. *Kôçálas náma muditás sphítás ǵána-padás mahán*
S. *nívishṭaḥ sárayûtîré paçudhányadhanàrddhimán*
P. *nívishṭas saráyû-tîré paçu-dhánya-dhaná--ṛddhimán*
S. *Ayôdhyà náma tátrâsîn nagárî lôkáviçrutá*
P. *Ayôdhyà náma tátra ásît nagárî lôká-viçrutá*
S. *Mánunâ mânavêndréṇa puraivá parinírmitá*
P. *Mánunâ mânavá-indréṇa purá évá parinírmitá*
S. *puryán tásyâm Ayôdhyàyâñ vêdavêdângavíttamaḷ*
P. *puryâm tásyâm Ayôdhyàyâm véda--vêda-anga---vid----tamas*
S. *râǵâ Daçarathó náma babhúva tridaçòpamaḥ*
P. *râǵâ Daçarathás náma babhúva tridaçá-upamás*
S. *Kâuçalyà Sadṛçî câivá Kâikêyî câbhavacchubhá*
P. *Kâuçalyà Sadṛçî ca êvá Kâikêyî ca ábhavat çubhá*
S. *Sumitrâ Vâmadêvásya babhúva karaṇîsutá*
P. *Sumitrâ Vâmadêvásya babhúva karáṇi-sutá*

10. तासां प्रजज्ञिरे पुत्राश्चत्वारो ऽमिततेजसः ।
रामलक्ष्मणशत्रुघ्नभरता देवरूपिणः ॥

27. तेषां ध्वज इवालक्ष्यो रामो रतिकरः पितुः ।
प्रजाभिरामश्च भृशं बभूव सहजैर्गुणैः ॥

28. गुणैरेवाभिरामःस रञ्जयामास हि प्रजाः ।
राम इत्यभिविख्यातं नाम तस्य तथा कृतं ॥

S.   *tásâm prágagñirê putrâçcatvárô 'mitátêgasah*

P.   *tásâm prágagñirê putrâs catváras amitá-tégasas*

S.   *Râmalakshmaṇaçatrughnabharatâ dêvârûpiṇaḥ*

P.   *Râmá-Lakshmaṇá-Çatrughná-Bharatâs dêvá-rûpinas*

S.   *téshân dhvagá ivâlákshyô Râmó ratikaráḥ pitúḥ*

P.   *téshâm dhvagás iva âlákshyas Râmás ratikarás pitús*

S.   *pragâbhirâmáçca bhṛçám babhûva sahagáir guṇáiḥ*

P.   *pragá-abhirâmás ca bhṛçám babhûva sahagáis guṇáis*

S.   *guṇáir êvâbhirâmáḥ sá rangayâmâsa hí pragâḥ*

P.   *guṇáis êvá abhirâmás sás rangayâm âsa hí pragás*

S.   *Râmá ityabhivikhyâtan nâma tásya táthâ kṛtám*

P.   *Ramás iti abhivikhyâtam nâma tásya táthâ kṛtám*

La première ligne contient la transcription du texte, la se-
sonde les mots dans leur forme originaire, avant qu'ils n'aient
subi les lois de l'euphonie syntactique. La première s'appelle chez
les Hindous *Sañhitâpâṭha*, la seconde *Padapâṭha*; nous avons
distingué les deux transcriptions par *S.* et *P.*

ADDITIONS ET CORRECTIONS.

P. 5, l. 15 ajoutez: Dans quelques textes sanscrits on double la
lettre au-dessous du *répha*; on écrit अर्क्क *arkka*.
Quand cette lettre est une aspirée, on met la
non-aspirée correspondante; on écrit p. e. गर्ब्भ
garbbha, au lieu de गर्भ *garbha*.

P. 5, l. 29 lisez: 13   au lieu de 12

P. 8, l. 11, 13 „   *guṇa*   „   *guna*

P. 8, l. 31 „   il est émis   „   elle est émise

P. 9, l. 5 „   au lieu de   „   au lieu

l. 11 rayez: excepté devant य, ल, व

l. 30 lisez: un   au lieu de une

P. 10, l. 27 „   transcription   „   transription

l. 29 ajoutez: Note. L'*udâtta* est quelquefois marqué par
un petit उ *u* au-dessus de la lettre.

P. 12, l. 1 lisez: *kshâiprasandhi* au lieu de *khsaiprasandhi*

l. 24 „   on écrit   „   ont écrit

P. 14, l. 9 „   changée   „   changé

P. 16, l. 1 „   beaucoup plus   „   beaucoup

l. 29 „   dernière   „   dernier

P. 18, l. 18 „   *Rôhiṇî*   „   *Rôhinî*

P. 19, l. 19, 20 „   *kshubh*   „   *khsubh*

P. 25, l. 24 „   *mléch*   „   *mléc*

P. 30, l. 7 „   *vâcas*   „   *vâcâs*

P. 32, l. 19 „   नामन्   „   नामन

P. 33 en bas ajoutez: Comme *sarpat* se forme *ǵagat* n., le monde,
pṛshat m., le daim, *vṛhat* a., grand.

P. 34, l. 13 lisez: N. यवीयान् *yáviyân*
V. यवीयन् *yáviyan*

P. 35, l. 25 „   *rurudvâdbhis* au lieu de *rurudvâdhis*

l. 26 „   *pratyagbhyás*   „   *pratyabhyás*

P. 36, l. 15 „   *pathás*   „   *pathás*

P. 39 en bas „   dentale   „   dental

P. 41 en bas ajoutez: Au lieu de *âni* on lit souvent *â*.

P. 42, l. 29 lisez: Abl.   au lieu de Abl. G.

P. 44, l. 15 „   *paraçáu*   „   *paracáu*

P. 46, l. 33 lisez: पप्याम् *papyâm* au lieu de पपीनाम् *papínâm*

P. 49, l. 19 „ *dâtṛṇâm* „ *dâtṛnâm*

P. 55, l. 9 „ *vidvát* „ *vidvás*

P. 62, l. 22 ajoutez: P. G. *éshâm, âsâm, éshâm.*

P. 68, l. 3 lisez: *shashṭhá* au lieu de *shashthá*

l. 8 „ *sháshṭha* „ *sháshṭa*

P. 74 note ajoutez: La terminaison *mas* est dans les Védas souvent *masi.*

P. 79, l. 18 rayez: 260

l. 21 lisez: 260 au lieu de 261

P. 95, l. 13 „ *caksh* „ *caskh*

l. 31 „ *ûrṇu* „ *ûrnu*

P. 103, l. 30 „ *yóyôǵmi* „ *yóyuǵmi*

P. 107, l. 9 „ अतृह्याथाम् „ अतृह्याथाम्

अतृह्यातम् „ अतृह्यातम्

P. 117, l. 32 insérez: *rish,* séparer

P. 124, l. 10 lisez: sur l'emploi „ sur emploi

P. 138, l. 13 „ *yayâtus* „ *yayâtus*

P. 142, l. 25 insérez: *ǫâs,* régner, *çaçâsa, çiçishivá*

P. 146, l. 16 lisez: désidératifs au lieu de dérivatifs

P. 157 note lisez: rejeté „ rejetée

P. 190, l. 17 „ quand *tvâ* est „ quand il est

P. 191, l. 14 „ à moins que la consonne ne soit, au lieu de:

à moins qui la consonne soit

P. 198, l. 17 „ celles au lieu de ceux

P. 204, l. 4 „ *dêdvit* „ *dêdvit*

l. 23 „ स्व *plavá* „ स्व *pláva*

P. 208, l. 3 „ *çúci* „ *çuci*

P. 217, l. 16 „ *pitṛ* „ *pitṛ*

Berlin, imprimé chez Unger frères.